AF627017

BERCHTESGADENER LAND 96

TOURENÜBERBLICK

Tour												
1	●	Hochries	10,5	4.30	810	●	●	●	●	●		●
2	●	Kendlmühlfilzen	12,5	3.00	30	●	●	●	●			●
3	●	Eggstätter Seen	9,5	2.00	45	●	●	●			●	●
4	●	Seeoner See	8,4	2.30	50	●	●	●	●		●	●
5	●	Fraueninsel und Herrenchiemsee	9,0	3.00	90	●	●	●	●		●	●
6	●	Kampenwand	12,2	4.30	840	●			●	●		
7	●	Hochgern	18,3	5.00	1100	●						●
8	●	Klausenbachklamm	9,2	2.45	240		●					●
9	●	Staubfall	23,0	6.00	350			●				●
10	●	Hörndlwand	10,0	4.30	950	●					●	●
11	●	Lödensee, Mittersee, Weitsee	7,8	2.00	40	●	●	●	●		●	●
12	●	Unternberg	3,8	1.30	530	●	●		●	●		●
13	●	Rauschberg	14,6	5.00	1000	●				●		
14	●	Weißbachschlucht	5,0	2.30	120	●	●	●				●
15	●	Teisendorfer Bierwanderweg	12,2	3.00	80	●	●	●	●		●	●
16	●	Anger/Stroblalm	15,5	4.00	350	●		●				●
17	●	Steinerne Agnes	10,0	4.45	30–1200	●				●		●
18	●	Kneifelspitze	3,6	2.30	450	●	●					●

Britta Mentzel

WANDER DICH GLÜCKLICH

Chiemgau und Berchtesgadener Land

30 erholsame Wanderungen

Für Christoph

BRUCKMANN

INHALT

Tour			Länge in km	Gehzeit in Std.	Höhenunterschied in Hm	Einkehr	Kindergeeignet	Wintergeeignet	Viel Sonne	Seilbahn	Bademöglichkeit	Öffentliche Verkehrsmittel
19	● (Schwer)	Untersberg-Überschreitung	12,5	5.30	300–1430	●			●	●		●
20	● (Mittel)	Barmsteine	9,2	3.00	490							●
21	● (Mittel)	Almbachklamm	9,3	2.30	400	●	●					●
22	● (Mittel)	Purtschellerhaus	4,8	1.30	290	●			●			●
23	● (Schwer)	Kleine Reibn	16,0	7.00	720–920	●		●	●	●		●
24	● (Schwer)	Watzmannhaus	17,0	5.30	1090	●			●			●
25	◐ (Leicht/Mittel)	Röthbachfall	8,2	3.00	150	●	●					●
26	● (Mittel)	Wimbachtal	17,6	4.45	680	●			●			●
27	● (Leicht)	Zauberwald und Hintersee	5,0	1.30	50	●	●	●				●
28	● (Leicht)	Klausbachtal	13,0	3.45	310	●	●	●				●
29	● (Leicht)	Soleleitungsweg ab/zu Zipfhäusl	10,3	2.30	40	●	●	●				●
30	◐ (Mittel/Schwer)	Reiteralm	14,0	6.00	740	●						●

- ● Leicht
- ● Mittel
- ● Schwer

- Länge in km
- Gehzeit in Std.
- Höhenunterschied in Hm
- Einkehr
- Kindergeeignet
- Wintergeeignet
- Viel Sonne
- Seilbahn
- Bademöglichkeit
- Öffentliche Verkehrsmittel

TALGENUSS UND GIPFELGLÜCK

Wer gerne wandert, hat gleich zwei Möglichkeiten, es glücklich zu tun: Einerseits, wenn er oder sie ein Ziel vor Augen oder im Sinn hat, das es zu erreichen gilt, und andererseits, wenn schon das Unterwegssein das reine Glück bedeutet. Seit wir nicht mehr aus Notwendigkeit wie weiland »Ötzi«, sondern aus purem Vergnügen durch die Landschaft ziehen, finden wir darin viel von dem, was wir brauchen: Schönheit, Stille, ein Gefühl von Erhabenheit, echter Bedeutung und vielleicht sogar Ewigkeit. Der Raum weitet sich grenzenlos, und der eigene Sinn kann nachziehen – er kann abschweifen oder sich schärfen, kann gedanklich davoneilen oder ganz bei sich bleiben, während die Füße einen Schritt vor den anderen setzen und hinter jeder Wegbiegung ein neuer Eindruck wartet. Das alles lässt sich im Hochgebirge der Berchtesgadener Alpen erleben oder an besonderen Orten in der Ebene fühlen – im Moor beispielsweise oder in der von der Eiszeit geschaffenen Landschaft des Chiemgaus.

Das Schöne an der südöstlichsten Ecke Bayerns und also ganz Deutschlands ist, dass es in dieser relativ eng umgrenzten Region eine Vielzahl abwechslungsreicher Attraktionen gibt, bestens erschlossen und meist vorbildlich ausgeschildert. Das Maß an Anstrengung, das man auf sich nehmen möchte, kann leicht variieren – und wer nach einer harten Wanderung an dem einen Tag etwas Geruhsames für den nächsten sucht, wird leicht fündig, sei es bei einer Halbtagestour in einer Klamm, einer Fahrt über den Königssee oder einem Besuch im Bergwerk oder am Badesee. Es lohnt also unbedingt, auch die Tipps in diesem Buch zu lesen – sie erzählen zudem viel davon, wie geschichtsträchtig und besonders das Land zwischen Chiemsee und Watzmann ist. Nur eines sollten Reisende in dieser gesegneten Region nicht tun: mit der Zeit geizen. Dazu macht das Wandern hier viel zu glücklich!

Britta Mentzel

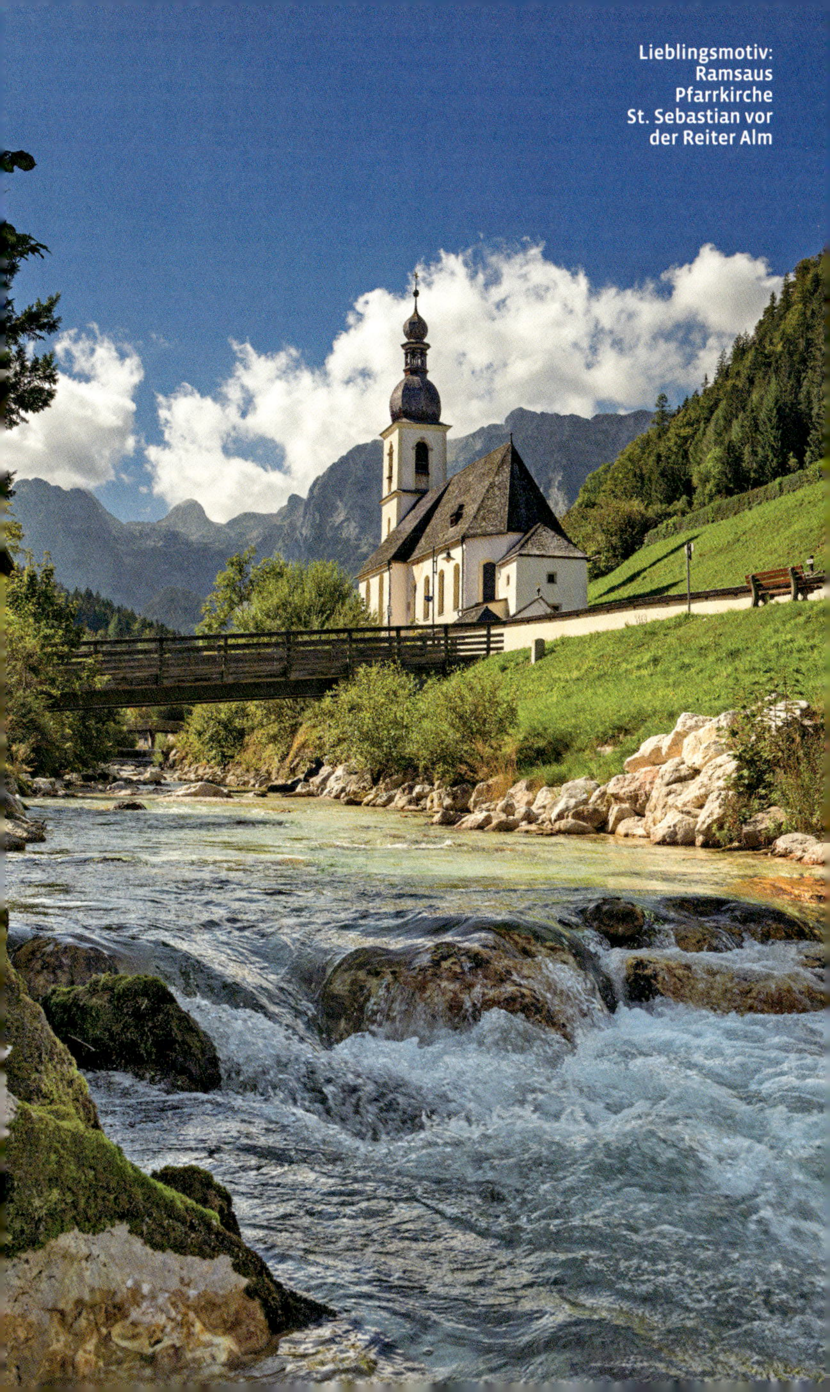

Lieblingsmotiv: Ramsaus Pfarrkirche St. Sebastian vor der Reiter Alm

IN HÖCHSTEN TÖNEN …

… ist diese Region Deutschlands zu loben: Sie bietet Wandervergnügen für viele Tage, und selbst ein längerer Urlaub wird ohne Langeweile vergehen. Nicht immer müssen die Touren hoch hinaufführen, auch Moore, Seen und sogar Inseln bieten Ausflugsziele. Und wenn es die Wanderer doch auf den Berg zieht, durch tiefe Klammen und zu hohen Gipfeln, wird jede Anstrengung mit Momenten reinen Glücks belohnt.

Bevor sich Bayern erst allmählich und dann im äußersten Südosten gewaltig aufschwingt, breitet der Chiemgau seine Schönheiten wie eine große bunte Decke über die Landschaft. Eine Decke mit Loch freilich – der Chiemsee, das »Bayerische Meer«, liegt mittendrin und verlockt im Sommer zum Segeln, Baden und Bootfahren, im Winter zu langen Uferspaziergängen und vielleicht sogar zum Schlittschuhlaufen. Aus der Höhe der Chiemgauer Alpen betrachtet, glänzt der See wie ein blanker Spiegel in der Ebene, bei klarer Sicht lässt sich nordwestlich davon die Eggstätt-Hemhofer Seenplatte ausmachen und der unberührte, brettebene Flecken der Kendlmühlfilzen zu Füßen der Berge – beides Ziele aus ewig alter Vorzeit. Besonders spannend ist das Wechselspiel von Annäherung und Zurücklassen aber auch, wenn es sich um die menschengemachten Attraktionen

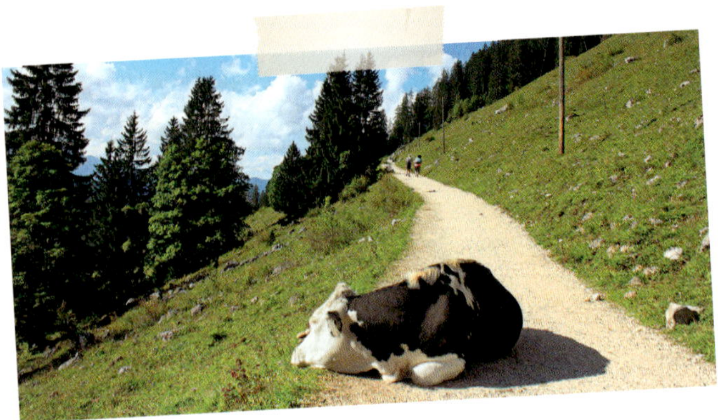

↑ **Motivliebling: Kuh am Königsweg unterhalb des Jenners**

Glückskategorien

Die Wanderungen in diesem Buch sind in vier Rubriken unterteilt und entsprechend farblich gekennzeichnet: »Tour für die Sinne«, »Tour der Stille«, »Tour für den Genuss« sowie »Tour ohne Uhr« – je nachdem, welche ganz besonderen Glücksmomente im Vordergrund stehen. Viele der Wanderungen erfüllen natürlich sogar mehrere Kriterien; in diesen Fällen wurde das aus Autorensicht wichtigste Merkmal verwendet.

Tour für die Sinne

Diese Touren kann man intensiv mit allen Sinnen erleben. Dazu gehören zum Beispiel ein paar Momente des Innehaltens, um die Schönheit, Geräusche und Gerüche einer bunten Blumenwiese zu genießen, das Gefühl von taunassem Gras unter den Füßen zu spüren oder sich an einem Bach oder See zu erfrischen, zwitschernden Vögeln zu lauschen, an duftenden Kräutern am Wegrand zu riechen oder den Wald bewusst wahrzunehmen.

Tour der Stille

Einsame, unbekannte Wege abseits des Trubels, auf denen nur wenige Wanderer unterwegs sind, stehen hier im Mittelpunkt. Wer hier wandert, kann viel Ruhe genießen – und das fast ganz allein.

Tour für den Genuss

Wandern heißt auch genießen! Dafür muss es nicht immer ein trubeliger Biergarten oder ein überlaufenes Ausflugslokal sein. Stattdessen locken Dorfcafés mit hausgemachten Kuchen, gemütliche kleine Geheimtipps und regionale Produkte aus einladenden Hof- und Klosterläden. Aber auch Tipps für besonders schöne Picknickplätze sind ein Genussfaktor der Touren.

Tour ohne Uhr

Hier kann das Handy gerne mal zu Hause bleiben, beim Wandern stellt niemand einen Geschwindigkeitsrekord auf – im Gegenteil! Es geht darum, ganz bewusst immer wieder stehenbleiben und die Aussicht oder einfach nur den Moment zu genießen. Dabei lassen sich die Zeichen der Natur besonders intensiv wahrnehmen und auch, wie die jeweilige Umgebung die Zeit mitteilt: zum Beispiel über den Sonnenstand oder das Abendläuten entfernter Glocken.

des Chiemgaus dreht: die weniger bekannte Klosterkirche Seeon etwa, das bezaubernde Kloster Höglwörth am gleichnamigen See bei Teisendorf oder die Bauten aus karolingischer Zeit auf der allseits geliebten Fraueninsel. Gemeinsam mit ihrem großen Nachbarn, der Insel Herrenchiemsee, bildet sie ein zu jeder Saison gangbares Ziel.

Ein ganzes Jahr hindurch verliefen die Recherchen zu diesem Buch: Von Sommerwochenenden in den Chiemgauer Hausbergen über Herbstwanderungen im Moor und rund um Ruhpolding, vom frostigen Wintertag in der Eiszerfallslandschaft des Alpenvorlands bis hin zu frühherbstlichen Tagen im Berchtesgadener Land. Die Touren fanden in allen Höhen statt, von 473 Metern Höhe (Bad Reichenhall) bis auf 2273 Meter am Schneibstein auf der Tour Kleine Reibn. Überrascht hat die Vielfalt und Schönheit der Landschaft, die überall – selbst nahe der Autobahn – zu finden ist.

Überhaupt die Möglichkeiten, fern vieler Menschenseelen unterwegs zu sein: Sie sind größer, als man es in einem derart dicht besiedelten Land erwarten würde. Wer auch nur ein wenig antizyklisch reist und wandert, wer früh aufsteht oder weitere Wege auf sich nimmt, erlebt viele Momente der Ein- oder Zweisamkeit mitten in der Natur. Die Tour zu den Barmsteinen bei Marktschellenberg dient hier als Beispiel, und selbst der Aufstieg zum Watzmannhaus ist auf der beschriebenen Route kein Fall für den Massenansturm. Ja, und wenn es wirklich mal trubelig wird, kann das niemanden ernsthaft verwundern: Die Fahrt über den Königssee entlang der gewaltigen Watzmann-Ostwand und der Weg entlang des Obersees sind von einer Schönheit, die das Prädikat »paradiesisch« verdienen.

Die Touren dieses Buchs versuchen die Waage zu halten zwischen oft gegangenen Wegen und Varianten, die einen kleinen Aufwand an logistischer Vorbereitung mit großem Gehgenuss belohnen: die Steinerne-Agnes-Predigtstuhl-Wanderung etwa oder die Überschreitung des Salzburger Hochthrons. Hier hat, auch das passiert natürlich in den Bergen, das Wetter nicht mitgespielt – was selbst in moderaten Höhen von knapp 2000 Metern ein echtes Lehrstück ist. Aber lernen lässt sich ohnehin viel im Gebirge: über das raue Leben der Holzarbeiter, das weiße Gold aus tiefen Stollen, über historische Personen, die sich auf Gipfeln einnisteten, und Kaiser, die in tiefen Höhlen schlafen. Und doch wirken diese Geschichten nur wie Marginalien gegenüber 46 Millionen Jahre alten geologischen Zeugnissen im Wimbachtal oder die schrillen Rufe der Adler, die in Deutschlands einzigem Alpen-Nationalpark zu hören sind. Diese ungeheure Vielfalt des südöstlichsten Winkels von Bayern mit allen Sinnen zu erleben, war das schönste Geschenk beim Wandern auf den beschriebenen Routen – lassen Sie sich dazu einladen!

Die Einteilung in die Kategorien »leicht«, »mittel« und »schwer« sind natürlich sehr subjektiv. Als Richtwert dienen die Höhenmeter: Alles unter 500 Höhenmetern trägt das Prädikat »leicht«, der Bereich »mittel« endet bei rund 700 Höhenmetern und was darüber geht, fällt in die Rubrik »schwer«. Aber auch ein Blick auf die Kilometerangabe sollte bei der Entscheidung für oder gegen eine Wanderung eine Rolle spielen. Sofern es Passagen gibt, die ausgesetzt, seilgesichert oder anderweitig anspruchsvoll sind, gilt die Tour als »schwer«. Ansonsten lässt sich leichten Herzens sagen: Wunderbar sind sie alle!

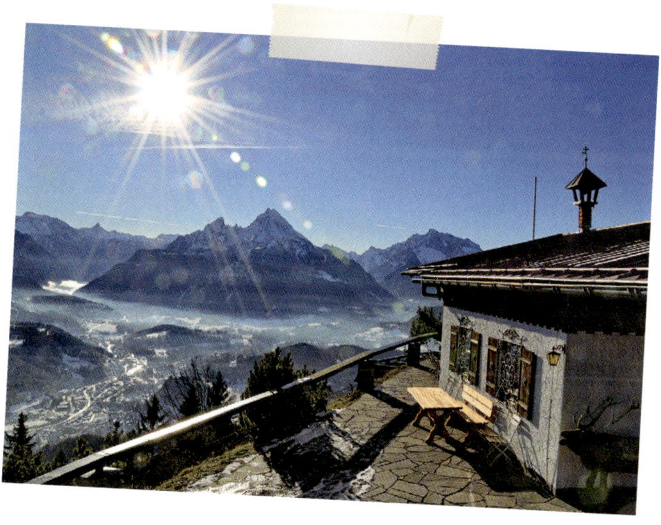

↑ **Sonnenplatz: die Kneifelspitze mit Blick auf den winterlichen Watzmann**

CHIEMGAUER ALPEN

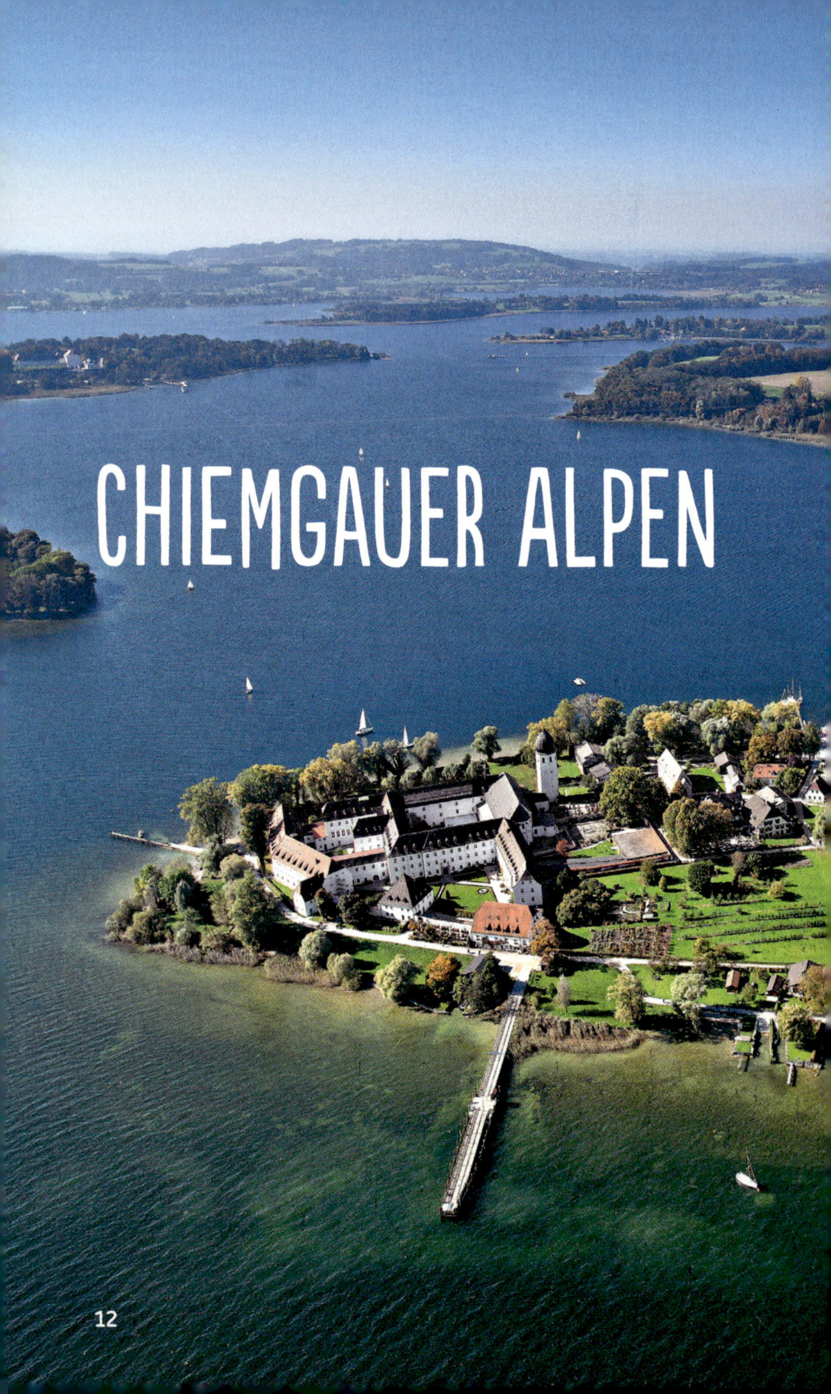

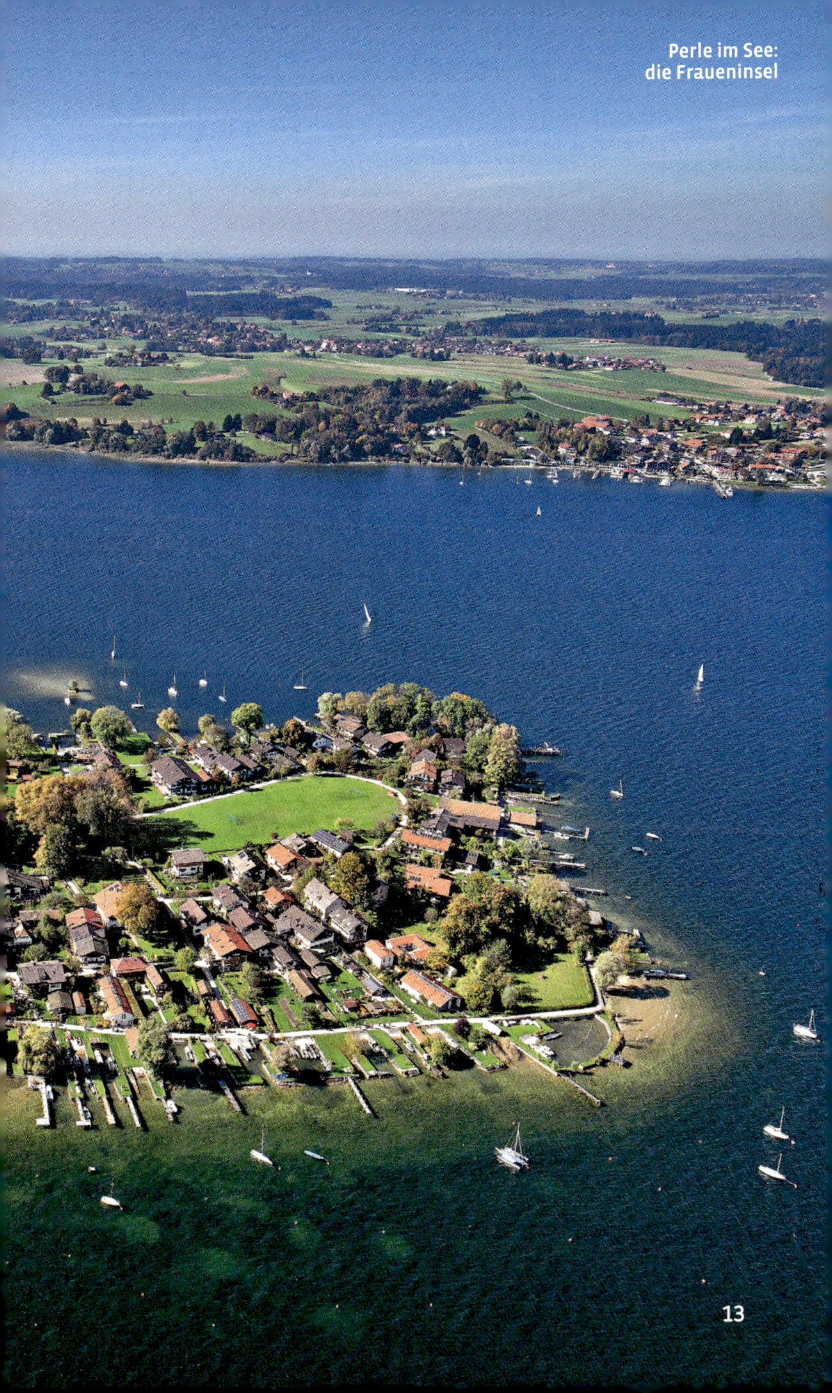

Perle im See:
die Fraueninsel

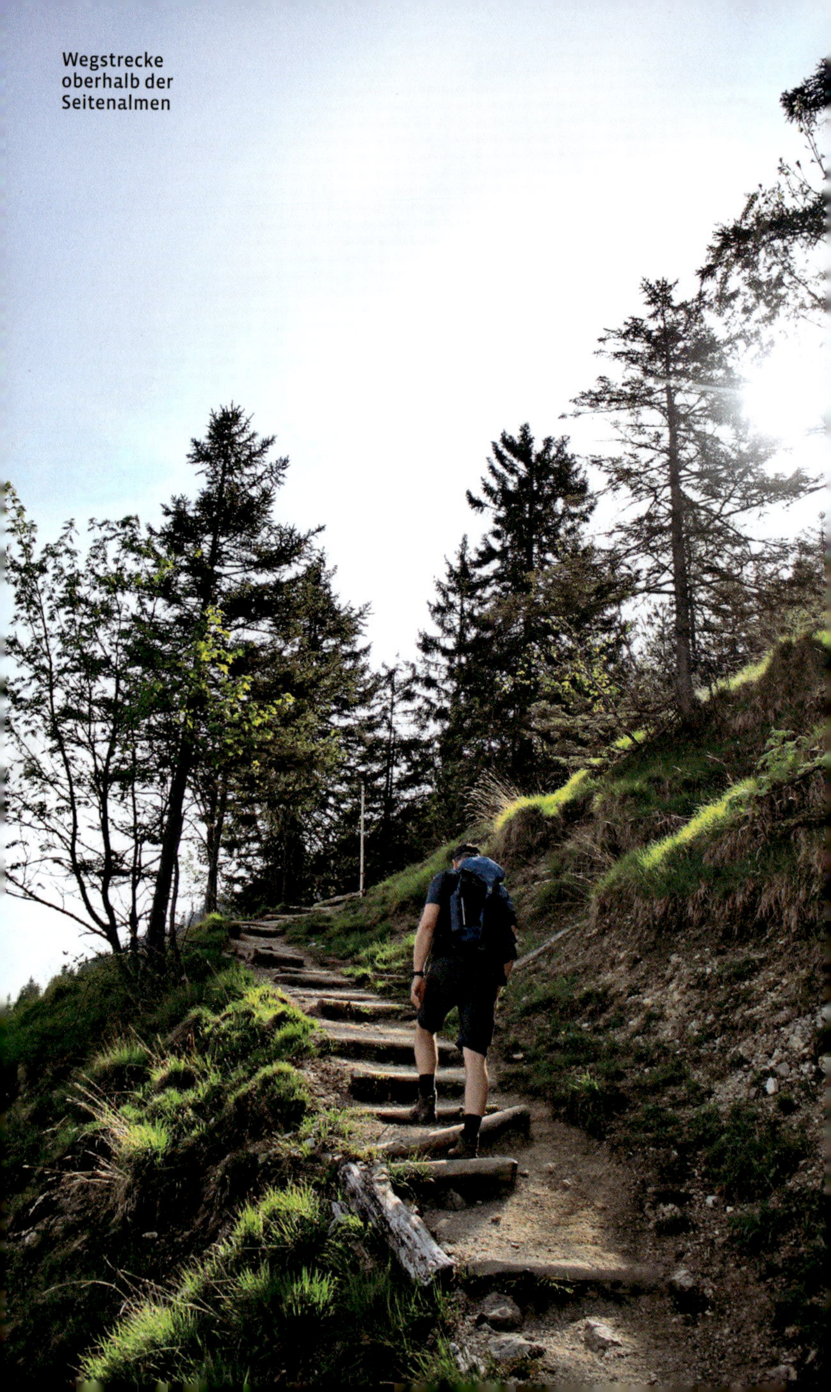

Wegstrecke oberhalb der Seitenalmen

Tour für TOUR 1 die Sinne

HOCHRIES

Frühstücksrunde auf die Hochries

Zur höchsten Erhebung der Gipfelkette, die den Gemeindeverband Samerberg überragt, führt eine angenehme Tour über abwechslungsreiche Wege bis auf 1569 Meter Höhe. Von oben liegt einem das Flachland wie ein bunter Flickenteppich zu Füßen.

Morgens um 8 herrscht am Wanderparkplatz Spatenau noch Stille. Nur die Vögel zwitschern, was das Zeug hält, und die Luft ist gesättigt von würzigem Bärlauchduft. Direkt über die kleine Straße hinweg beginnt der Weg zur Hochries, der zunächst über einen steinigen Pfad durch den Wald bergan führt. Den Aufstieg zum Gipfel bemisst das Schild des Bergwanderwegs AV-216c mit 2,45 Stunden wirklich großzügig – da bleibt auf 800 gemütlichen Höhenmetern viel Zeit, um Fotos zu machen oder um eine Pause auf der Bank einzulegen. Nach einigen Schleifen endet der Pfad an der ersten saftig grünen Alm, und die Sonne wärmt Gesicht und Arme. Schräg rechts zieht sich wie eine lange Rampe der eher unspektakuläre Teil der Wanderung den Hang hinauf, zu späterer Uhrzeit viel befahren von Bikes und Kinderwagen, die auf den breiten Betonplatten schüttelfrei nach oben gelangen. Nach einer kleinen Biegung ist die Passage schon überwunden, und über einen Wiesenweg gelangt man rechts zur Doagl-Alm. Viele Wanderer, vor allem mit Kindern, haben hier ihr Ziel erreicht – alle anderen halten sich links, queren einen kleinen Wald und bleiben links auf dem Weg über eine blühende Almwiese hinweg. In angenehmen Serpentinen führt von dort ein sandiger Pfad bergan, teilweise mit Holzbalken zu breiten Stufen ausgebaut. An einem quietschenden Drehkreuz führt links ein Abzweig auf eine weitere der 37 Almen des Samerbergs, zur Hochries geht es weiter geradeaus. Auf 1350 Metern Höhe sind die Hütten der Seitenalmen erreicht. Dahinter biegt der Pfad links ab und windet sich nach einer Weile durch den lichten Bergwald bis zu einer Gabelung: Links liegt die Hochries, rechts geht es zum Karkopf.

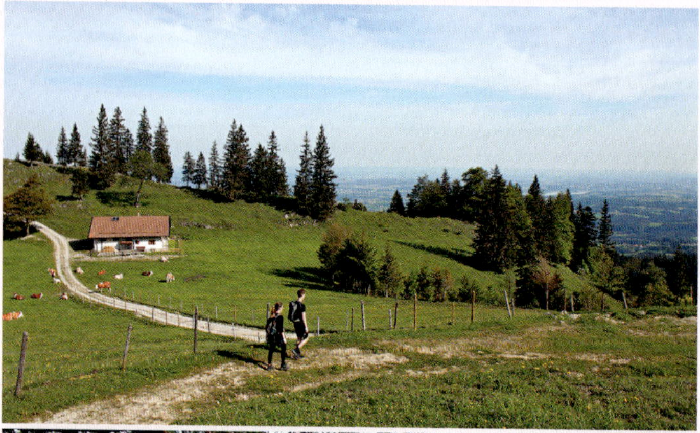

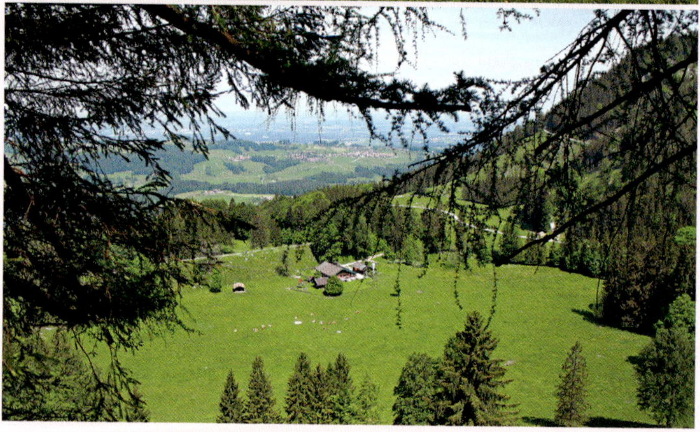

»Ein Spaziergang am frühen Morgen
ist ein Segen für den ganzen Tag.«

Henry Thoreau

Blank abgetretene Steine pflastern den linken Pfad, auf dem der Gipfel der Hochries nach gut 20 Minuten in Sicht kommt. Hier warten neben dem hohen Gipfelkreuz auf 1569 Metern die Hochrieshütte und ein herrlicher Rundumblick – einerseits in die im Dunst verschwimmende Ebene und auf den Chiemsee, andererseits auf die Chiemgauer Alpen und den Wilden Kaiser bis zum Alpenhauptkamm. Für den Rückweg stehen mehrere Optionen zur Wahl: entweder mit der Seilbahn ins Tal gondeln (dann wäre noch der Weg zum Parkplatz zurückzulegen) oder über die Ebersberger Alm absteigen. Wohldosierte Action verheißt der Schlenker über den 1469 Meter hohen Karkopf beziehungsweise der ungesicherte Abstieg von dort zum Rundweg. Schilder weisen darauf hin, dass Trittsicherheit und Schwindelfreiheit nötig sind. Tatsächlich können diese Passage aber auch ängstliche Naturen gut bewältigen – weil die Lage nie exponiert ist und reichlich Latschen zum Festhalten wachsen. Nach ein wenig Kraxelei erreicht man die Wegkreuzung.

Am Feichteck taucht der befestigte Weg in den Wald ein. Von den ursprünglich zwei Betonbändern hat sich die Natur eines zurückgeholt – das andere reicht, um ohne große Schwierigkeit durch den Laubwald nach unten zu gelangen. An einer Stelle sollte man darauf achten, den richtigen Abzweig zur Doagl-Alm zu erwischen. Die liegt auf 1000 Höhenmetern in liebliche Wiesen eingebettet und kredenzt den vielleicht heißesten Anwärter auf den besten Apfelstrudel im ganzen Chiemgau. Im Schatten der großen Schirme sieht man die erklommenen Höhen und schaut den Kindern beim Kühefüttern zu. 500 Rinder stehen auf den Weiden von Samerberg, die in 800 bis 1500 Metern Höhe von 40 Landwirten bewirtschaftet werden – so verrät es eine Infotafel.

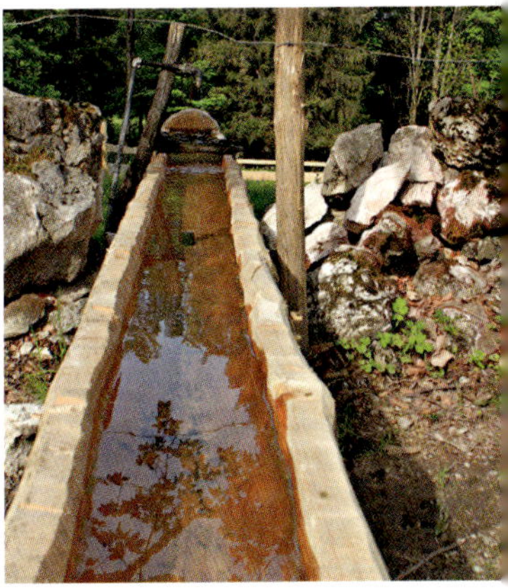

↑ Almrunden aller Länge sind unterhalb der Hochries möglich.
↓ Der Apfelstrudel auf der Doagl-Alm versüßt den Rückweg.
→ XXL-Tränke auf dem Weg zum Gipfel

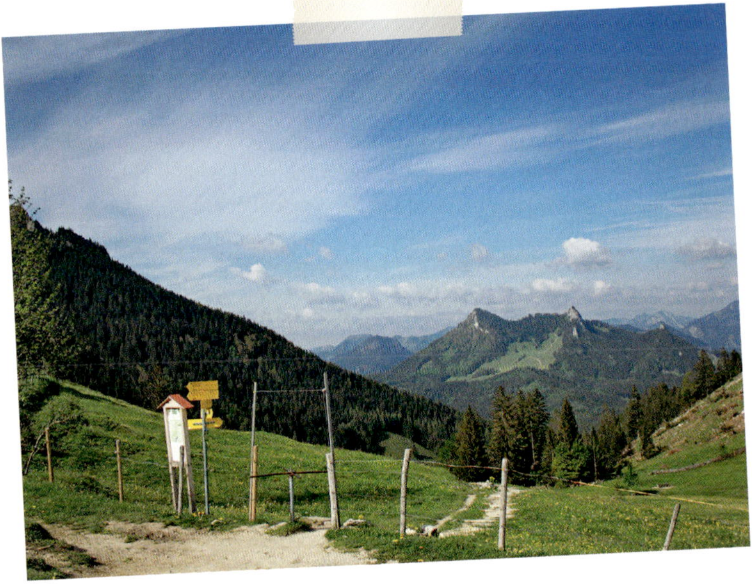

↑ Kitzstein, Heuberg und Wasserwand grüßen von Westen.

Das alles findet seit Jahrhunderten so statt und hat die ganz besondere Landschaft des Hochtals Samerberg geprägt. Dass die Menschen an diesem schönen Fleckchen hängen, macht die Doagl-Alm deutlich. Die hat um das Jahr 500 ein gewisser Dago aus dem Böhmischen gebaut, seine Nachfahren blieben bis ins 17. Jahrhundert. Dann übernahmen die Sattlbergers, die bis heute die Hütte betreiben. Zwei Besitzerfamilien in 1500 Jahren – das muss Münchner Mietern wie ein wahres Märchen erscheinen.

Tipp

Wer mehr über die Almwirtschaft von Samerberg erfahren möchte, hält die Augen nach den Infotafeln offen. Sie flankieren den sogenannten Almenweg und erzählen, woher der Begriff »schwenden« kommt, wie viel Gras jeden Tag durch die sieben Mägen einer Kuh wandert und wann der Bauer ein Bergbauer ist.

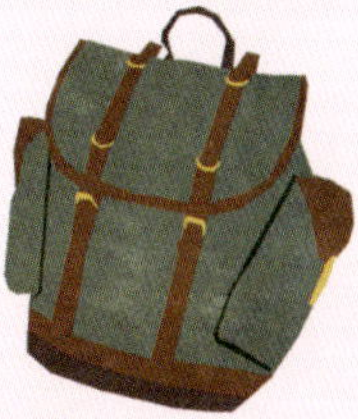

AUF EINEN BLICK

Tour 1: Tour für die Sinne

Dauer: 4–4.30 Std.

Höhenmeter: 810 Hm

Länge: 10,5 km

Schwierigkeit: Schwer

Tourencharakter: Eine abwechslungsreiche Tour über Almen und durch den Bergwald, die optional eine kleine Kletterpassage bietet. Der Abschnitt bis zur Doagl-Alm eignet sich auch für Kinderwagen.

Ausgangs-/Endpunkt: Wanderparkplatz Spatenau

Anfahrt: **Pkw:** Auf der A8 bis zur Ausfahrt Samerberg, dann bis zum Wanderparkplatz Spatenau
Bahn/Bus: Mit dem Zug bis Rosenheim, von dort fährt zwischen Mai und Oktober an allen Sonn- und Feiertagen für 1 Euro ein Wanderbus zu den Wanderparkplätzen.

Einkehr: Hochrieshütte (1569 m), Doagl-Alm (1000 m)

Karte: Kompass-Wanderkarte Nr. 14, Berchtesgadener Land & Chiemgauer Alpen, 1:50 000

Information: samerberg.de

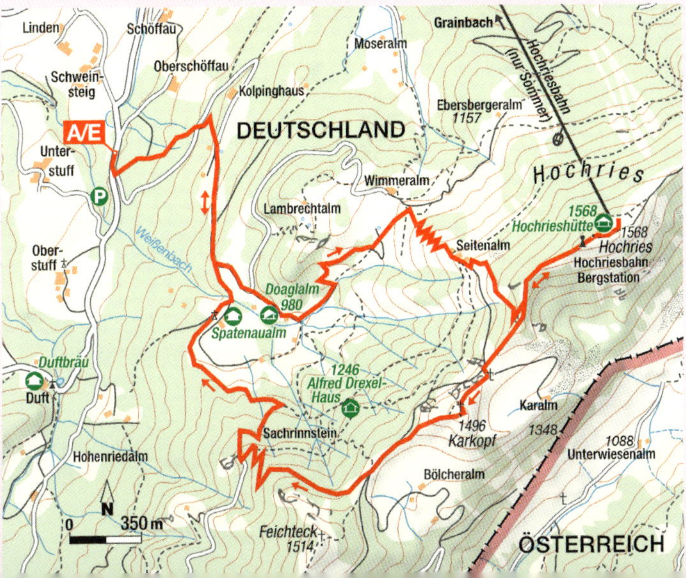

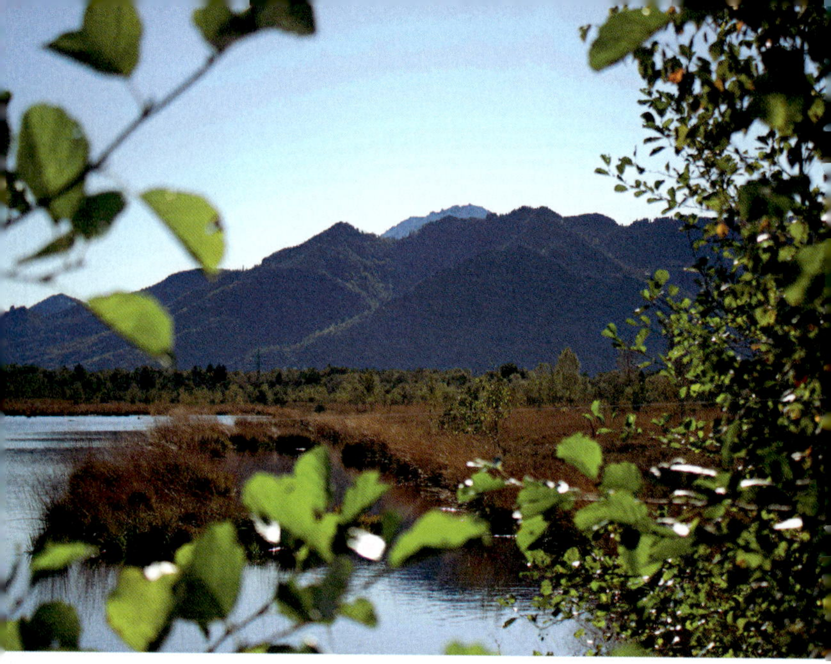

↑ Renaturierter Torfstich im Hochmoor ↓ Der Hochgern im ersten Schneekleid

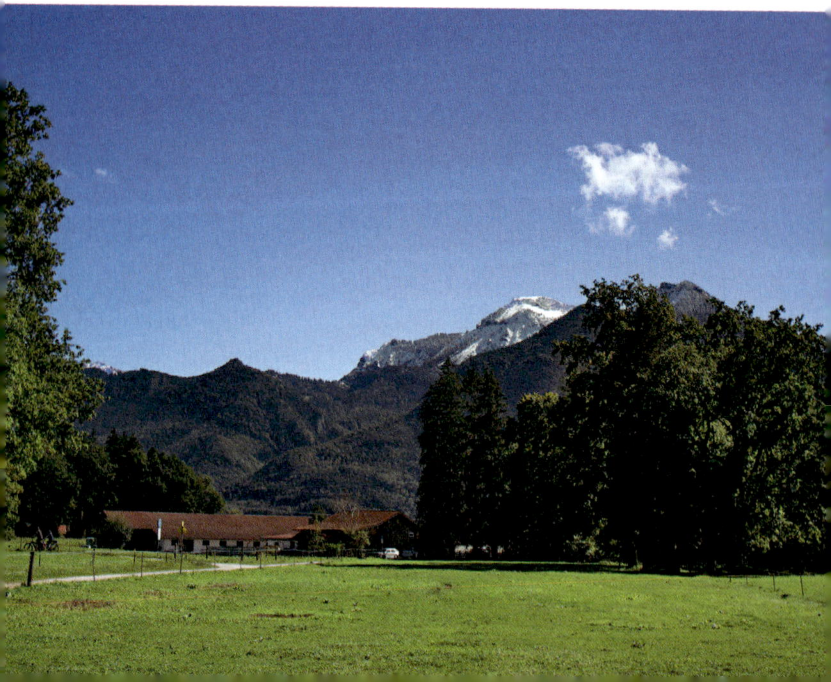

Tour
TOUR 2
der Stille

KENDLMÜHLFILZEN

Ewig schön

Die Kendlmühlfilzen südlich vom Chiemsee bilden das größte Hochmoor im Südosten Bayerns, gewachsen über Jahrtausende und die Heimat seltener Tier- und Pflanzenarten. Seit 1992 steht das Gebiet unter Naturschutz. Ein abwechslungsreicher Wanderweg führt einmal darum herum.

Zu Lebzeiten auf dem Ewigkeitsweg gehen – das ist allen Spaziergängern in den Kendlmühlfilzen vergönnt, und dass dieser Weg den etwas hochtrabenden Namen trägt, macht sogar Sinn: Denn es gibt kaum Ewigeres auf Erden als ein Moor. Das Wachstum des Hochmoors beträgt einen Millimeter im Jahr, und da sich die größte Mächtigkeit der Kendlmühlfilzen auf acht Meter addiert, kann man leicht ausrechnen, seit wann dieses Moor existiert. Entstanden ist es aus dem verlandeten Chiemsee, der vor Urzeiten eine wesentlich größere Fläche einnahm. Auf dem nassen Boden des Verlandungsgebiets konnten sich Schilf, Äste und Blätter kaum zersetzen, sie lagerten sich übereinander und bildeten so Schicht für Schicht den Torf. Ein Vorgang über Jahrhunderte.

Der Mensch allerdings gab sich alle Mühe, in vergleichsweise kurzer Zeit an dieser natürlichen Ewigkeit zu kratzen. Zuerst waren es nur die Bauern der Umgebung, die Einstreu für den Stall und Heizmaterial für ihre Höfe abbauten. Ab Mitte des 19. Jahrhunderts fanden Entwässerung und Torfgewinnung in industriellem Ausmaß statt, man baute einen Torfbahnhof und verdonnerte auch Häftlinge der Strafvollzugsanstalt Bernau zur Erdarbeit. Bis in die 1980er-Jahre betrieb man hier den Abbau, der jahrtausendealten Moorboden zu Blumenerde für Balkone und Vorgärten degradierte. Die Gleise der ehemaligen Bahnstrecke begleiten den Wanderer auf dem Ewigkeitsweg, und ihr Verfall zeigt sehr deutlich, was hier ewig ist und was nicht.

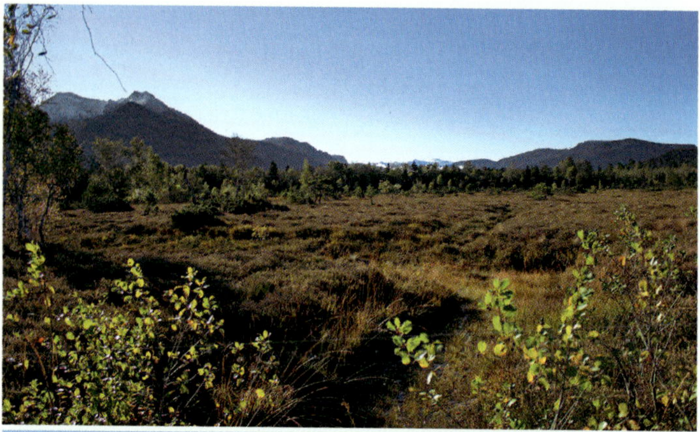

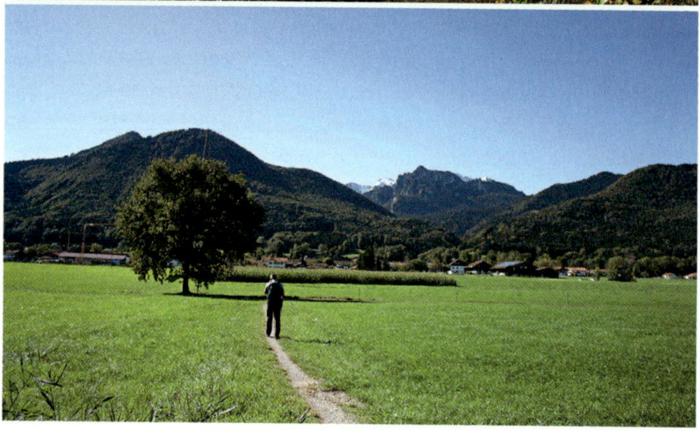

»Die Natur muss gefühlt werden.«

Alexander von Humboldt

Die Runde durchs Moor erweist sich in weiten Teilen als eine Runde ums Moor, was ihrer Schönheit aber keinen Abbruch tut, sondern dem strengen Schutz der empfindlichen Gebiete geschuldet ist. Die ersten Kilometer vom Parkplatz Steinbrückweg führen über die alten Schienen, die halb zugedeckt von Blättern und umgluckert von Moorwasser nur an manchen Stellen ihre massive Konstruktion zeigen, mitten durch das Kerngebiet der Filzen. Je nach Jahreszeit machen am Wegesrand die Pflanzen auf sich aufmerksam, die auf dem sauren Moorboden gedeihen können, im Frühsommer das Wollgras mit seinen weißen Puschelblüten, im Spätsommer die violette Besenheide. Dazwischen wachsen Rosmarinheide, Schnabelbinse, Pfeifengras, Rauschbeere und der fleischfressende Sonnentau, Libellen schwirren vorbei, wer Glück hat, entdeckt eine schillernde Mosaikjungfer oder doch wenigstens einen grünen Feld-Sandlaufkäfer. Es versteht sich von selbst, im Moor auf dem Pfad zu bleiben, der erst geradeaus führt, dann eine scharfe Rechtskurve macht und später nach links am gesperrten, weil baufälligen Aussichtsturm vorbeigeht. Auf der rechten Seite liegen zwei Seen mit dicken Inselchen aus Grasbüscheln. Birken säumen den Weg, an manchen Stellen haben sich kleine Waldinseln gebildet. Übers freie Moor bietet sich ein schöner Blick auf Hochgern und Hochfelln. Kurz nach einer Brücke macht der Ewigkeitsweg eine scharfe Biegung nach rechts.

Bei nächster Gelegenheit zweigt links ein Pfad Richtung Westerbuchberg ab, der mit Hackschnitzeln weich bestreut durch den lichten Wald führt – ein Wunder an Licht-und-Schatten-Spielen. Mit jeder Biegung ändert sich das Bild bei dieser Moorrunde, und eine gewisse Vorhersehbarkeit hat nur der etwa 3,5 Kilometer lange Abschnitt, der sich links in Richtung Torfbahnhof zieht. Dafür rückt links die Kampenwand ins Blickfeld und gibt mit jedem

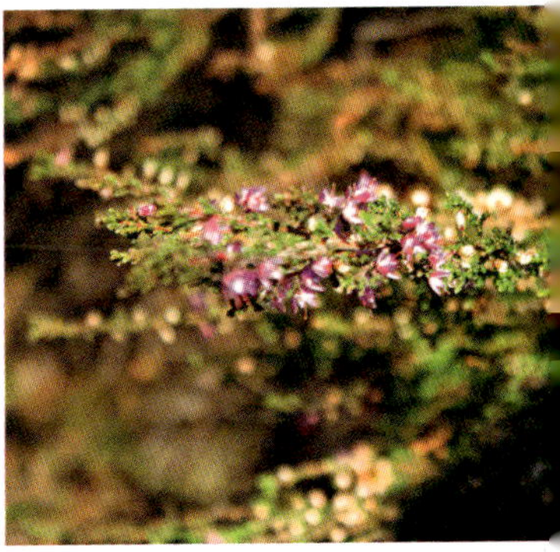

↑ **Die natürliche Vielfalt der Filzen ist enorm.**
↓ **Rottau schmiegt sich unter Gederer- und Kampenwand.**
→ **Die Besenheide blüht.**

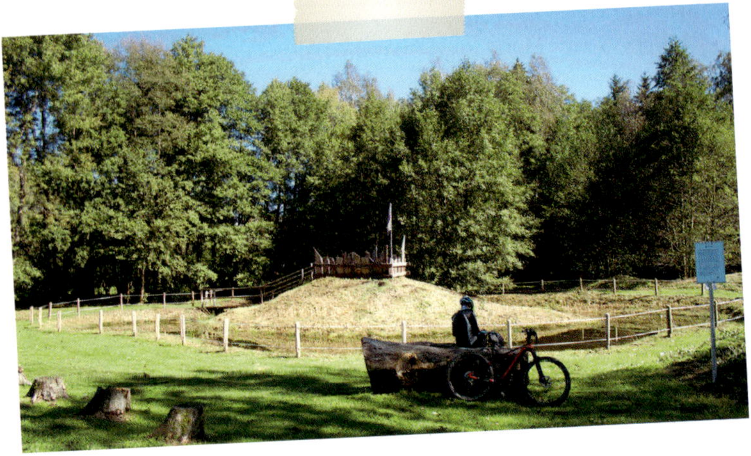

↑ Am Moorerlebnispfad gibt es einen Spielplatz.

Schritt ein weiteres Stück ihres kantigen Konterfeis preis. Der Weg mündet dort in den Wald und zweigt bald links ab. Farne und Blaubeerbüsche flankieren nun den Waldpfad. Hier fand man Reste eines gut erhaltenen Bohlenwegs aus keltischer Zeit, untersuchte einige Balken und versenkte alles wieder im Moor; konserviert für die nächsten 2600 Jahre.

Am Abzweig zu den Kneippbädern geht es links am Waldrand entlang, dann rechts auf eine Wiese. Von jetzt an weist der Hochgern die Richtung, bis es rechts zum Moorerlebnisweg geht. Vorbei am Spielplatz bietet sich ein Abstecher zum Museum Salz & Moor an, oder man biegt rechts in den Wald und gelangt nach 1,5 Kilometern zum Ausgangspunkt.

Tipp

So klein, wie es zunächst wirkt, ist das Museum Salz & Moor gar nicht, denn der Komplex umfasst sieben Gebäude: vom Walmdachhäuschen und seiner Dauerausstellung zu Moor-Entstehung, -Ausbeutung und -Renaturierung bis zum Maschinenhaus. Platz für ein Café gibt es auch. Direkt an der B305, Klaushäusl, 83224 Grassau. grassau.de/klaushaeusel

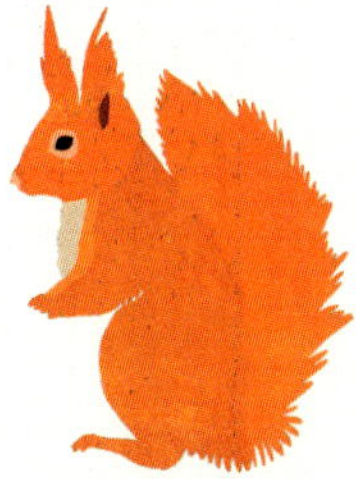

AUF EINEN BLICK

Tour 2: Tour der Stille

Dauer: 3 Std.

Höhenmeter: 30 Hm

Länge: 12,5 km

Schwierigkeit: Leicht

Tourencharakter: Ein Rundweg, der zunächst durchs und später am Rand des Moores entlangführt. Es gibt viele Bänke und nach etwa 11 km den Moorerlebnispfad für Kinder mit Spielplatz.

Ausgangs-/Endpunkt: Parkplatz Steinbrückweg (540 m)

Anfahrt: **Pkw:** Auf der A8 bis zur Ausfahrt Bernau, dann auf der B305 zwischen Rottau und Grassau links auf den Steinbrückweg abbiegen
Bahn/Bus: Mit dem Zug bis Prien. Von dort mit dem RVO-Bus 9505 nach Rottau

Einkehr: In Rottau die Gasthöfe Messerschmidt und Fischerstüberl oder das Café König, in Grassau der Gasthof Sperrer oder die Seewirtschaft am Reifinger See, in Übersee der Hinterwirt

Karte: Kompass-Wanderkarte Nr. 10, Chiemgau, 1:50 000

Information: grassau.de

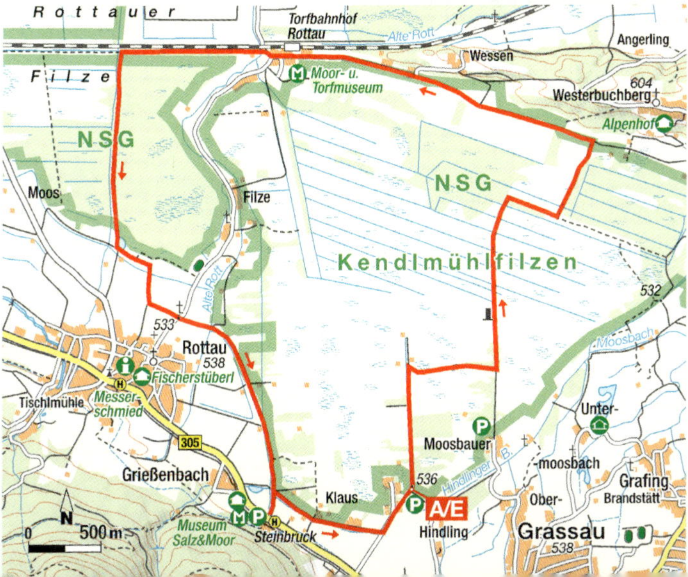

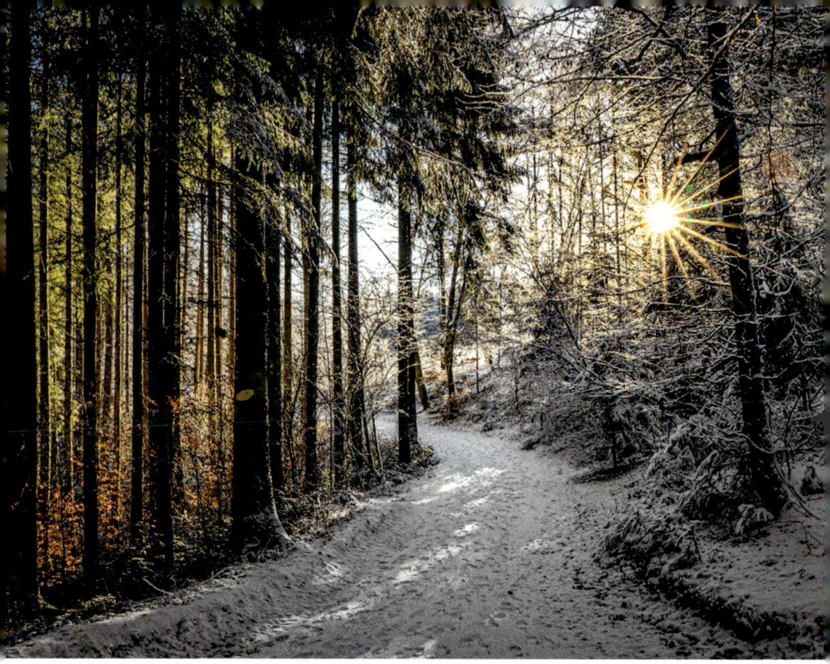

↑ Waldweg am Einbessee ↓ Wie ein Spiegel erscheint der eisige Hartsee.

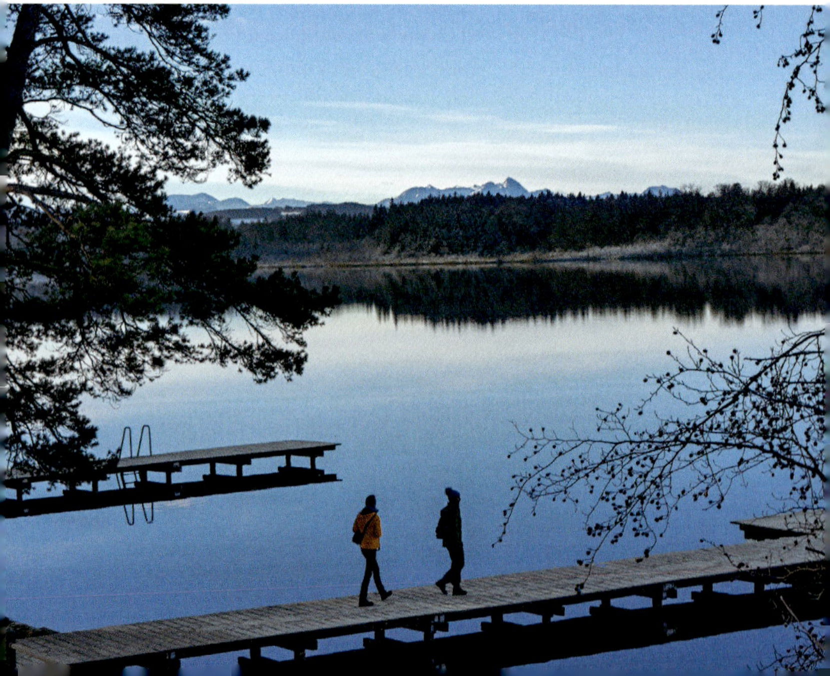

EGGSTÄTT-HEMHOFER SEENPLATTE

Tour für die Sinne
TOUR 3

Schnee- und Eiszeitwanderung

Der Vorteil niedriger Lagen ist ihre Eignung als Ganzjahresziel. Und obwohl man sich hier die Sommertapete und Badetemperaturen auch wunderbar vorstellen kann, offenbart die Eggstätt-Hemhofer Seenplatte ihre volle Schönheit genauso bei strahlendem Winterwetter.

Ganz wichtig im Rucksack: der Respekt! Denn die Landschaft, die sich nordwestlich des Chiemsees erstreckt, ist als Eiszerfallslandschaft eines der bedeutendsten Geotope Bayerns. Was heute etwas sperrig Eggstätt-Hemhofer Seenplatte heißt, sind mehrere Toteislöcher, die die Verbindung zu dem Gletscher, der ihnen einst den Untergrund bereitet hat, natürlich längst verloren haben. Die Kuhlen zwischen Eggstätt im Nordosten und Hemhof im Westen sind viel tiefer, als es ihre stillen Wasser vermuten ließen: Fast 40 Meter erreicht der Hartsee, und mit mehr als 100 Hektar Fläche ist der Langbürgner See der mit Abstand größte unter den 17 Einzelseen.

Die leichte Wanderung setzt auf der Landbrücke zwischen dem Schlosssee und dem Langbürgner See an, auf dem Wanderparkplatz in direkter Nähe zu Schloss Hartmannsberg. Dort verlief früher die Römerstraße, bevor sich die Herren von Sigharting um 1040 fürstlich niederließen. Heute steht ein barocker Neubau an der Stelle. Vom Parkplatz aus geht es geradeaus unterhalb eines Hangs in Richtung Schloßsee. Nach wenigen Minuten streift die Route das Ufer des kleinen Kesselsees. Der Wald wird etwas dichter und an einer Kreuzung stehen zwei Wege zur Wahl: links oder rechts um den Einbessee, dessen südliches Ufer noch in eisigem Schatten liegt. An einem kleinen Bildstock vereinen sich die beiden Einbessee-Runden wieder. Nach etwa 300 Metern teilt sich der Weg erneut. Hier empfiehlt sich die linke Alternative, weil sie direkt ans Ufer des Hartsees führt.

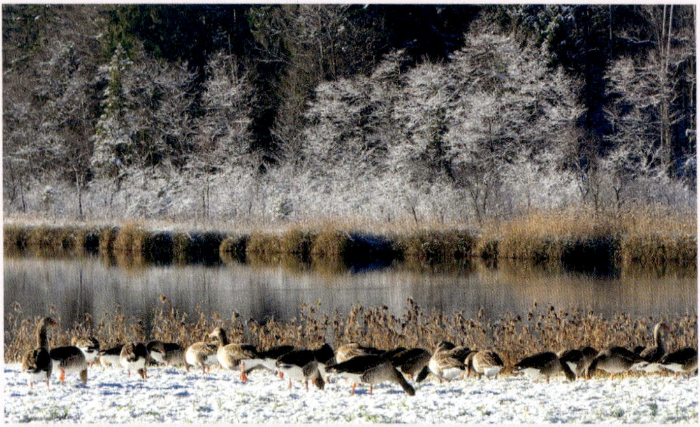

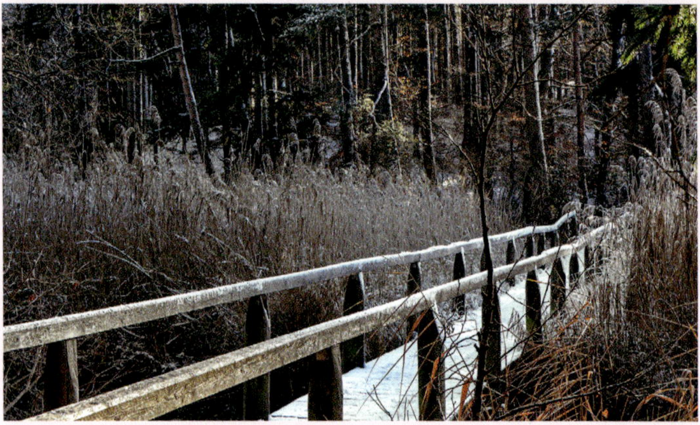

»In den Wäldern sind Dinge,
über die nachzudenken man jahrelang
im Moos liegen könnte.«

Franz Kafka

In leichtem Auf und Ab verläuft der Weg oberhalb des Ufers durch den Wald, Laub raschelt um die Füße, ein baufälliger Badesteg reicht ins Wasser. Einige hundert Meter weiter, die man auch direkt am See auf einem schmalen Pfad zurücklegen kann, ist die Badestelle am Hartsee mit der Wasserwachthütte erreicht – die langen Stege umweht jetzt im Winter eine rührende Sinnlosigkeit. Richtung Süden riegeln Kampenwand und Hochplatte den Horizont ab. Etwas oberhalb des Sees geht es nun links nah an der Straße entlang, vorbei an einer Graugans-Kolonie, die im Schnee gründelt. Nach den Ischler Achen zweigt links ein Weg ins Gehölz ab. Das lichtet sich nach einer Weile, das überfrorene Schilf zeigt die Seenähe an und wächst bald wieder zu einem dichten Wald zusammen.

Über einen Holzsteg, der die Achen zwischen Hartsee und Pelhamer See überwindet, führt der Weg hügelan in den Wald. An der Gabelung zweigt er zweimal rechts ab und hält sich bei den Gehöften des Weilers Gaben einen guten Kilometer später am Waldrand. Dann schlägt sich der Pfad links in die Büsche und macht dabei einen Bogen um Blassee und Kaulsee. Zwischenzeitlich fast unwegsam, mündet der Pfad bald wieder auf den breiteren Wanderweg, ihm folgt man nach rechts und biegt bald links ab, verleitet vom Funkeln des Wassers am Ende des grünen Tunnels. Vor einer kleinen Lichtung streckt sich der Badesteg in den Schloßsee, das muss im Sommer ein romantisches Plätzchen sein.
Wer sich nun für die Ufer-Variante entscheidet und nicht zurück auf den Weg geht, marschiert eine Weile am See entlang und gelangt dann auf einen Acker. Ein Pfad führt nun direkt auf Stephanskirchen und seine ungewöhnlich große Dorfkirche St. Rupertus zu, bis es links Richtung Hemhofen geht. Auf dem freien

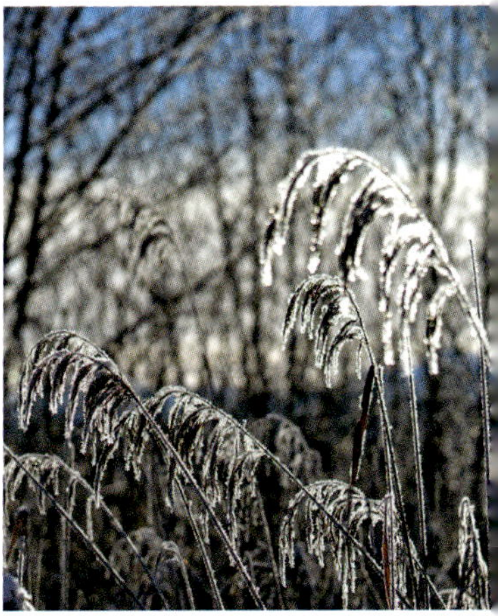

↑ **Gänsekolonie am Hartsee**
↓ **Holzsteg über die Achen**
→ **Gefrorene Seggen**

↑ **Eine Ente zieht ihre Bahn auf dem Hartsee.**

Feld wärmt die Sonne, und der Schnee auf den Bergen gleißt. Kurz vor dem Ortseingang zweigt der Weg links nach Daumberg ab, passiert wenige Häuser und folgt auf dem letzten Kilometer der Staatsstraße bis zum Wanderparkplatz.

Einen Nachteil hat die Winterwanderung jedoch: Weder der Hochmoor-Perlmuttfalter noch die Zierliche Moosjungfer tanzen dann durch die Luft. Die zarte Libelle ist nahezu ausgestorben und findet sich nur noch an den Seen nördlich des Chiemsees. Dass sie überhaupt noch hier gaukelt, verdankt sich möglicherweise einer Verordnung aus dem Juni 1939: Damals wurde die Seenplatte als eines der ersten Gebiete in Bayern unter Naturschutz gestellt.

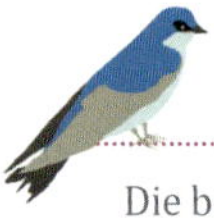

Tipp

Die beschriebene Tour lässt sich leicht um etwa acht Kilometer aufstocken – dann wird die Runde einfach Richtung Süden um den Langbürgner See verlängert. Das würde sich vor allem für den Sommer empfehlen, da am Ostufer bei Stock ein schöner Badeplatz wartet.

AUF EINEN BLICK

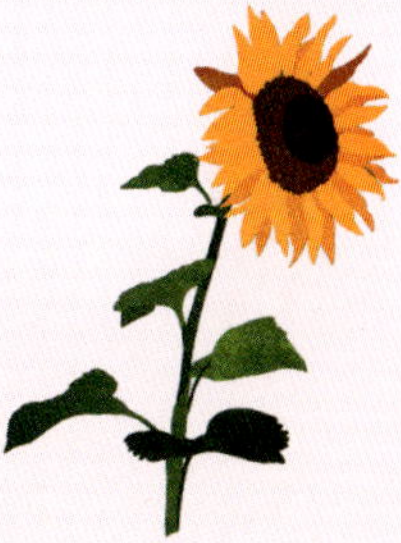

Tour 3: Tour für die Sinne

Dauer: 2 Std.

Höhenmeter: 45 Hm

Länge: 9,5 km

Schwierigkeit: Leicht

Tourencharakter: Seeweg durch eine uralte Landschaft

Ausgangs-/Endpunkt: Wanderparkplatz Schloss Hartmannsberg (530 m) oder Bahnhof Bad Endorf

Anfahrt: Pkw: Auf der A8 bis zur Ausfahrt Rosenheim, über die B15 in Richtung Bad Endorf/Stephanskirchen. Von Bad Endorf über die St2095. Etwa 250 m nach Schloss Hartmannsberg zweigt rechts der Parkplatz ab.
Bahn/Bus: Mit dem Zug bis Prien am Chiemsee, dann in einen Bus der Linie 9511 umsteigen bis zum Bahnhof Bad Endorf. Bis Schloss Hartmannsberg sind es etwa 10 min. zu Fuß.

Einkehr: Hartsee-Stüberl in Eggstätt, hartseestueberl.de

Karte: Kompass-Wanderkarte Nr. 10, Chiemgau, 1:50 000

Information: bad-endorf.de; eiszeitseen.de

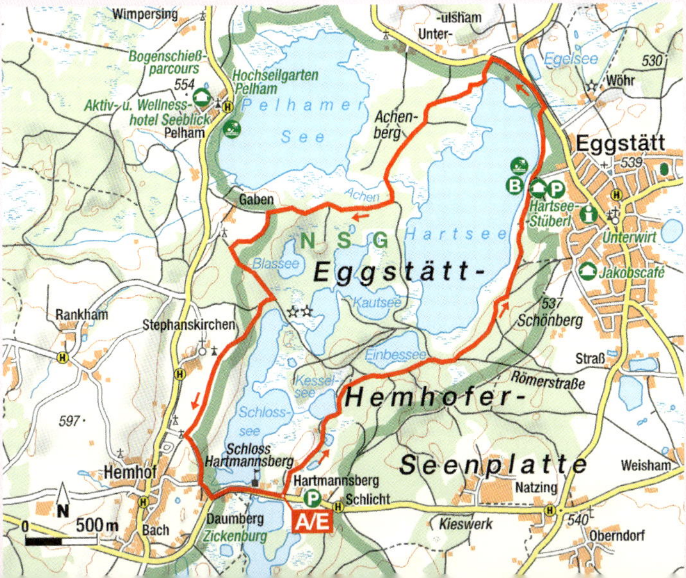

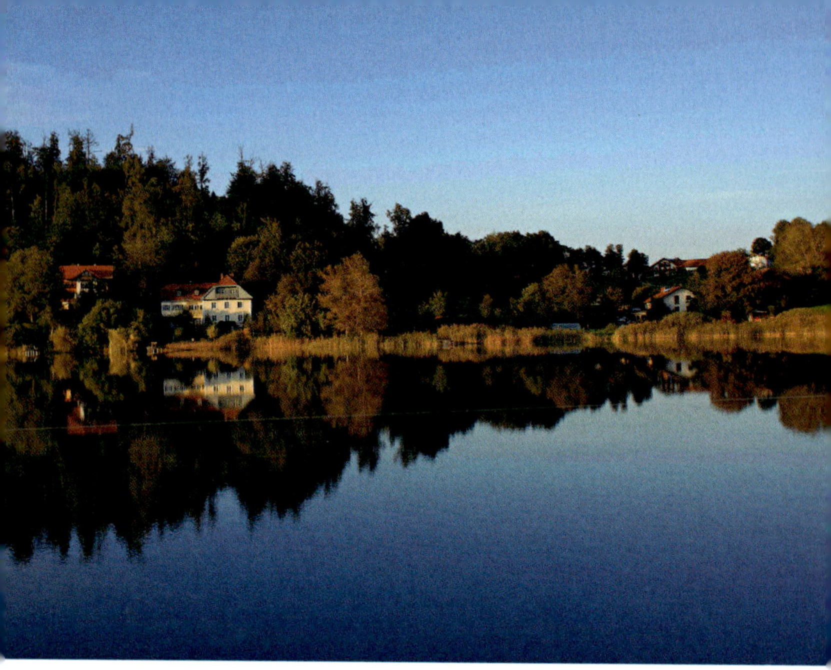

↑ Feine Wohnlage am Seeoner See ↓ Das Kloster besteht seit 1000 Jahren.

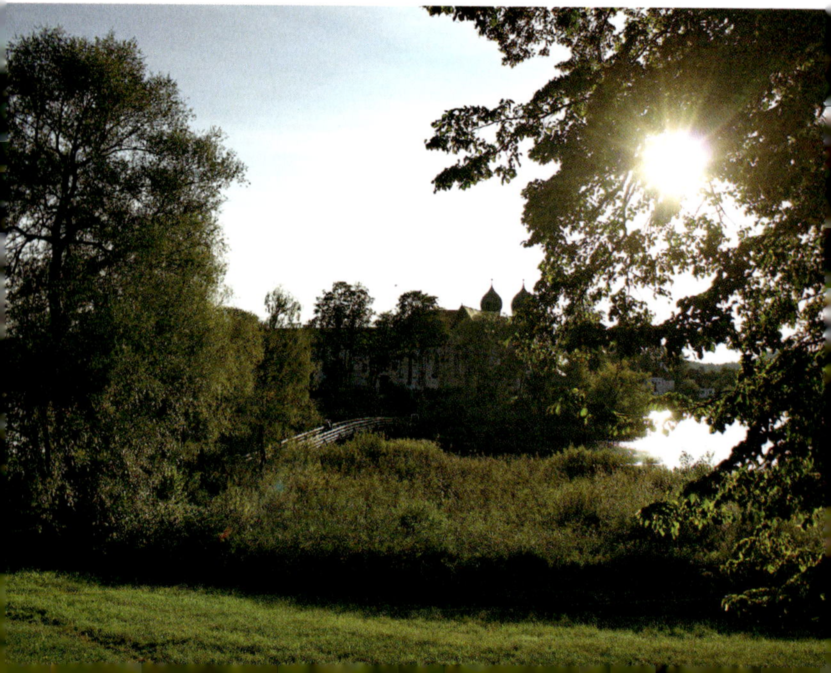

SEEONER SEE

Tour für die Sinne

TOUR 4

Eine Schleife um den See

Das Kloster Seeon auf einer Halbinsel im gleichnamigen See ist eines der romantischsten Ziele der Region – nur vier Kilometer vom Chiemsee entfernt und doch in einer ganz anderen Welt. Ein Spaziergang umrundet den See und führt zum schönsten Panoramapunkt.

Es gehört ein bisschen Standhaftigkeit dazu, der Versuchung zu widerstehen, sofort vom Parkplatz aus die 300 Meter zur Kirche St. Lambert zu gehen – aber ein feines Essen fängt ja auch nicht mit dem Hauptgang an. Deshalb also hält man sich zunächst links und geht einen guten Kilometer über einen Kiesweg relativ nah an der Straße entlang, erst unter mächtigen Eichen, dann an Gebüsch vorbei, bevor links die Abzweigung nach Seeon kommt. Nach kurzer Zeit und einigen hübschen Höfen mit noch hübscheren Bauerngärten davor blitzt auf der linken Seite der blaue See hindurch. Zwischen den Häusern des Ortes Seeon lässt er sich immer mal wieder blicken, aber erst in der Ortsmitte kommt man ganz an nah an ihn heran: Dort reckt sich das Schilf einer Trauerweide entgegen, auf der Mitte des Platzes steht ein Brunnen mit bronzenen Kindern, die sich an den Händen fassen – das ist schon beinahe zu viel der Idylle.

Aber es geht genauso idyllisch weiter: Der See funkelt von links, während sich die Feldstraße eine Anhöhe hinaufwindet und man sich kaum entscheiden kann, in welche Richtung man schauen soll: in die Gärten voller Dahlien und Astern oder aufs Wasser? Auf der Höhe geht es erst noch einige hundert Meter geradeaus, bevor links ein Wiesenweg abzweigt. Ihm folgt man einen guten Kilometer lang, passiert einen Bauernhof und biegt dann rechts ab in den Wald. Zunächst geht es bergab, dann eine Weile am Waldrand entlang und schließlich links etwas ansteigend zu einem Fahrweg. Dort weisen Schilder auf den Aussichtspunkt Weinberghöhe, der nach kurzen Anstiegen erreicht ist und vor einer schlichten Bank

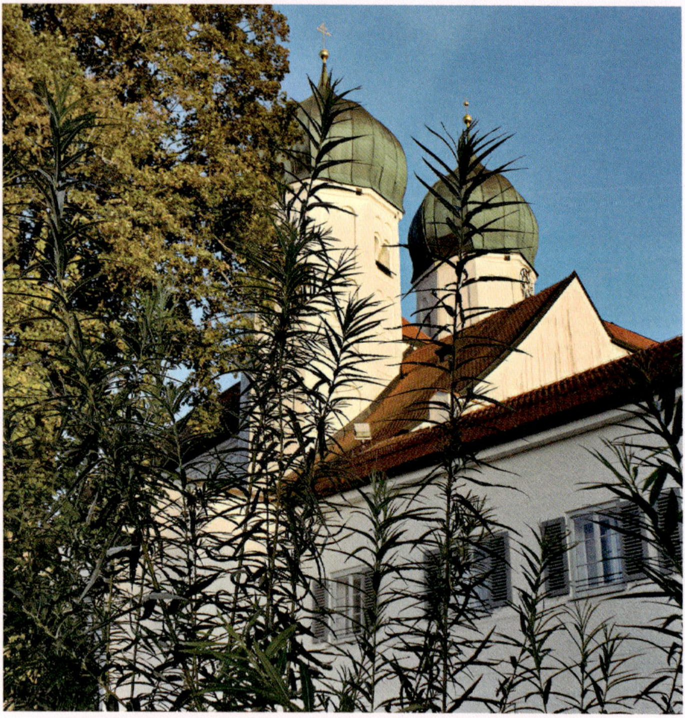

»Es gibt keine richtige Art, die Natur zu sehen.
Es gibt hundert.«

Kurt Tucholsky

eine geradezu idealtypische Landschaft vor den Betrachtern entfaltet, vom Abendlicht in sanftes Gelb getaucht.

Ohne jeden Sozialneid sei zugegeben: Hier zu wohnen ist wie ein Sechser im Lotto und vermutlich ebenso unerreichbar, wenn die Familie nicht schon seit Ortsgründer Aribos Zeiten in dieser Ecke lebt. Der Klostersee liegt friedlich unterm weißblauen Himmel. Die neun Seeoner Seen, echte Eiszeitrelikte, speisen sich allein aus Regenwasser. Kein Fluss füllt, kühlt oder durchmischt sie, und dennoch ist das Wasser vollkommen klar. Im Klostersee spiegeln sich die beiden dicken Turmzwiebeln von St. Lambert. Die Kirche des ehemaligen Benediktinerklosters steht auf einer Halbinsel, eine geschwungene Holzbrücke verbindet sie mit dem anderen Ufer. Die Berge wirken von der Weinberghöhe zugleich nah und fern: einerseits schnell zu erreichen, andererseits in keiner Weise beengend.

Der Pfad schlängelt sich am Waldrand entlang, schlägt sich dann links in die Büsche und mündet auf den Fahrweg, der bald in eine Teerstraße übergeht und an den wirklich allerschönsten Häusern vorbei zur schindelgedeckten Wallfahrtskirche unter dicken Eichen führt. Ihr zu Füßen liegt die Holzbrücke, die einen leichten Buckel macht, bevor sie die Klosterhalbinsel erreicht. Direkt auf der Spitze liegt St. Lambert, errichtet in mehreren Bauprozessen seit dem 11. Jahrhundert bis zu der gotisierten Säulenbasilika, die man heute sieht. Wer die Stufen hinaufsteigt, hat gleich die angemessene Blickrichtung: zunächst zum romanischen Portal, dann zur Taxenberger Kreuzigungsgruppe, die über den Bänken zu schweben scheint. Ein wunderbarer optischer Trick, der überleitet zu den Renaissance-Malereien des Rippengewölbes –

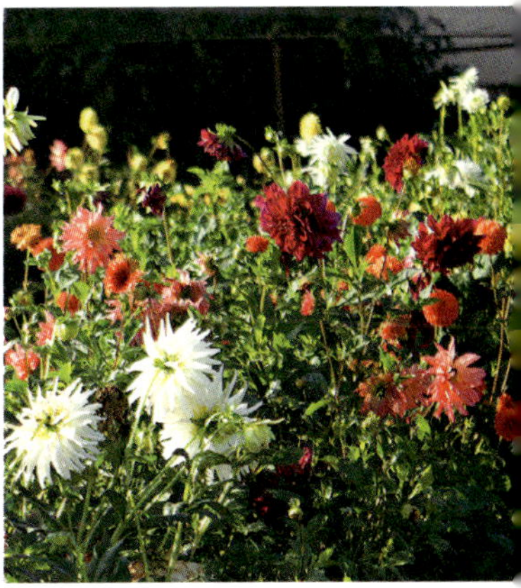

← **Die Klosterkirche ist dem heiligen Lambert von Lüttich geweiht.**
→ **Blumenschmuck im Bauerngarten**

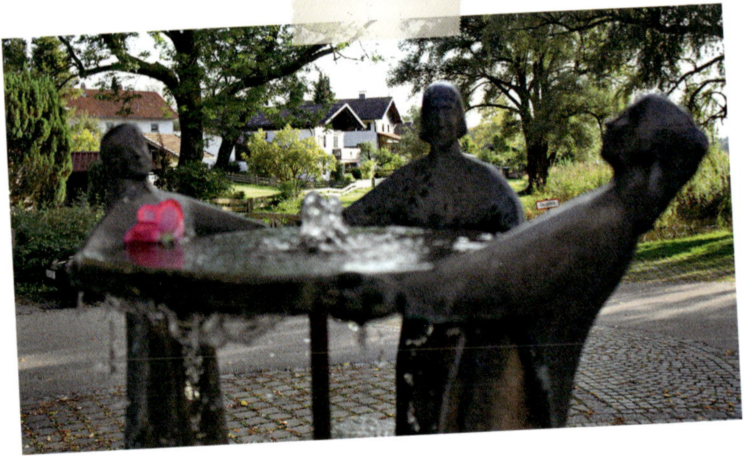

↑ **Der Brunnen von Seeon spiegelt die Dorfidylle.**

mehr als 50 Menschen sind darauf abgebildet, geschaffen von Künstlern aus dem fernen Assisi.

Noch viel zarter sind die Fresken von St. Walburgis, dem Kirchlein ein paar Schritte weiter, das zu restaurieren höchste Kunst gewesen sein muss, weil Maler vieler Jahrhunderte achtlos darüber pinselten. Die profanisierte Kirche, errichtet um das Jahr 1000, ist nur mit einer Führung zugänglich, aber eigentlich lohnt auch schon der Abstecher auf den Friedhof: Dort liegt Anna Anderson begraben, die sich als Anastasia, jüngste Tochter des letzten russischen Zaren, ausgab. Von ihrem herrlichen letzten Ruheplätzchen an der Mauer aus ist es nur noch ein Steinwurf zum Klosterparkplatz.

Tipp

Als der große Komponist noch ganz klein war, machte er schon in Kloster Seeon Musik: Wolfgang Amadeus Mozart war immer mal wieder Gast bei den Patres und widmete dem Kloster zwei Stücke einer Messe. Die Originaltastatur wird im heutigen Tagungszentrum verwahrt, die Mozart-Orgel aber bis heute bespielt, vor allem während der Mozart-Woche.

AUF EINEN BLICK

Tour 4: Tour für die Sinne

Dauer: 2.30 Std.

Höhenmeter: 50 Hm

Länge: 8,4 km

Schwierigkeit: Leicht

Tourencharakter: Eine große »8« um den See

Ausgangs-/Endpunkt: Parkplatz Kloster Seeon (540 m)

Anfahrt: **Pkw:** Von Norden entweder über die B305 oder über die A94 Richtung Passau und dann über die B15 oder die B304 zum Ziel, die letzten Kilometer über die St2094
Bahn/Bus: Mit dem Zug bis zum Bahnhof Traunstein und von dort mit dem Bus nach Seeon

Einkehr: Klostergaststätte in Kloster Seeon, Gasthof Neuwirt, neuwirt-seeon.de

Karte: Kompass-Wanderkarte Nr. 8, Chiemgau, 1:50 000

Information: kloster-seeon.de, seeon-seebruck.de, eiszeitseen.de

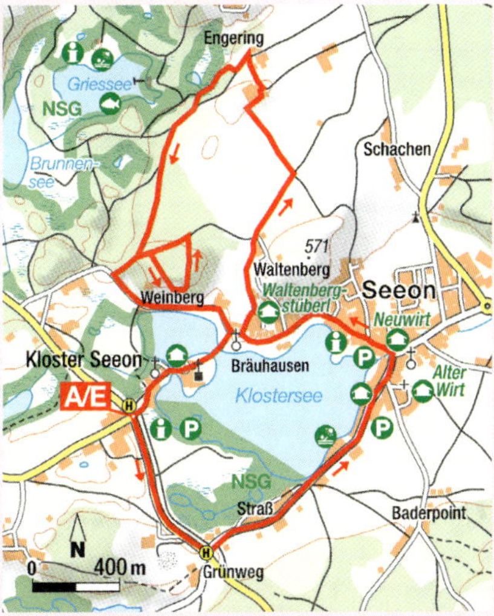

Der achteckige Campanile der Abteikirche Mariä Opferung

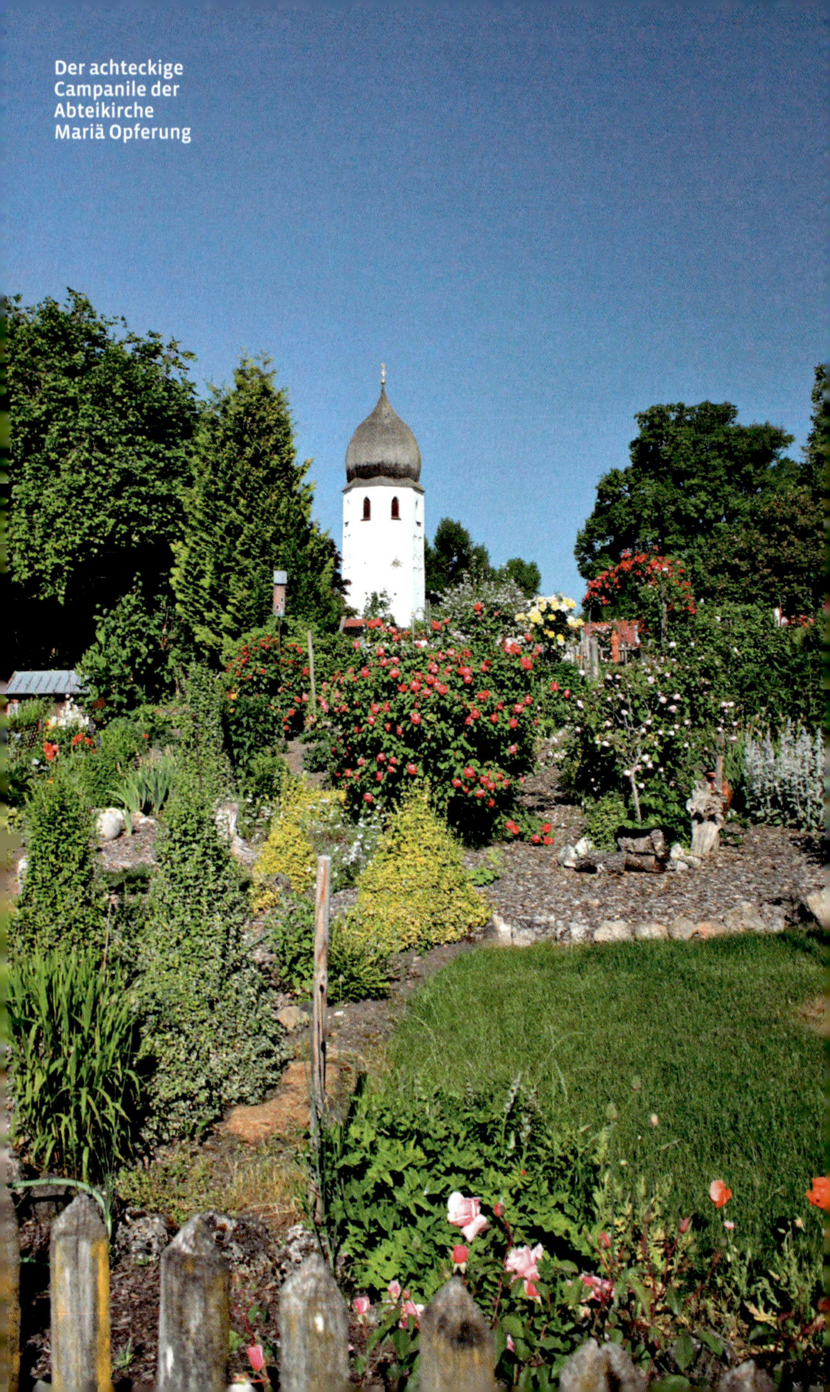

Tour für
TOUR 5
die Sinne

FRAUENINSEL UND HERRENCHIEMSEE

Zwei Inseln auf einen Streich

Während die Fraueninsel eine Einladung zum Schlendern vorbei an Rosengärten und uralten Bauwerken ist, bietet Herrenchiemsee deutlich mehr Auslauf. Die Lage im »Bayerischen Meer« ist in beiden Fällen gesegnet.

Auf den ersten Blick passt der Name perfekt, denn nachdem die »MS Irmingard« an einem Junimorgen am Hauptsteg der Fraueninsel angelegt hat, läuft einem zuerst eine Nonne über den Weg, und dann steht gleich am kurzen Anstieg zur Klosterkirche eine Frau unterm Strohhut da und gießt den Rosengarten. Der Juni eignet sich wie kein zweiter Monat für den Fraueninsel-Besuch, noch vor dem Hochsommer-Ansturm auf die Idylle – und weil die Rosen und Linden auf der zweitgrößten Insel im Chiemsee blühen, als gäbe es kein Morgen.

Der Hauptsteg ist sozusagen das Einfallstor ins nur 300 Meter breite und 600 Meter lange Frauenparadies mit seinen beiden Hauptsehenswürdigkeiten hügelaufwärts: die Marienmünster mit dem frei stehenden achteckigen Glockenturm und die karolingische Torhalle. Der bestens erhaltene Bau stammt vermutlich aus dem Jahr 782, der Gründungszeit des Benediktinerinnenklosters. Das älteste Nonnenkloster Deutschlands entstand auf Veranlassung von Herzog Tassilo III. – Klöster gründen und Linden pflanzen – das klingt nach einem guten Leben!

Über den kleinen Inselfriedhof gelangt man zur Kirche mit ihrem zauberhaften Netzrippengewölbe; wobei die eigentliche Attraktion gleich vorn am Portal wartet: der Türzieher in Form eines Löwenkopfs verrichtet schon seit karolingischer Zeit seinen Dienst. Am Inselladen vorbei geht es ans

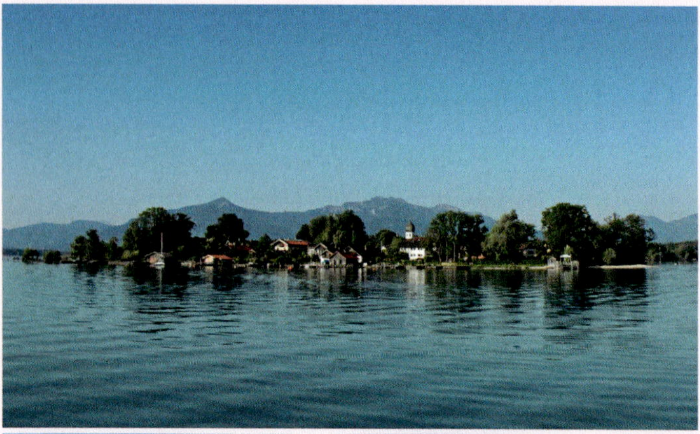

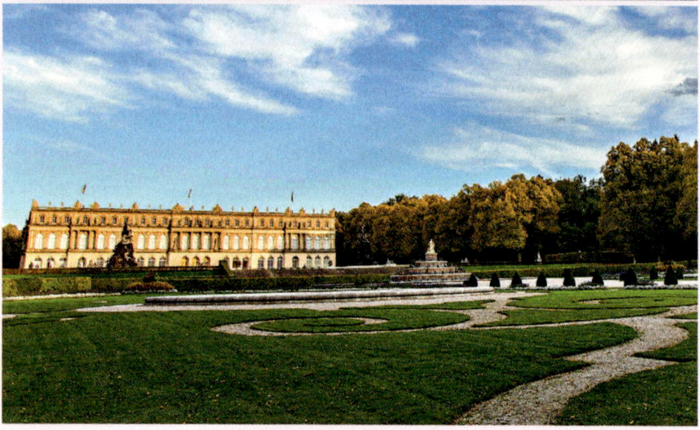

»Was ich nicht gelernt habe,
habe ich erwandert.«

Johann Wolfgang von Goethe

Westufer und dort entweder einmal um die Klosteranlage herum oder Richtung Nordanleger, vorbei an beneidenswerten Wohnlagen und üppigen Bauerngärten. Schöner sind beide nur auf der den Bergen zugewandten Seite, wo an privaten Stegen die Fischerboote in der Junisonne liegen. Einen Abstecher vom Uferweg lohnen die beiden alten Linden – angeblich von Tassilo III. gepflanzt – und eine Rast im Klosterwirt oder im Biergarten-Schatten des Gasthofs Zur Linde gleich daneben.

Während die Fraueninseltour eher in die Rubrik Spaziergang fällt, geht die 7,6 Kilometer lange Strecke entlang des Ufersaums auf der Herreninsel schon als kleine Wanderung durch. Etwa zwei Stunden dauert die abwechslungsreiche Strecke, die am Schiffsanleger Richtung Süden startet und um das Schloss einen Bogen schlägt. Nach kurzer gemeinsamer Route trennen sich am Kutschenplatz Museums- und Rundwanderweg; die wenigsten Inselgäste wählen den letzteren. Er verläuft zunächst durch Wiesen und Wald und führt dann an der Rückseite des Schlosses vorbei zur Südostspitze »Pauls Ruh« mit schöner Sicht auf die Chiemgauer Alpen. Durch einen Buchenwald geht es leicht bergan, dann am Abzweig links parallel zum erstaunlich steilen Südufer. Bei »Ottos Ruh«, dem Pavillon an der Südwestecke, macht die Strecke einen Schlenker nach Norden und erreicht mit dem Apollo-Bassin ein sozusagen symptomatisches Ziel: auch er unvollendet, wie das riesige Schloss am anderen Ende von Rasenteppich und Allee. An dieser Stelle bietet sich ein Abstecher zum bayerischen Versailles an (nur geführte Besichtigungen), oder man spaziert schnurgerade durch die Obstbaumallee bis hoch zur Kreuzkapelle und von dort zum Schiffsanleger.

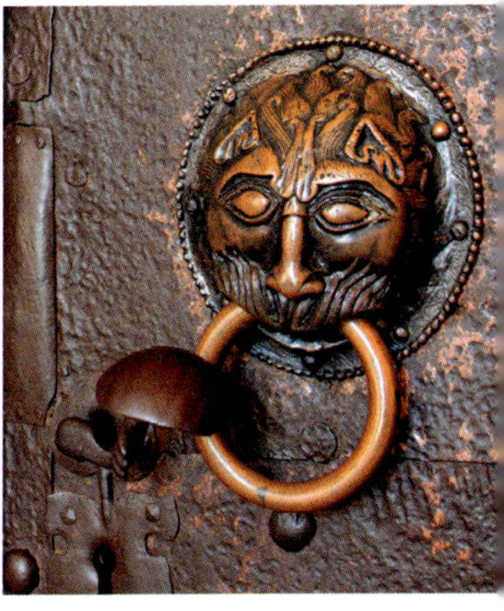

↑ Kleine Insel vor großer Kulisse
↓ Versailles im bayerischen Meer – Schloss Herrenchiemsee
→ Der Türzieher öffnet seit karolingischer Zeit die Klosterkirche auf der Fraueninsel.

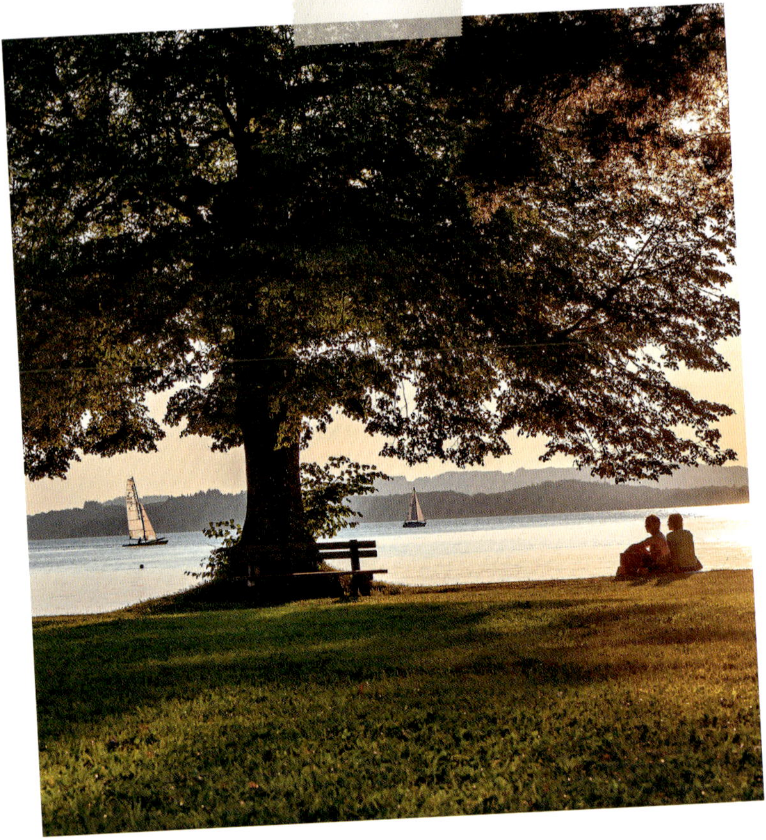

↑ **Gegenüber vom Strandbad Übersee liegt Herrenchiemsee.**

Tipp

Im alten Schloss Herrenchiemsee kam vom 10. bis zum 23. August 1948 ein Gremium aus 30 Politikern und Juristen zusammen – ausschließlich Männer. Die Ministerpräsidenten der Länder bereiteten auf der Insel in wesentlichen Zügen das deutsche Grundgesetz vor. Die ständige Ausstellung »Der Weg zum Grundgesetz« erinnert am historischen Ort an die Ereignisse. herrenchiemsee.de

AUF EINEN BLICK

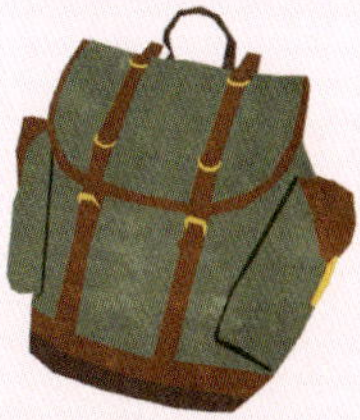

Tour 5: Tour für die Sinne

Dauer: 3 Std.

Höhenmeter: 90 Hm

Länge: beide Inseln zusammen ca. 9 km

Schwierigkeit: Leicht

Tourencharakter: Den Morgenspaziergang rund um die Fraueninsel krönt die gemütliche Wanderung über die erstaunlich vielfältige Herreninsel.

Ausgangs-/Endpunkt: In Gstadt (538 m) gibt es mehrere Parkplätze, je näher am Schiffsanleger, desto teurer. Die Passage zum Hauptsteg der Fraueninsel dauert etwa 10 min., genauso lang ist es von dort zur Herreninsel. Zurück geht es auf der gleichen Route.

Anfahrt: **Pkw:** Auf der A8 bis zur Ausfahrt Bernau und von dort über Prien und Rimsting nach Gstadt
Bahn/Bus: Mehrmals am Tag verkehren Züge von München nach Prien am Chiemsee. Von dort fahren die Busse 9480 und 9520 nach Gstadt. Zugreisende können von der Herreninsel aus direkt in 15 min. nach Prien übersetzen.

Einkehr: Klosterwirt Fraueninsel, klosterwirt-chiemsee.de, Zur Linde, linde-frauenchiemsee.de, Schlosswirtschaft Herrenchiemsee, schlosswirtschaft-herrenchiemsee.de

Karte: Kompass-Wanderkarte Nr. 10, Chiemsee, 1:50 000

Information: chiemsee-chiemgau.info, chiemsee-alpenland.de, herrenchiemsee.de

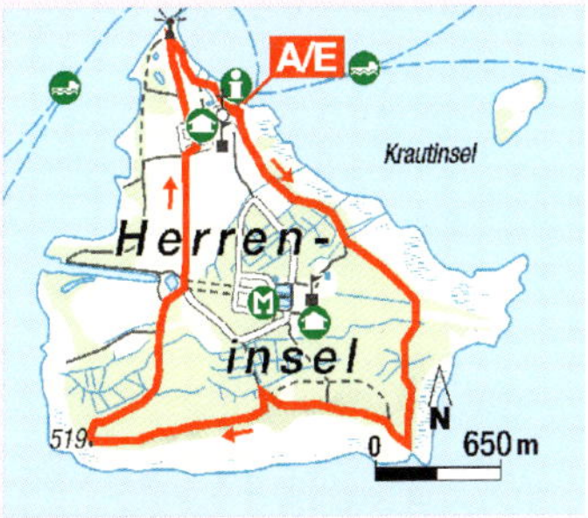

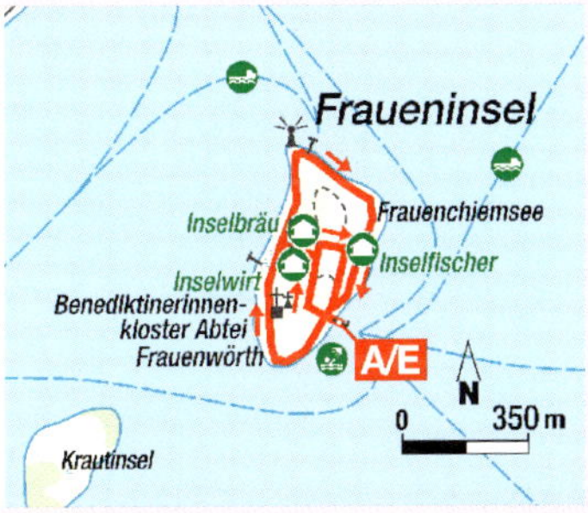

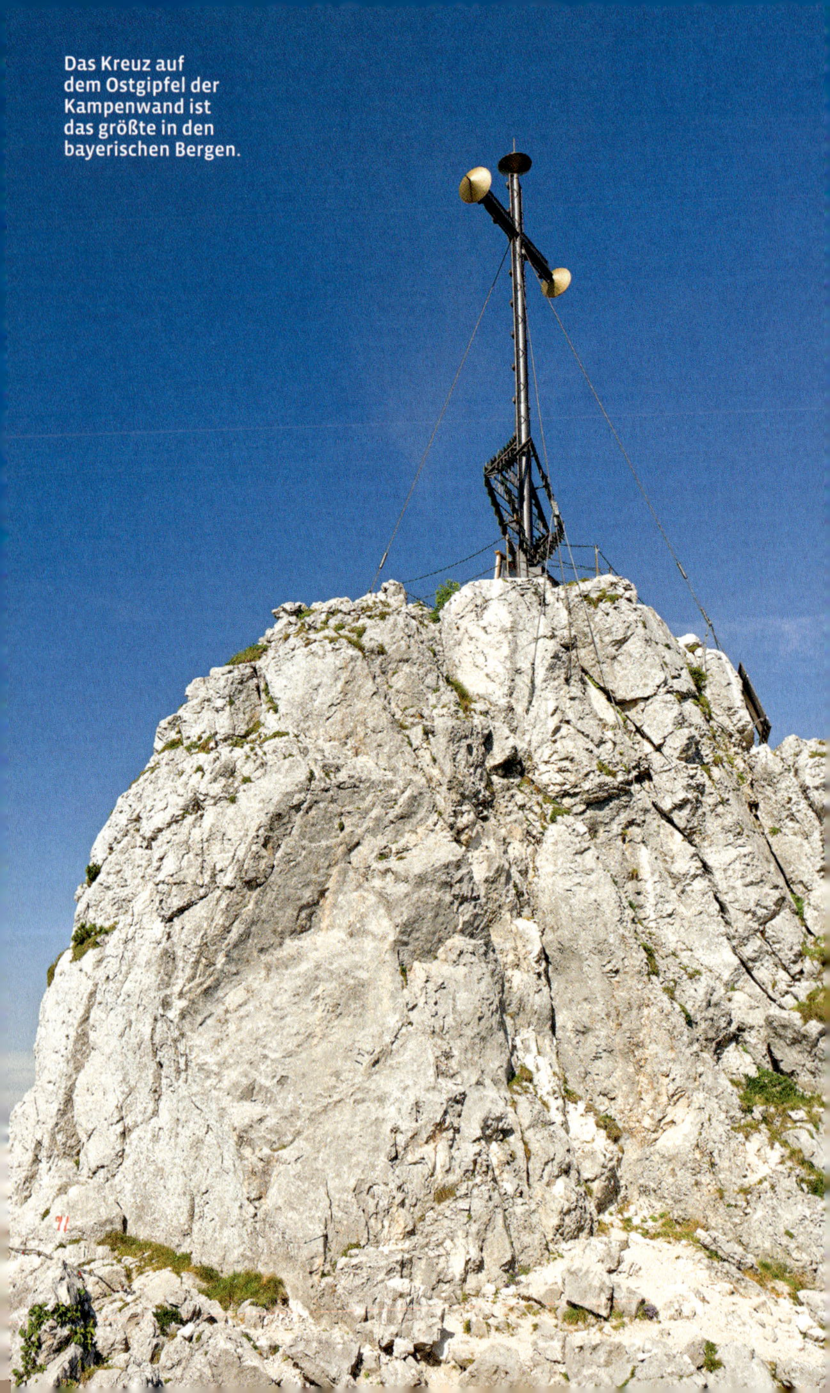

Das Kreuz auf dem Ostgipfel der Kampenwand ist das größte in den bayerischen Bergen.

KAMPENWAND

Tour
TOUR 6
ohne Uhr

Bayern umarmen

Schon von Weitem grüßt die Kampenwand – leicht erkennbar an ihrem Zackenkamm. Den zu erklimmen, ist eine Kraxelaufgabe mit hohem Spaßfaktor. Wer ihn bewältigt hat, würde auf dem 1667 Meter hohen Ostgipfel am liebsten ganz Bayern umschlingen.

Reisende aus dem Norden sehen schon am Irschenberg, was auf sie zukommt: Der Gipfelkamm der Kampenwand zeichnet sich bereits von Weitem ab, und mit jedem gewonnenen Kilometer wird seine Silhouette, die wie eine Reihe schadhafter Zähne wirkt, konkreter. Ihre Zacken setzen fast unmittelbar auf der Alm auf, nur ein schmaler Kranz aus Latschenkiefern trennt die Gipfelkrone von der grünen Wiese. Das verleiht der Ortsansicht von Aschau den Anflug einer wilden Bergkulisse – und wer unmittelbar unterhalb des Felsgartens steht, glaubt sich mindestens 1000 Meter höher und vielleicht sogar nach Südtirol versetzt.

Der Weg zum Gipfel beginnt entweder an der Talstation der Kampenwandbahn in Aschau oder auf dem Wanderparkplatz Hintergschwendt. Der liegt 825 Meter hoch und also ziemlich genau auf halber Strecke zwischen Meeresspiegel und Kampenwand-Ostgipfel auf 1667 Metern. Rechts am Ende des Parkplatzes schlägt sich ein kleiner Weg in die Büsche, der neben einem Bächlein durch den Wald bergan führt. An einer ersten Kreuzung geht es rechts weiter. Kurz darauf mündet der Pfad auf den Forstweg und wird als Abkürzung erkennbar, die bald wieder links in den Wald abzweigt. An einem mit verziertem Steinmund grinsenden Wurzelstock zieht sich der Weg weiter, passiert die breitere Forststraße erneut und biegt wieder links ab. Nach Regentagen kann es hier matschig werden. An einer kleinen Lichtung zeigt nun die Nummer 38 die ab jetzt ganz offizielle Route an. Das Markierungsschildchen ist fast vom üppig wachsenden Bergahorn überwallt.

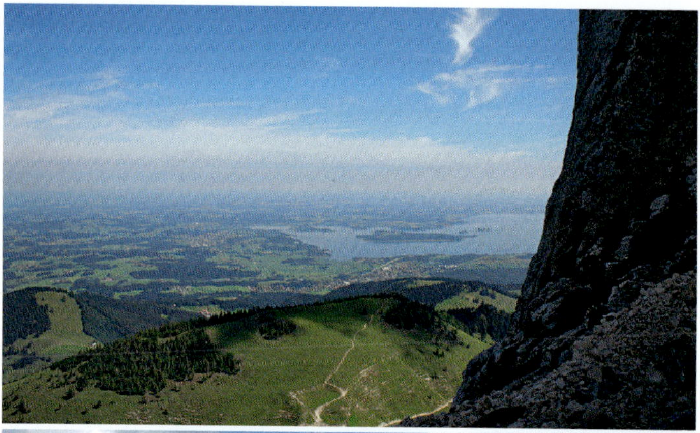

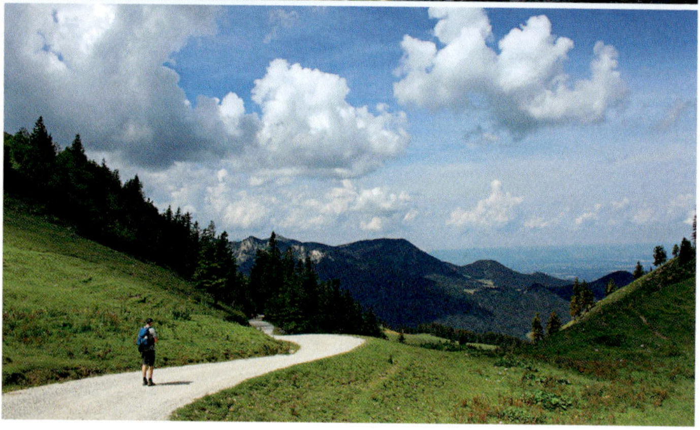

»Der Weg ist immer besser als
die schönste Herberge.«

Miguel de Cervantes

Hinter einer kleinen Rampe kommt ein Bilderstock, dann geht es weiter durch den Bergmischwald, und an einer Kreuzung mit mehreren Schildern links der Nummer 38 nach. Von rechts mündet der Weg von der Gori-Alm ein. Ein kurzes Stück später ist der gut 1300 Meter hohe Rossboden erreicht. Nach rechts schlängelt sich der Weg an einer Kuhweide entlang über eine blühende Bergwiese, die Kampenwand und die Steinlingalm immer im Blick. Bis zur Berghütte mit dem 1976 geweihten Kapellchen Maria Königin des Friedens steigt man vom Parkplatz aus anderthalb Stunden auf.

Von der Steinlingalm aus führen alle Wege nach oben, zuerst über die Wiese, dann wird es zunehmend steiniger, schließlich geht es nur noch durch die Felsen – das Schild des Alpenvereins mahnt Trittsicherheit und Schwindelfreiheit an. Ein Himmelfahrtskommando für den Normalsportlichen ist die Kletterei aber nirgends, es gibt sogar Menschen, die den Felsengarten im Lauftempo nehmen. Eine Stelle überwinden ein paar Eisentritte, eine andere Passage sichert ein festes Seil, manchmal wird es eng wie in einer Klamm, dann wieder öffnet sich der Blick. Unter dem Ostgipfel tummeln sich an einem Sommerferienmontag Bergsteiger von 7 bis 75 Jahren und genießen den 360-Grad-Blick vom Chiemsee bis zum Alpenhauptkamm. Auf dem kleinen Gipfelplateau kann es schon mal eng werden, schließlich beanspruchen 54 Zentner Schmiedeeisen jede Menge Platz.

Das Chiemgau-Kreuz ist das größte Bergkreuz der Bayerischen Alpen, es misst zwölf Meter in der Höhe und dreieinhalb Meter in der Breite. Den Gefallenen und Vermissten der beiden Weltkriege gewidmet, führen kleine Täfelchen Ortsnamen und Opferzahlen auf. Der Schreinermeister Franz Schaffner und

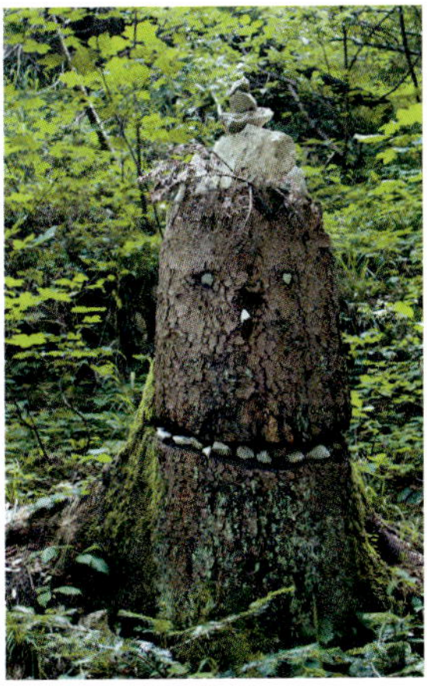

↑ Im Schatten der Kampenwand fällt der Blick auf den Chiemgau.
↓ Unterhalb der Steinlingalm führt ein breiter Weg Richtung Tal.
→ Der Holzgeist macht Laune aufs Wandern.

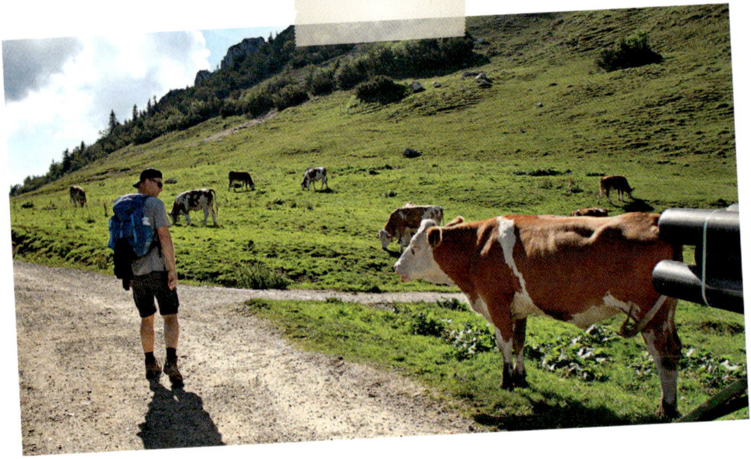

↑ **An Sommertagen sehen die Kühe auf der Steinlingalm viele Wanderer.**

sein Nachbar in Höslwand, Schmiedemeister Josef Hell, übernahmen die Planung und Ausfertigung – und schafften das aus Kriegsaltmetall gestaltete Schwergewicht mit vielen Freiwilligen und zwei vermutlich nicht darum gebetenen Mulis in den Sommern 1949 und 1950 auf den Gipfel.

Über die gleiche Route geht es bergab, nur hält man sich jetzt unterhalb der Steinlingalm links. Nach einem Stück über die Forststraße kommt bald die Gori-Alm in Sicht, an einem stattlichen Holzkreuz zweigt rechts der Pfad Richtung Hintergschwendt ab. Zunächst über Almwiesen, dann durch den tiefen und stillen Wald führt er bis zur vom Hinweg bekannten Kreuzung und dann auf gleichem Weg hinab.

Tipp

Nach heutigen Maßstäben erscheint sie putzig – aber die Kampenwandbahn versieht seit über 60 Jahren brav ihren Dienst und kürzt Wanderern den Aufstieg zum Ostgipfel beträchtlich ab. Der Einstieg in die Kleinkabinenbahn ist in Aschau, am Ausstieg finden sich zwei bewirtschaftete Almen. kampenwand.de

AUF EINEN BLICK

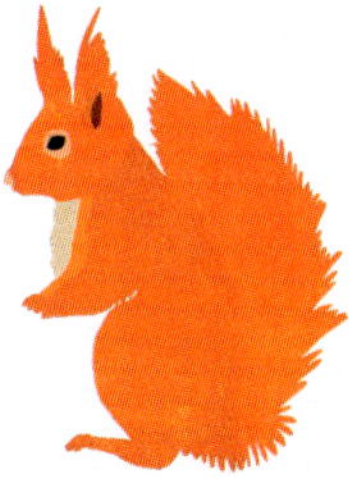

Tour 6: Tour ohne Uhr

Dauer: 4.30 Std.

Höhenmeter: 840 Hm

Länge: 12,2 km

Schwierigkeit: Schwer

Tourencharakter: Hoch und runter über die gleiche Route, über die Almen im Rundkurs. Zum Gipfel Trittsicherheit und Schwindelfreiheit erforderlich. Schöne Einkehrmöglichkeiten und eine fantastische Aussicht

Ausgangs-/Endpunkt: Wanderparkplatz Hintergschwendt (850 m)

Anfahrt: **Pkw:** Auf der A8 bis zur Ausfahrt Bernau, dann Richtung Aschau, durch den Ort und über Hinterkoy bis zum Wanderparkplatz Hintergschwendt
Bahn/Bus: Mit dem Zug bis Rosenheim, von dort fährt 18 Mal am Tag ein Zug nach Aschau.

Einkehr: Steinlingalm, steinlingalm.de;
Gori-Alm, gorialm.de;
Sonnenalm an der Bergstation der Seilbahn, kampenwand.de

Karte: Kompass-Wanderkarte Nr. 10, Chiemgau, 1:50 000

Information: kampenwand.de

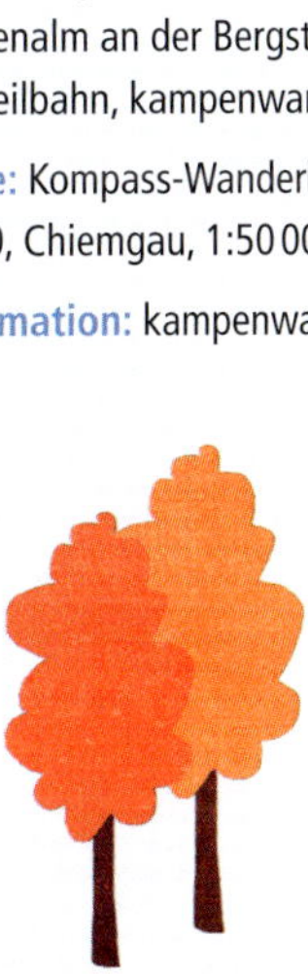

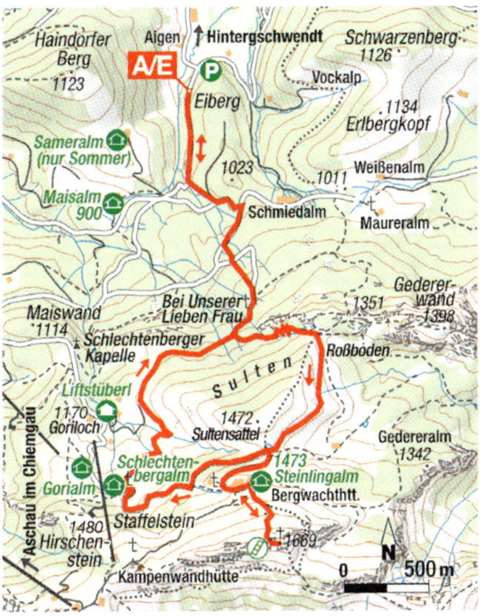

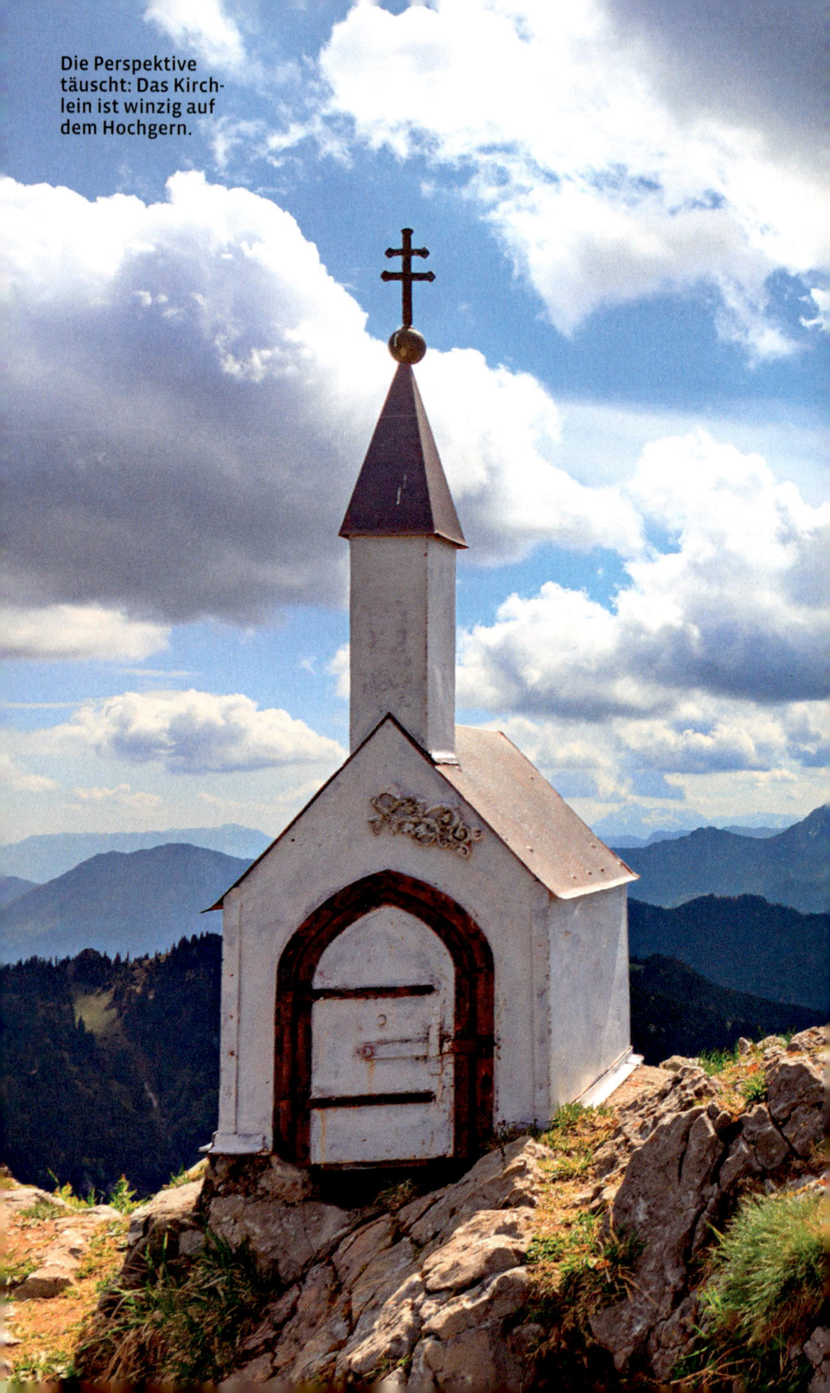

Die Perspektive täuscht: Das Kirchlein ist winzig auf dem Hochgern.

HOCHGERN

Tour für TOUR 7 den Genuss

Bergsicht mit Blumen

So ein Panorama ist selbst für die Chiemgauer Bergspitzen nicht selbstverständlich: Auf der einen Seite reicht der Blick in die Alpen bis zum Großvenediger, auf der anderen Seite über den Gipfelhang voller Blumen hinunter zum Chiemsee.

Wer denkt sich eigentlich all die schönen Namen für die Chiemgauer Berge aus? Sonntagshorn zum Beispiel, Rauschberg oder Hochgern. Dessen Bezeichnung trifft gleich doppelt zu: Mit 1748 Metern gehört der Hochgern ins gute Mittelfeld der hohen Gipfel – und dass man ihn liebend gern besteigt, kann jeder Wanderer, der schon einmal oben stand, nur bestätigen. Welche der beiden gängigsten Route dabei die beste ist, bleibt Geschmackssache; sollte es aber vor Kurzem geregnet haben, empfiehlt sich der Aufgang über die Staudacher Alm.

An einem sonnigen Augustmorgen wirken beide Wege gleichermaßen einladend. Die Agersgschwendtalm wird am Wanderplarkplatz Hochgern mit einer Stunde und 15 Minuten Gehzeit ausgeschildert, der Hochgern-Gipfel mit dreieinhalb Stunden. Vom Parkplatz, der hinter der Bogenbrücke über die Tiroler Achen entfernt liegt, führt der Weg Nr. 5 in braven Serpentinen bergan, die kleinere Waldpfade abkürzen. Unmittelbar vor der Agersgschwendtalm auf 1040 Metern Höhe lichtet sich der Wald und gibt die Sicht nach Süden frei. Hinter der Hütte taucht der Weg wieder in den Baumschatten ein und führt gemächlich bergan an vielen knorrigen Stämmen und einem Marterl vorbei. Nach zwei weiten Kurven – erst links vorbei an der Bergwachthütte, dann rechts – und einem erneuten Waldabschnitt öffnet sich das Panorama, und auf der linken Seite wächst mit jedem Schritt die fantastische Aussicht aufs Kaisergebirge und die Hohen Tauern. Davon profitieren Moaralm, Enzianhütte und auf 1461 Metern Höhe das Hochgernhaus mit ihren jeweiligen Aussichtsterrassen.

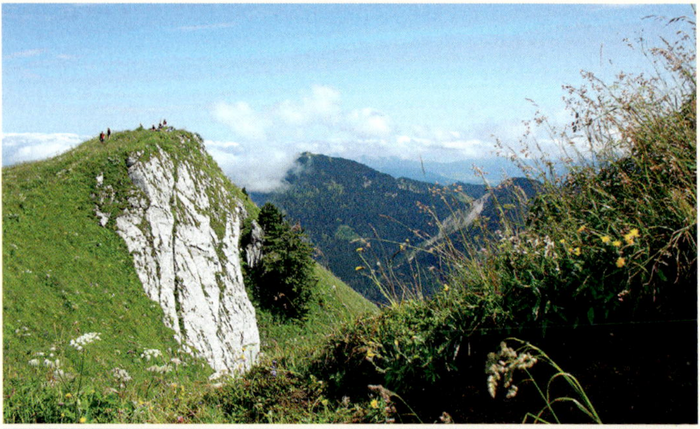

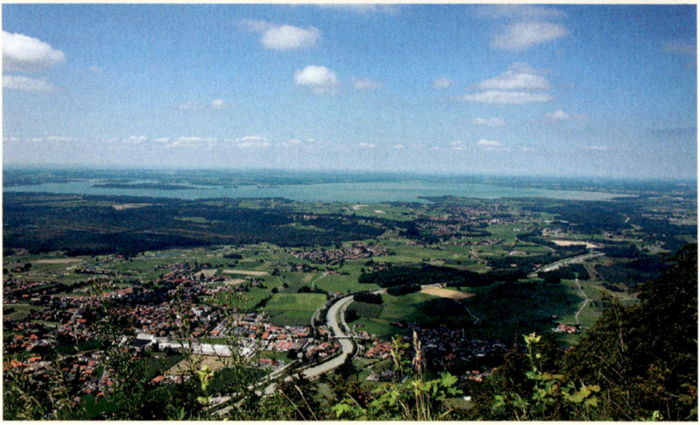

»Ich habe den Berg bestiegen,
... allein von dem Drang beseelt,
diesen außergewöhnlich hohen Ort zu sehen.«

Francesco Petrarca

Hinter einem Drehkreuz zieht sich von dort ein schmaler Pfad rechts den Hang hinauf. Am Ende einer kleinen Steigung rückt der Hochgern das erste Mal ins Blickfeld. Nach einem Flachstück wechselt der Weg auf die Chiemsee-Seite. Das »Bayerische Meer« liegt wie ein blanker Spiegel in der Endmoränenlandschaft. Am Rand einer Alm und dem Abzweig zur Staudacher Alm vorbei geht es bis zu einem weiteren Drehkreuz. Durch eine kräftige, hohe Wiese mit Johanniskraut, Breitwegerich, Alpendost, Perücken-Flockenblume und vielen anderen Gewächsen steigt der Pfad bergan bis zu einem kleinen Joch mit fantastischer Sicht auf die Bergketten im Süden. So dicht wächst ringsum die Blumenwiese, dass der richtige Pfad kaum auszumachen ist – er führt ganz links weiter, teils schattig, teils in der Sonne, bis das Gipfelkreuz des Hochgerns rechts erscheint. Bis dort hinauf oder bis zum Nebengipfel, auf dem das Modell einer kleinen Kirche das Gipfelbuch aufbewahrt, sind es nur noch wenige Schritte.

Weil keine Seilbahn zum Gipfel fährt, gelangt niemand auf 1748 Meter Höhe, der es nicht aus eigener Kraft schafft – der Andrang hält sich so selbst im Hochsommer in Grenzen; zumal beim Abstieg über die Staudacher Alm. An der Abzweigung etwa 20 Minuten unterhalb des Gipfels geht es rechts über eine Weide und dann im Schatten des Zwölferkogels recht steil bergab durchs grüne Dickicht, das viel Schatten spendet. Für Alpinisten stellt der Weg keine Herausforderung dar, alle anderen gehen besser andersherum, wenn es kürzlich geregnet hat, sonst kann es auf dem steinigen, gewundenen Pfad entlang des munteren Alplbachs rutschig werden.

Eine gute Stunde später flacht der Weg ab und führt über eine Weide zur Staudacher Alm, die sich bescheiden

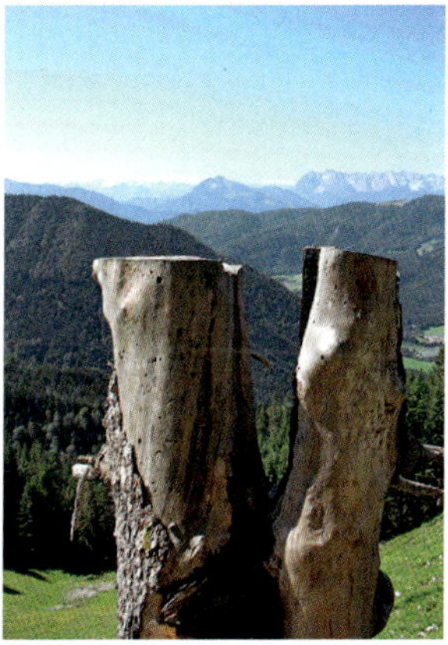

↑ **Schroffer Fels und sattes Grün kennzeichnen Haupt- und Nebengipfel des Hochgerns.**
↓ **Blick von der Schnappenkirche Richtung Chiemsee**
→ **Fotogene Baumruine beim Aufstieg**

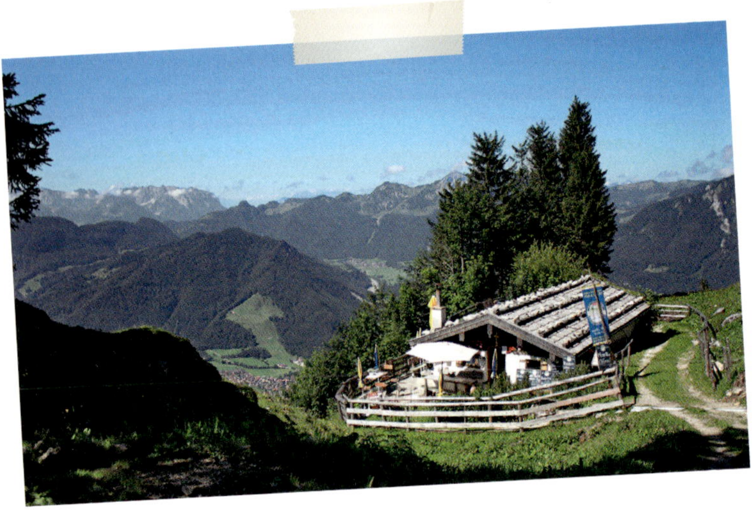

↑ **Aussicht bis Österreich: die Enzianhütte auf 1420 Metern Höhe**

unter die Bäume duckt. Die Sennerin serviert fingerfertige Brotzeiten – wer will auf 1150 Metern Höhe schon Besteck spülen? Unterhalb der aus Feldsteinen gemauerten Staudacher Alm entsteht wieder ein Berg-Urwald, durch den sich der Weg Nr. 3 bis zur Schnappenkirche hinzieht. Von der schindelgedeckten Kirche St. Wolfgang mit dem Glockentürmchen reicht der Blick weit übers Chiemgau. Der Gaugraf Marquart von Hohenstein hat leider wenig Freude daran gehabt: Er starb 1096 an dieser Stelle nach einem Überfall. Von der barocken Kapelle dauert es auf dem Wanderweg 53 etwa eine Stunde zurück ins Tal und bis zum Parkplatz.

Tipp

Alternative Aufstiege – auf den Hochgern führen viele Routen: Eine weniger begangene Strecke, zwar etwas kürzer, mit 1300 Höhenmetern aber anspruchsvoller, geht über die Madonna (1180 m), den Hochlerch (1561 m) und den Zwölferspitz (1633 m) auf den Hochgern. Auch der Abstieg weicht von der »Normalroute« ab und verläuft über die Gipfel des Hasenpoints (1583 bzw. 1587 m) und die Gernalm.

AUF EINEN BLICK

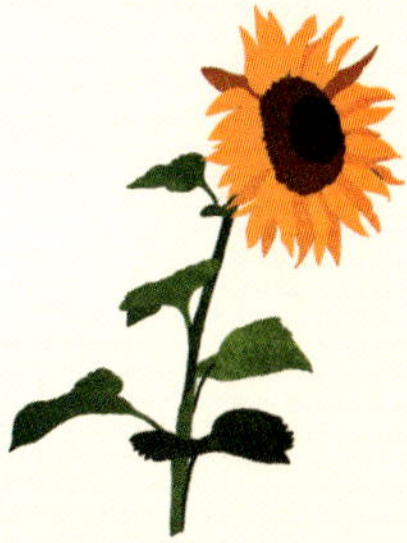

Tour 7: Tour für den Genuss

Dauer: 5 Std.

Höhenmeter: 1100 Hm

Länge: 18,3 km

Schwierigkeit: Schwer

Tourencharakter: Rundkurs mit viel Abwechslung

Ausgangs-/Endpunkt: Wanderparkplatz Hochgern (630 m)

Anfahrt: **Pkw:** Auf der A8 bis zur Ausfahrt Bernau, dann Richtung Markquartstein, über eine steinerne Brücke über die Tiroler Achen und durch eine enge Straße bis zum schattigen Wanderparkplatz
Bahn/Bus: Mit dem Zug bis Rosenheim und weiter nach Prien. Von dort mit dem Bus Richtung Reit im Winkl bis zur Haltestelle am Rathaus von Marquartstein

Einkehr: Agersgschwendtalm, Moaralm, berghof-moar.de; Enzianhütte, schleching.de; Hochgernhaus, hochgernhaus.de; Staudacheralm

Karte: Kompass-Wanderkarte Nr. 10, Chiemgau, 1:50 000

Information: chiemsee-chiemgau.info

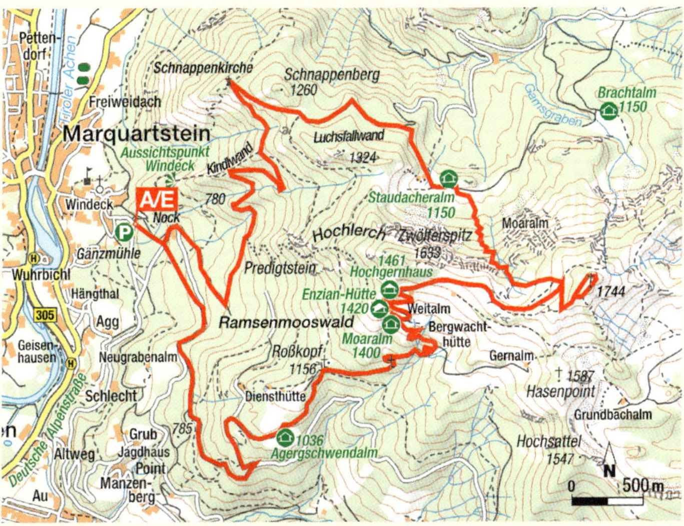

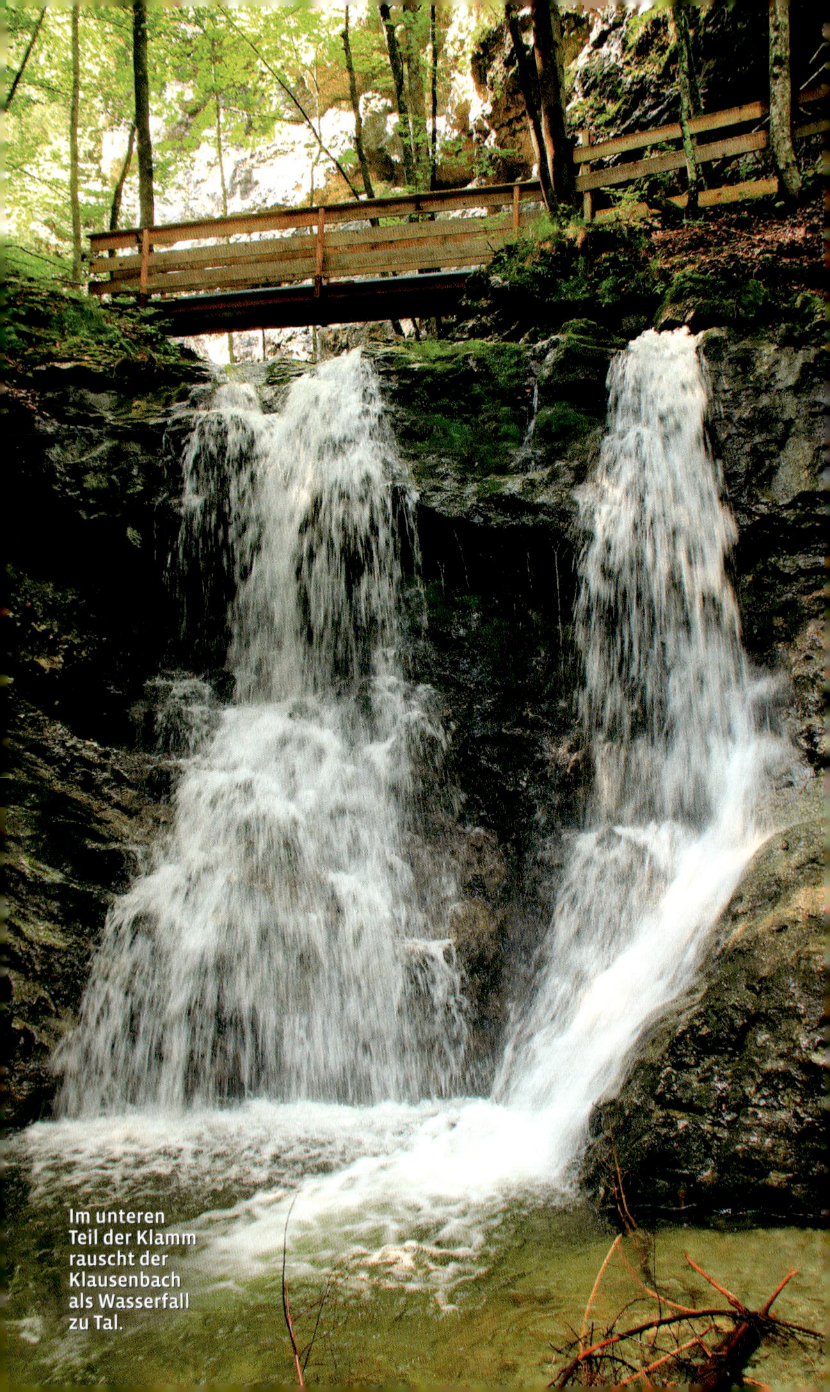

Im unteren Teil der Klamm rauscht der Klausenbach als Wasserfall zu Tal.

KLAUSENBACHKLAMM REIT IM WINKL

Tour
TOUR 8
ohne Uhr

Ein Klamm-Klassiker

Ausgezeichnet als Premiumwanderweg führt diese Runde erst um die Klausenbachklamm herum und dann mitten hindurch – sehr unmittelbar und darum ganz besonders. Aber der Ort Reit im Winkl ist ja ohnehin etwas ganz Besonderes.

Ein sanftes Tal, liebevoll gepflegte alpenländische Häuser, die Berge ringsum mit Wolkenkappen – Reit im Winkl gilt bei jedem Wetter als Kraftort, und wer möchte, kann das spüren. Der Rundweg durch die Klausenbachalm pirscht sich sozusagen von hinten an und hält seinen Höhepunkt nach zwei Dritteln des Wegs bereit: die Klamm unter mächtigen Felsen mit dem beinahe bescheiden plätschernden Klausenbach. Eine Dramaturgie, die Sinn ergibt.

Der mit drei Stunden Gehzeit ausgeschilderte Weg beginnt am großen Festsaal. Zunächst führt er am Sportplatz vorbei, an der T-Kreuzung den rechten Abzweig nehmen. Nach wenigen hundert Metern steigt der sauber gekieste Pfad hügelan und mündet in den sogenannten Märchenwald, der Hexen-, Räuber- und Königfiguren an starken Bäumen zeigt. Aus Kinderperspektive müssen sie wirklich beeindruckend aussehen! Nach einigen Schleifen durch den frühherbstlichen Wald lichtet sich das märchenhafte Grün. Der Weg zieht sich durch die Loferauen und überquert den Fluss – streckenweise verlaufen Hin- und Rückweg hier parallel, bei Abzweigungen gibt der Zusatz »Zum Festsaal« Aufschluss darüber, welche Richtung des Klausenbachrundwegs man einschlagen muss.

Hinter dem breiten Kiesbett der Lofer führt der Weg erst leicht bergan zum Hochmoor Mühlau, dann nach einer flacheren Passage eine längere

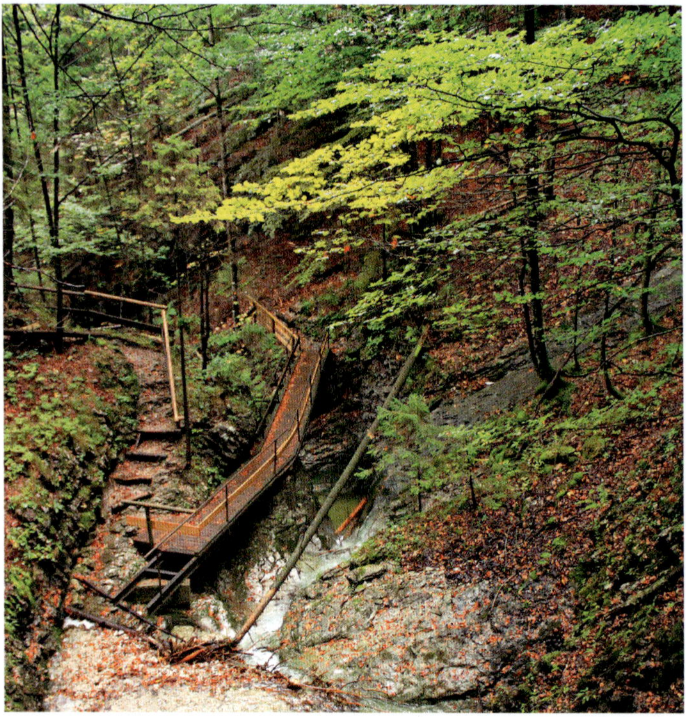

»Ein Land darf sich erst dann wirklich als kultiviert oder zivilisiert bezeichnen, wenn es seiner Wildnis genug Bedeutung schenkt.«

Aldo Leopold

Strecke bergauf. Hier stellt sich bereits ein Schluchtgefühl ein, so hoch umschließt der Wald den Weg, vermooste Stämme liegen quer am Hang. Mal plätschert ein Bächlein links der Wanderer, mal rechts, man ist nicht ganz sicher, ob dies schon der Klausenbach sein kann. Ein Gatterl markiert einen neuen Wegabschnitt. Über die liebliche Demel-Hauseralm (891m) mit grasenden Ochsen zieht sich ein Wiesenpfad bergan. Auf der Höhe stehen zwei Almhütten, ein Brunnen plätschert. Zunächst gekiest, dann betoniert geht es recht steil hinunter zur Klausenbergalm, wo der Weg nach links abzweigt. Aus dem gegenüberliegenden Wald tönt das Röhren eines brünftigen Hirschs.

Jetzt aber: der Klausenbach. Er windet sich über die malerische Klausenbergalm und am gleichnamigen Haus vorbei. Der Wald rückt wieder näher an den Weg, und nach der Abzweigung zur Zwerchenbergalm geht es leicht links hinunter. Nach wenigen Minuten und einer mit dem Datum 1921 versehenen Schleuse führt links ein Steig in die Klamm hinab, nach Regen sind Steine, Holzstufen und Wurzeln rutschig. Der Weg, kaum zehn Meter voraus erkennbar, folgt direkt dem Bachlauf, der sich unter einer überhängenden Felswand in einen kleinen Wasserfall ergießt und munter abwärts springt. Hier und da stehen Bänke. An zwei Stellen überqueren Holzbrücken Fels und Bach, das Dach des Landhauses Heuchen kündigt das Ende der Schlucht an. Nach einem kurzen Anstieg am Gegenhang und wenigen Schritten hangabwärts liegt die Klamm dann schon hinter einem. Rechts am Seerosenweiher führt der Weg in den Ortsteil Alt-Blindach, dahinter erst links und dann zur Lofer halten. Nach dem Krautloidersteg geht es rechts hoch, dann hinter ein paar Häusern des Ortsteils Groißenbach erneut rechts; durch

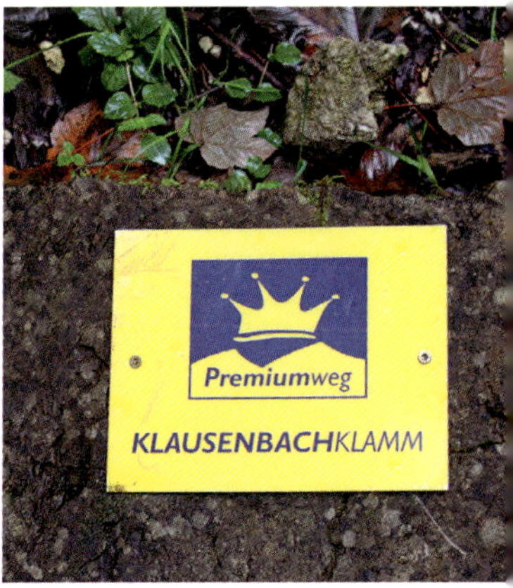

← **Mehrere Stege erschließen die Klamm.**
→ **Der Weg ist einer von fünf Premiumwanderwegen in Reit im Winkl.**

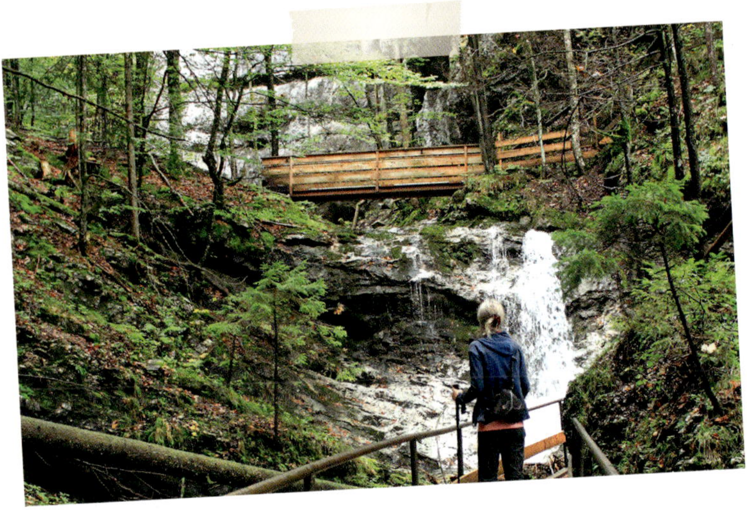

↑ **Schöner Blick auf die Naturgewalten**

die Wiesen vorbei am Honighaus Richtung Ortsmitte, schließlich die Untergbergstraße entlang und links über die Sportplätze zum Festsaal.

Und was genau zeichnet die Klausenbachrunde als Premiumwanderweg aus? Es handelt sich per Definition des Deutschen Wanderinstituts Marburg um Strecken- oder Rundwanderwege mit guter Beschilderung und von angenehmer Beschaffenheit, zudem ausgestattet mit einer gewissen Dramaturgie von Höhepunkten und ausreichend Erholungsmöglichkeiten. »Tolle Aussicht, schöne Waldbilder, Gewässer und Felsstrukturen« – alles da im Klausenbachtal.

Tipp

Lichtverschmutzung ist auf der Winklmoosalm ein Fremdwort, und so gibt es geführte Nachtwanderungen oder besser -sitzungen, bei denen die Gäste nach der Auffahrt zum Almparkplatz und weiter mit der Dürnbachhorn-Sesselbahn auf Holzliegen Platz nehmen und sich von einem Sternenkundigen das All erklären lassen. reitimwinkl.de/sternenpark

AUF EINEN BLICK

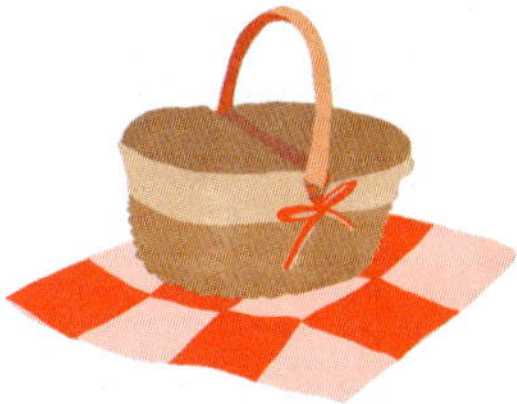

Tour 8: Tour ohne Uhr

Dauer: 2.45 Std.

Höhenmeter: 240 Hm

Länge: 9,2 km

Schwierigkeit: Mittel

Tourencharakter: Schöne Klammtour mit Abwechslung in Wald, Aue und Alm – ideal als Halbtagestour geeignet

Ausgangs-/Endpunkt: Parkplatz am Festsaal Reit im Winkl (680 m)

Anfahrt: **Pkw:** Von der A8 Ausfahrt Bernau am Chiemsee auf die B305 nach Marquartstein und weiter Richtung Reit im Winkl
Bahn/Bus: Mit der Bahn bis Prien am Chiemsee, dort umsteigen in den Bus 9505

Einkehr: Keine unterwegs, mit Abstecher: Zwerchenberg-alm (gaestehaus-schoenfeld.de)

Karte: Kompass-Wanderkarte Nr. 14, Berchtesgadener Land & Chiemgauer Alpen, 1:50 000

Information: reitimwinkl.de

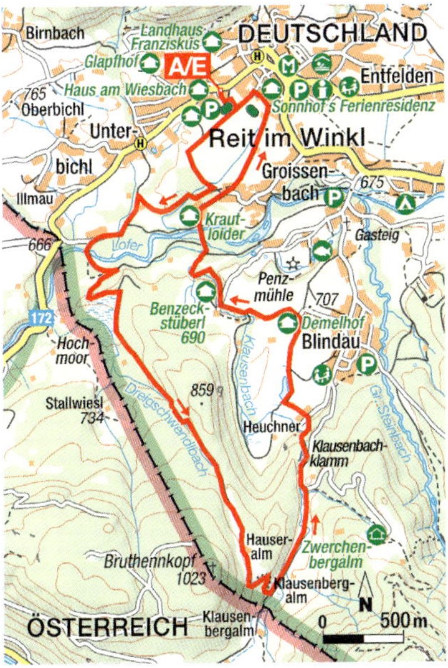

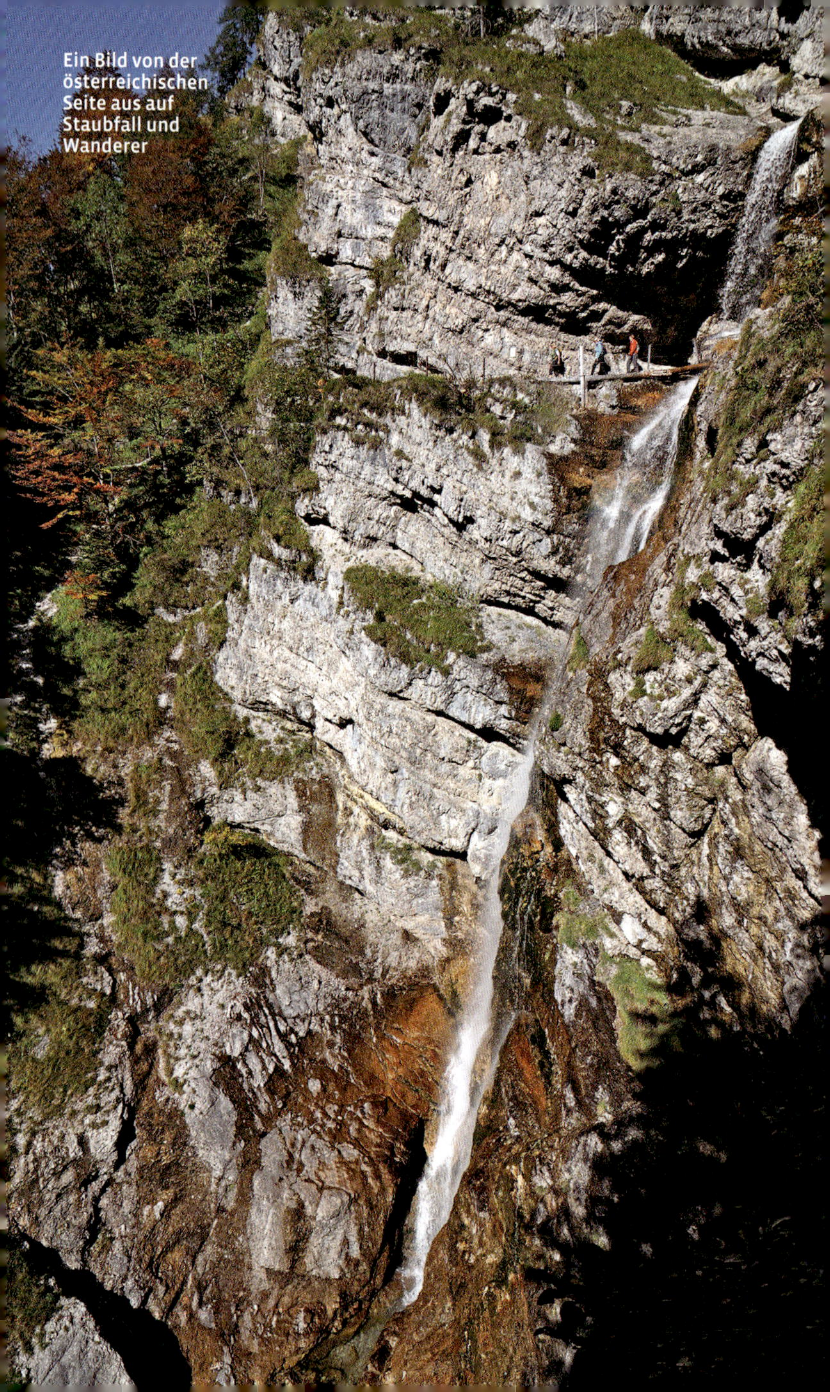

Ein Bild von der österreichischen Seite aus auf Staubfall und Wanderer

STAUBFALL

Tour
TOUR 9
ohne Uhr

Ein echter Grenzfall

Der Staubfall stürzt sich genau zwischen Österreich und Deutschland zu Tal, aber das ist nicht sein einziges Merkmal: Vielmehr wird der 200 Meter hohe Wasserfall von einem Wanderweg untertunnelt. Näher am Wasserfall kann man kaum sein!

Zeit zu haben ist der wesentliche Faktor auf dieser langen Tour ab der Ortsmitte von Ruhpolding – alles andere geht wie von allein: so sanft ist der Anstieg durch das Fischbach-Tal, so logisch führt die Wanderung auf ihren Höhepunkt zu. Der ist nach einer langen, gemächlichen Strecke und einem kurzen, steileren Anstieg schnell erreicht und mit viel landschaftlicher Dramatik verbunden. Wer die reine Laufdistanz um rund neun Kilometer abkürzen möchte, parkt am Holzknechtmuseum in der Laubau. Alternativ bietet sich eine Fahrradtour bis zum Einstieg des Wasserfallwegs an – so ist sie auch für Familien mit Kindern empfehlenswert. Doch für Genusswanderer oder Läufer gibt es kaum eine angenehmere Strecke unterm Trekking- oder Runningschuh als die sanften Kilometer am Wasser entlang.

Von Ruhpolding aus ist die richtige Laufrichtung schnell und einfach erreicht, egal von welchem der 72 Ortsteile (das Ergebnis einer Gebietsreform aus den 1880er-Jahren) man aufbricht: hinunter zur Traun und dann immer den Fluss hoch. Ein breiter Kiesweg verläuft rechts oder links des Ufers, schöne Blicke eröffnen sich von beiden Seiten. Bis Fritz am Sand geht das so, dann muss man etwa 800 Meter zum Holzknechtmuseum nahe der Deutschen Alpenstraße wandern, weil zuletzt eine Brücke gesperrt war. Am Ende des Museums-Parkplatzes geht es in den lichten Wald. Eine Teerstraße führt bis zu einer Brücke, dort zweigt rechts der Forstweg Nr. 3 ab.

Noch vor der Fuchswiese vereinen sich Fischbach und Seetraun zur Weißen Traun. Der Weg Nr. 30 zum Staubfall folgt links dem Fischbachtal,

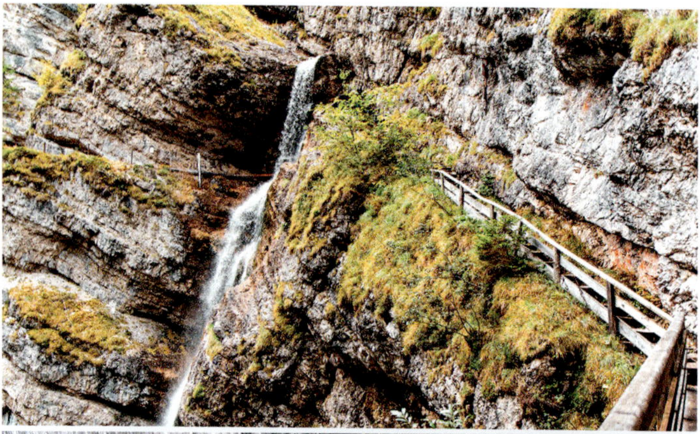

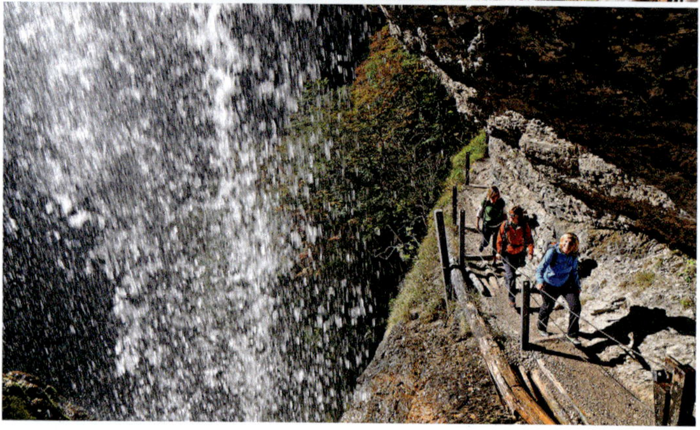

»Zu unserer Natur gehört die Bewegung,
die vollkommene Ruhe ist der Tod.«

Blaise Pascal

streckenweise geht es schnurgerade dahin, ehrwürdig-vermooste Laubbäume ragen aus dem Grün. Gegen Ende passt sich die Strecke wieder dem gewundenen Flusslauf an. Klar ist: Die Gefahr, sich zu verlaufen, liegt in dem engen Tal zwischen Saurüsselkopf und Mittlerem Adlerkopf bei null. Am Talschluss zeigen eine Schutzhütte und zahlreiche abgestellte Mountainbikes an, dass ein Wechsel der Wegstrecke bevorsteht. Ein Schild warnt vor Windbruch: Hier soll der Wald wieder zu ursprünglicher Wildheit zurückfinden und sich ohne menschliche Eingriffe in einen Urwald zurückverwandeln. Das schließt ein, dass Totholz herabfallen kann.

Einen Eingriff gibt es aber doch: Über den munteren Fischbach führt eine Holzbrücke. Dahinter steigt der Weg in Serpentinen den Hang hinauf. Wo sie die Richtung wechseln, stehen Bänke, von denen sich eine immer schönere Aussicht bietet aufs unberührte Tal und den Fluss, der tief unten über kleine Kaskaden springt und grün schimmernde Gumpen bildet. Schnell ist eine gute Höhe erreicht, dann verengt sich der Weg, abgesichert zur rechten Seite, die steil abfällt. Bevor der Staubfall zu sehen ist, kann man ihn hören. Am Schild, das die deutsch-österreichische Landesgrenze markiert, wird das Tosen immer vernehmlicher. Dann, bei der nächsten Biegung, stürzt der Wasserfall in einem ordentlichen Schwall in die Tiefe, nicht ganz so fein, wie es der Name vermuten lässt.

Der Clou der Tour – der Weg geht unter dem höchsten Wasserfall der Chiemgauer Alpen hindurch. Ob das zu Schmugglerzeiten auch schon so war? Angeblich war die Route zwischen dem bayerischen Fischbach- und dem österreichischen Heutal früher ein beliebtes Revier für den illegalen Transfer von Alkohol, Zigaretten

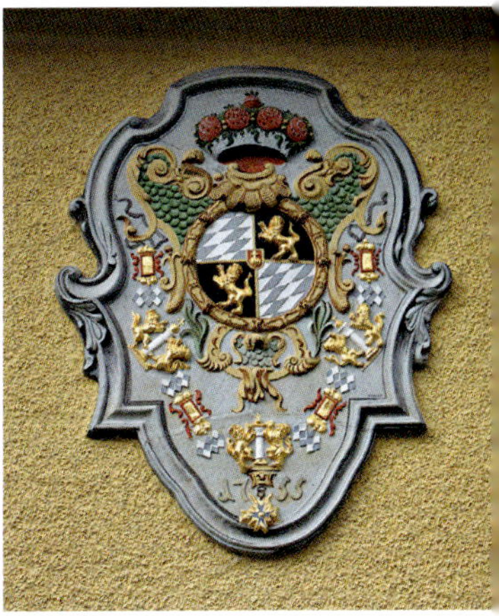

↑ Einst ein Schmugglerpfad, dient der Weg heute dem reinen Vergnügen.
↓ Wanderer sehen den Wasserfall von allen Seiten.
→ Das Wappen des Kurfürstentums Bayern am Holzknechtmuseum

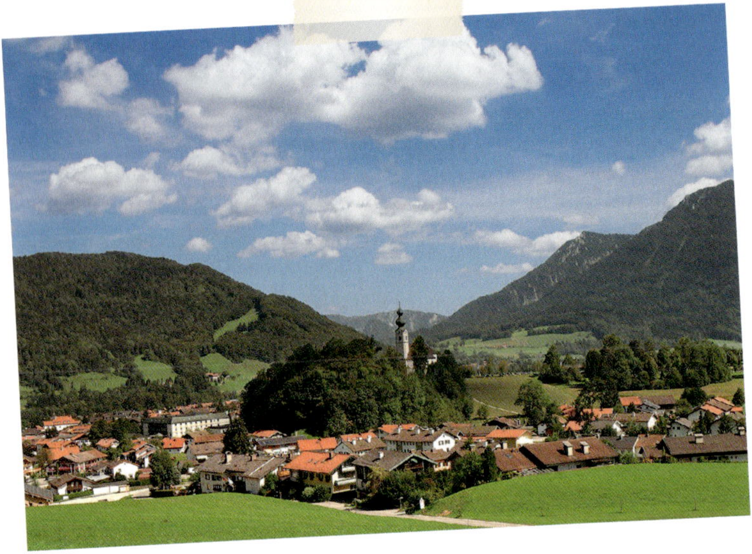

↑ **Ortsansicht von Ruhpolding mit St. Georg**

und Kaffee. Jetzt liegt so etwas fern, nur der untertunnelte Wasserfall löst einen leichten Schauder aus. Die Wegführung wurde in den Fels gesprengt, zusätzlich hält ein kleines Holzdach die gröbsten Spritzer ab. Auf der anderen Seite führen ein paar Stufen hinunter, und Österreich ist erreicht. An dieser Stelle kann die Wanderung weitergehen, durchs Heutal nach Unken im Salzburger Land und per Bus oder mit dem Taxi zurück. Oder man dreht einfach um und gelangt auf demselben Weg zum Ausgangspunkt – mit dem Wasserfalltosen noch im Ohr und vielen neuen Bildern im Kopf.

Tipp

Dass es kein Vergnügen war, seinen Lebensunterhalt als Holzknecht zu verdienen, dokumentiert das gleichnamige Museum in der Laubau. Es zeigt Gewand, Gerät und Lebensweise der Waldarbeiter und ihren harten und gefährlichen Arbeitsalltag in einer Dauerausstellung und mehreren Hütten auf dem 30 000 Quadratmeter großen Freigelände. holzknechtmuseum.com

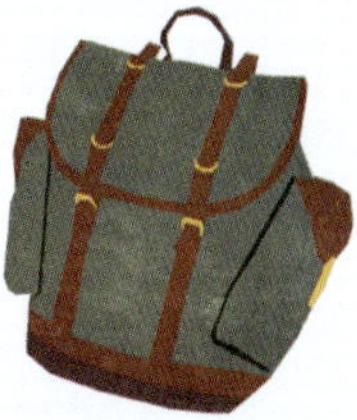

AUF EINEN BLICK

Tour 9: Tour ohne Uhr

Dauer: 6 Std.

Höhenmeter: 350 Hm

Länge: 23 km

Schwierigkeit: Leicht bis mittel

Tourencharakter: Lange Tour mit ungewöhnlichem Höhepunkt, bis zum Aufstieg zum Wasserfall mit dem Fahrrad möglich

Ausgangs-/Endpunkt: Ortsmitte (650 m)

Anfahrt: **Pkw:** Auf der A8 bis zur Ausfahrt Siegsdorf. Über die St2098 ist Ruhpolding nach 9 km erreicht.
Bahn/Bus: Mit dem Zug bis Traunstein und von dort mit der Regionalbahn bis Ruhpolding. Bis zum Holzknechtmuseum mit dem Bus

Einkehr: Keine an der Strecke, viele Möglichkeiten in Ruhpolding

Karte: Kompass-Wanderkarte Nr. 14, Berchtesgadener Land – Chiemgauer Alpen, 1:50 000

Information: ruhpolding.de

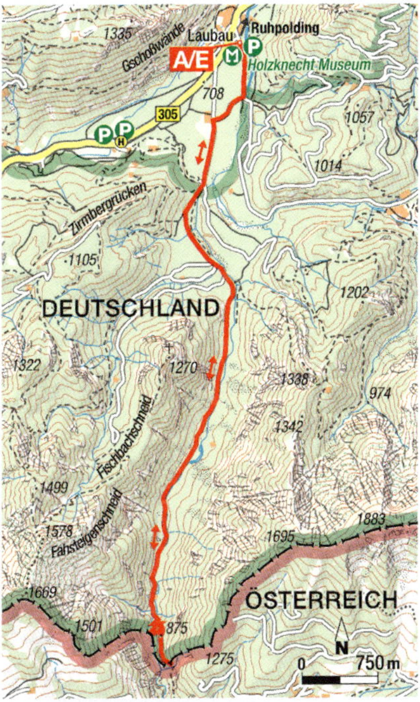

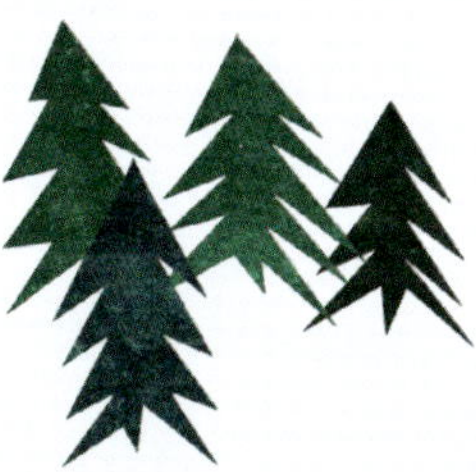

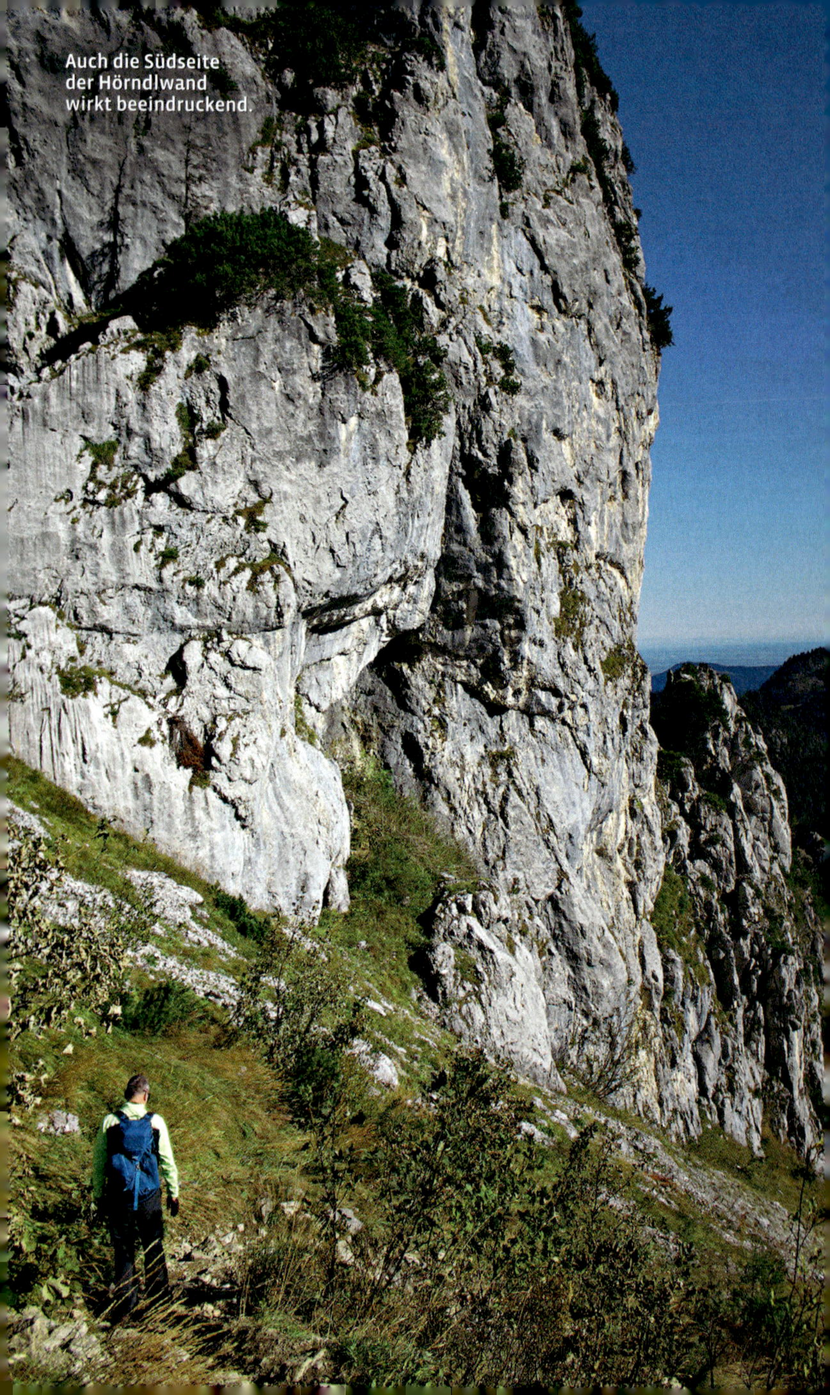

Auch die Südseite der Hörndlwand wirkt beeindruckend.

Tour für TOUR 10 die Sinne

HÖRNDLWAND

Der Star in der Sammlung

Noch atem(be)raubender als der Aufstieg über den Jägersteig ist die Aussicht von der 1684 Meter hohen Hörndlwand. Die genießen auch Wanderer, die sich für die leichtere Wegvariante über das Ostertal entscheiden. In jedem Fall ist es eine Gipfeltour der Extraklasse.

Der wichtigste Rat zuerst: an sonnigen Tagen, in den Ferien oder am Wochenende – früh aufbrechen. Morgens vor 8 Uhr ist der Parkplatz noch leer und am Gipfel gibt es kein Gedränge. Beim Rückweg strömen einem dann die Wanderer entgegen. Nicht verwunderlich, dass sich die Hörndlwand großer Beliebtheit erfreut: Der Weg ist abwechslungsreich, der Aufstieg auf den markanten Felsgipfel lässt im letzten Drittel die Wahl zwischen zwei Routen, und die Aussicht macht staunen.

In aller Frühe liegt das Seehaus noch verlassen da. Quasi zum Warmwerden geht es vom Parkplatz aus in einer weiten Schleife auf einem Fahrweg zur ersten Gabelung. Hier ist der Aufstieg zur Hörndlwand mit dreieinhalb Stunden angegeben – eine Berechnung, die viele Fotopausen und ein Picknick großzügig einkalkuliert. Bis zur Brandner Alm wird eine Stunde Gehzeit veranschlagt. Der Pfad führt in den Wald hinein und steigt angenehm höher, an einer Stelle überwindet eine Holzbrücke einen Wasserfall. Der Bergwald wirkt beinahe düster, noch steht die Sonne nicht hoch genug. Nach einer Weile scheint es, als wolle auch ein kleiner Bach den Weg Nr. 46 benutzen – er plätschert um die Bergschuhe, sorgt aber weder beim Hoch- noch beim Runtergehen für gefährliche Glätte. Kurz unterhalb der Brandner Alm geht es über mehrere Brücken eine kleine Böschung hinauf, dann übernimmt ein Fahrweg. Die Landschaft weitet sich, endlich wärmt die Sonne, und es gibt erste schöne Ausblicke Richtung Rauschberg und zum schroffen Gipfel. Der Ausdruck »Klein-Kanada«, den dieser Teil des Chiemgaus trägt, trifft es wirklich.

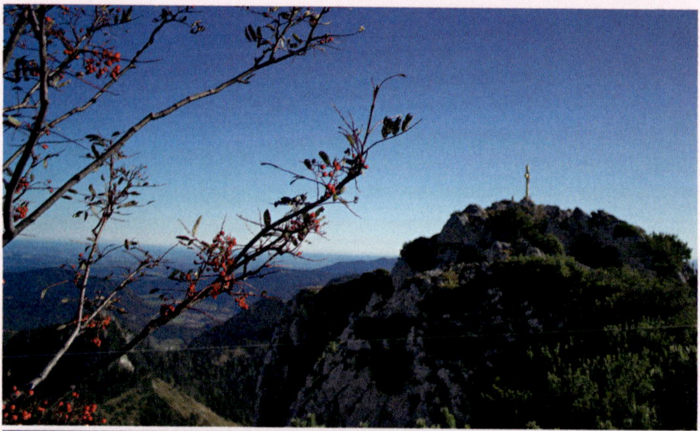

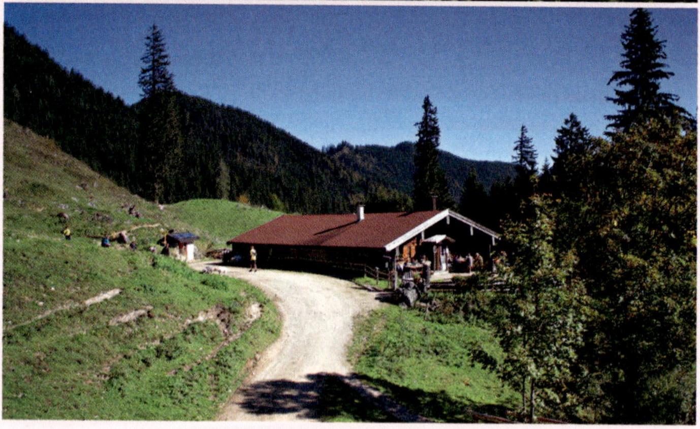

»Das Geheimnis des Vorwärtskommens besteht darin, den ersten Schritt zu tun.«

Mark Twain

Die Brander Alm macht Lust auf eine Einkehr, öffnet aber erst um 10.30 Uhr. Also wendet man sich an einer Hütte mit Brunnen nach links und steigt zwischen Wiese, Wald und Bach einen steinigen Pfad bergan. Der weitet sich kurz und verläuft dann nach einem Drehkreuz links unter Buchen, Eichen und Ahornbäumen entlang. Wieder mündet der Pfad in den Wald und erreicht nach einer guten halben Stunde einen Schilderbaum. Links zweigt der rot markierte Weg über das Ostertal ab, rechts die schwarze Variante, die alpine Erfahrung verlangt und sich bei Nässe oder mit Kindern wirklich nicht empfiehlt. Wer es sich zutraut, trittsicher ist und lieber einen Rundkurs nimmt, ist aber mit dem rechten Abzweig und dem Jägersteig gut beraten.

Zunächst geht es weiter im Wald bergan mit einigen reichlich matschigen Passagen kurz unterhalb einer privaten Hütte auf der Hörndlalm. Die Ostwand der Hörndlwand ragt steil auf – ein wirklich dramatischer Anblick auf das neben der Kampenwand wichtigste Kletterrevier der Chiemgauer Alpen. An der Hütte beginnt der Jägersteig. Er führt zunächst in den lichter werdenden Wald und dann durch offeneres, felsiges Gelände: Ab jetzt muss man kraxeln und vor allem aufmerksam der Wegführung folgen. Nach einer guten halben Stunde ist der Kamm erreicht, nun geht es links durch eine Latschenkiefergasse zum Gipfel mit seinem fantastischen 360-Grad-Blick: Im Südosten liegen Ellmauer Halt, Kesselschneid, Sonnwendjoch, Geigelstein und etwa 1000 weitere Spitzen, Richtung Nordosten zeichnen sich die fernen Höhen des Bayerischen Waldes ab.

Durch die Latschen führt vom Gipfel aus zunächst der gleiche Weg zum Kamm, dann biegt er nach links. Die

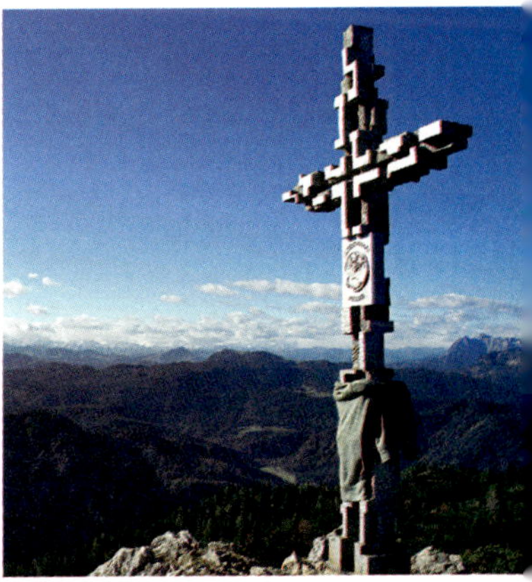

↑ In gut zweieinhalb Stunden ist der Gipfel über den Jägersteig erreicht.
↓ Die Brandner Alm bietet bis in den Oktober hinein Sonnenplätze.
→ Das Gipfelkreuz der Hörndlwand hat sich etwas übergezogen.

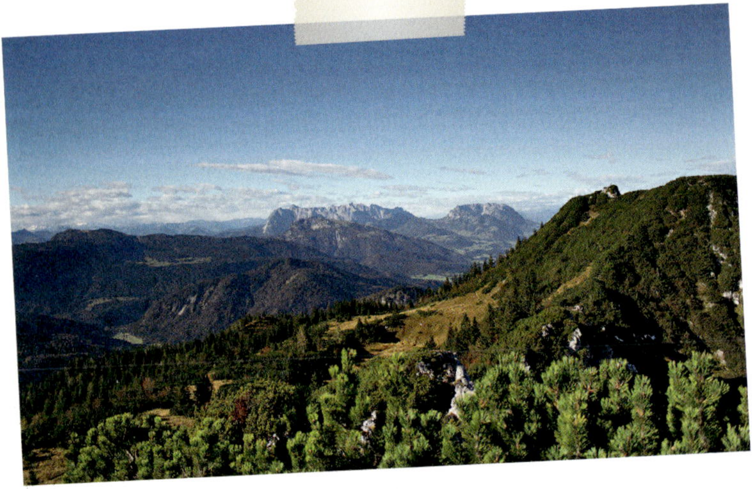

↑ **Unverwechselbar im Panorama: der Zahme und der Wilde Kaiser**

Serpentinen durch den Kessel des Ostertals fordern den Wanderer nicht besonders – so bleibt genug Muße, die Aussicht zu genießen: auf der einen Seite die steile Flanke der Hörndlwand, auf der anderen die Sicht in die Weite. Nach einer Weile taucht der Weg in den Wald ab und erreicht nach etwa 30 Minuten den Schilderbaum. Von hier aus geht es auf dem bekannten Weg zurück, diesmal steht der Kaiserschmarrn-Pause auf der Brander Alm nichts entgegen. Ohne Zwischenstopp ist der Parkplatz Seehaus nach etwa zwei Stunden erreicht. Und sollte das Auto zugeparkt sein, sofern man nicht mit Rad oder Bus gekommen ist: nicht aufregen, sondern lieber Füße und Mütchen im Lödersee kühlen.

Tipp

Nur eine Viertelstunde Wegstrecke von der Hörndlwand entfernt (zurück Richtung Jägersteig und dann geradeaus), markiert der Gurnwandkopf den nächsten Gipfel in westlicher Richtung. Er sieht nicht ganz so dramatisch aus, misst aber sieben Höhenmeter mehr als die Hörndlwand und eröffnet einen schönen Blick auf den markanten Nachbarn.

AUF EINEN BLICK

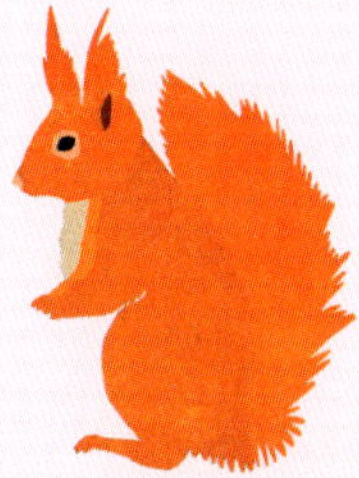

Tour 10: Tour für die Sinne

Dauer: 4.30 Std.

Höhenmeter: 950 Hm

Länge: 10 km

Schwierigkeit: Schwer

Tourencharakter: Herrliche Tour mit Herausforderungen

Ausgangs-/Endpunkt: Wanderparkplatz Seehaus (730 m)

Anfahrt: **Pkw:** Auf der A8 bis zur Ausfahrt Siegsdorf, über die St2098 weitere 9 km nach Ruhpolding. Zum Parkplatz Seehaus ab der Ortsmitte in 8 Kilometern
Bahn/Bus: Mit dem Zug bis Traunstein und von dort mit der Regionalbahn nach Ruhpolding. Bis zum Seehaus fahren Busse der Linie 9506.

Einkehr: Brander Alm

Karte: Kompass-Wanderkarte Nr. 14, Berchtesgadener Land & Chiemgauer Alpen, 1:50 000

Information: ruhpolding.de

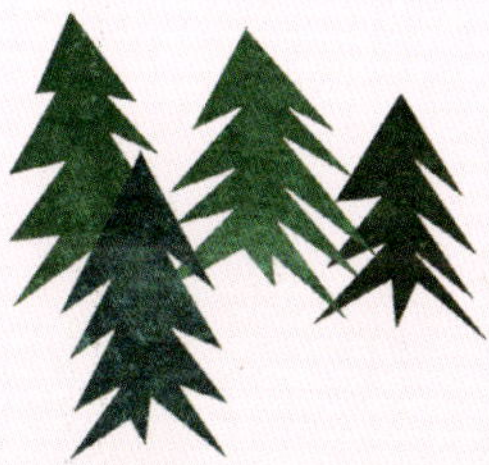

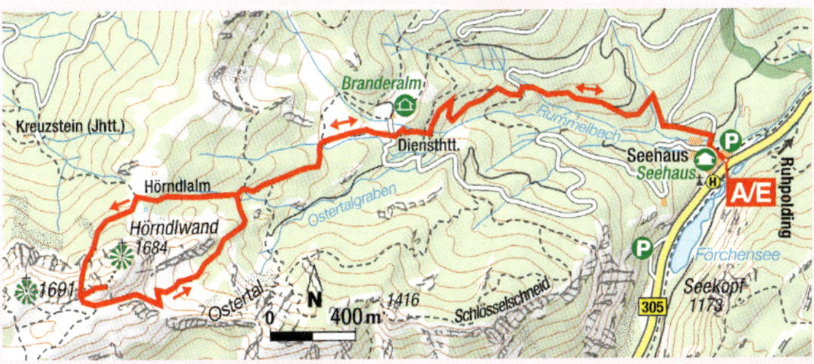

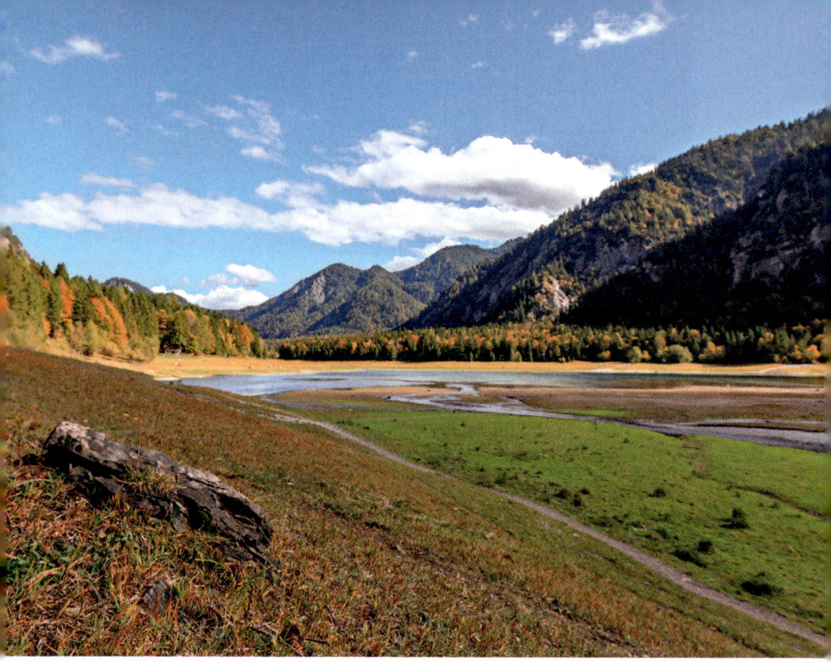

↑ Mittersee in Herbstfarben ↓ Die Seen vom Richtstrichkopf aus

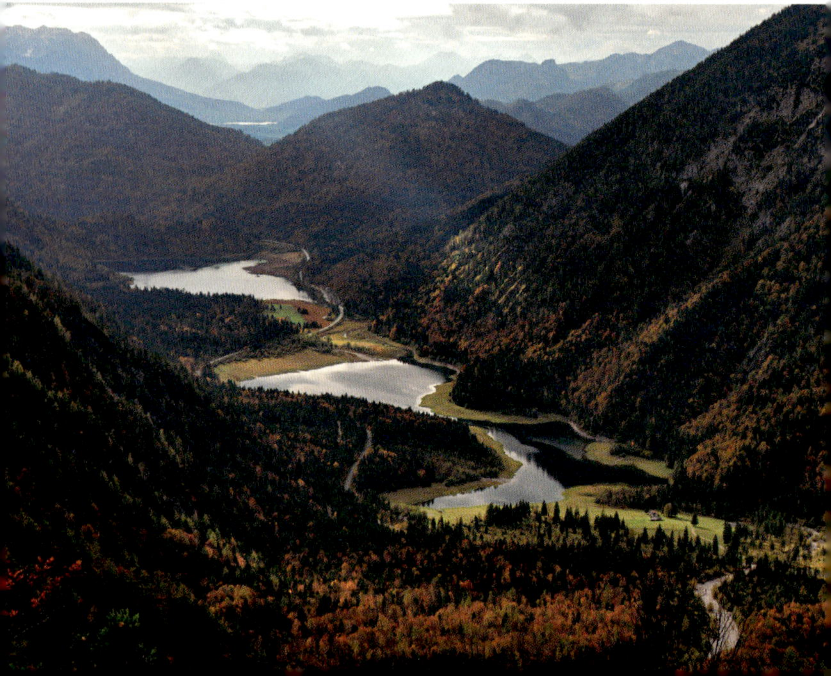

LÖDENSEE, MITTERSEE, WEITSEE

Tour für den Genuss
TOUR 11

Perlen an der Schnur

Zwischen Ruhpolding und Reit im Winkl tupfen drei Seen die Berglandschaft – im Sommer sind Löden-, Mitter- und Weitsee beliebte Badeziele, im Herbst eine schöne Kulisse für eine stille Wanderung. Sie führt mal am Ufer entlang, mal durch den Laubwald.

Am Langen Sand ist der Almabtrieb eine prosaische Angelegenheit: Der Bauer fährt mit dem Hänger auf der Weide vor und lädt sein Vieh paarweise ein, um es in den heimischen Stall zu bringen. Die Kühe scheinen zu spüren, dass es jetzt vorbei ist mit der Freiheit des Almsommers, und der Wanderer versteht ihren Kummer. So schön ist es noch am Lödensee, auch wenn Anfang Oktober schon Nebel über dem Wasser liegt und die Temperaturen keine zehn Grad mehr erreichen.

Wie die Perlen an einer Kette sind der oberhalb gelegene Weitsee, der Mittersee und der untere Lödensee durch ihre Ab- beziehungsweise Zuflüsse miteinander verbunden. Eigentlich würde ja auch der grüne Förchensee noch dazu gehören, den die Seetraun entwässert. Er kann diese Runde ergänzen, verlängert sie aber um gute zehn Kilometer, die vorwiegend durch den Wald führen.

Der Startpunkt Langer Sand heißt so nach einem Geröllfeld am Ausläufer des Dürrnbachhorns. Direkt am Parkplatz zweigt rechts hinter einem Drehkreuz ein Wurzelpfad über eine Kuhweide ab, der nach 300 Metern auf einen breiteten Weg trifft. Der führt leicht rechts ans nördliche Ufer des Lödensees und verläuft durch den Wald, der schon nach Herbstlaub duftet. Einen guten Kilometer weiter geht links ein Trampelpfad zum Mittersee ab. Das Ufer wurde frisch befestigt und sieht noch etwas kahl aus – aber

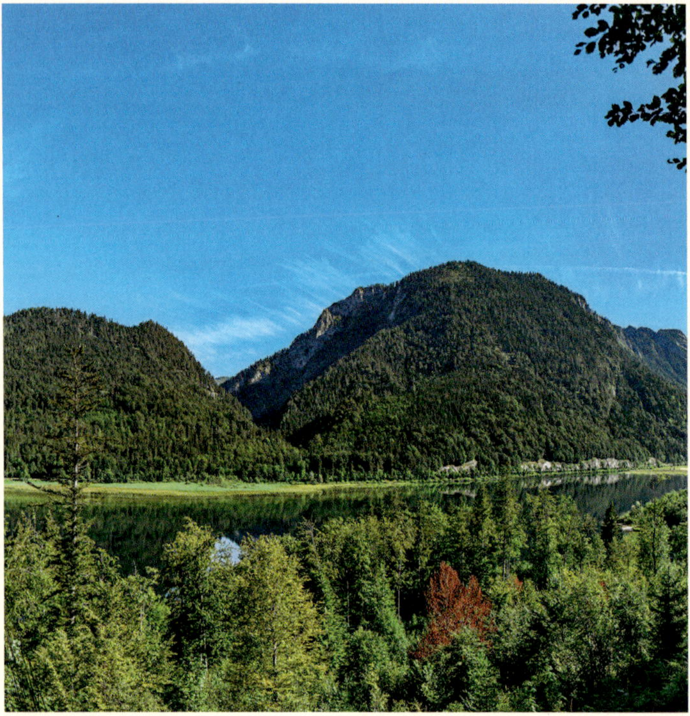

»Die ganze Welt ist voller Wunder.«

Martin Luther

sowohl im Mitter- als auch im Lödensee sollte man ohnehin nicht baden, weil die Wasserqualität unter dem Eintrag der Viehweiden leidet. Der Wasserspiegel der Seen unterliegt erstaunlichen Schwankungen; nach schneearmen Wintern fallen sie beinahe trocken, doch schon eine längere Regenperiode füllt die Pegel wieder auf.

Zwischen Mitter- und Weitsee erstreckt sich eine moorige Landschaft, der Weg wechselt durch eine Unterführung die Straßenseite auf einen Parkplatz und führt an seinem Ende rechts in den Wald. Ein schmaler Pfad schlängelt sich durch den verwunschen wirkenden Wald, eine Holzbrücke überwindet ein trockenes Flussbett. An einer Weide geht es erst rechts, dann links am Waldrand entlang, bis sich unvermittelt eine Wiese zum Weitsee öffnet. Durch hohes, rötlich verfärbtes Bortengras erreicht man eine Badestelle mit herrlichem Blick auf die markante Hörndlwand und das gegenüberliegende Ufer. Dass sich dahinter noch ein kleiner Seeabschnitt mit Inselchen erstreckt, lässt sich nicht erkennen.

Die Wasserqualität im Weitsee, der keinen Zulauf hat, lässt das Baden zu – wer Sinn für sauberes Wasser hat, verzichtet vorher aufs Einölen mit Sonnencreme. Für den Herbstspaziergänger führt der Weg nun nach links in den Wald. Dort geht es über 1,5 Kilometer schnurgerade bis zum Parkplatz am Mittersee, dann unter der Deutschen Alpenstraße hindurch und entlang der südlichen Seeseite zum Lödensee. Vorbei an einigen Kaserhütten führt der Weg von dort zurück zum Langen Sand, wo ein paar Kühe auf die Straße schauen, als würden sie auf den Heimtransport in den Stall warten.

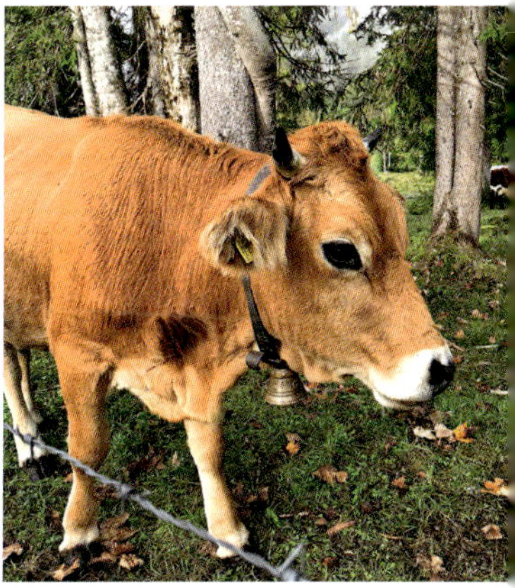

← **Der Weitsee ist der größte der drei Ruhpoldinger Seen.**
→ **Die Kuhschönheit kümmert das nicht.**

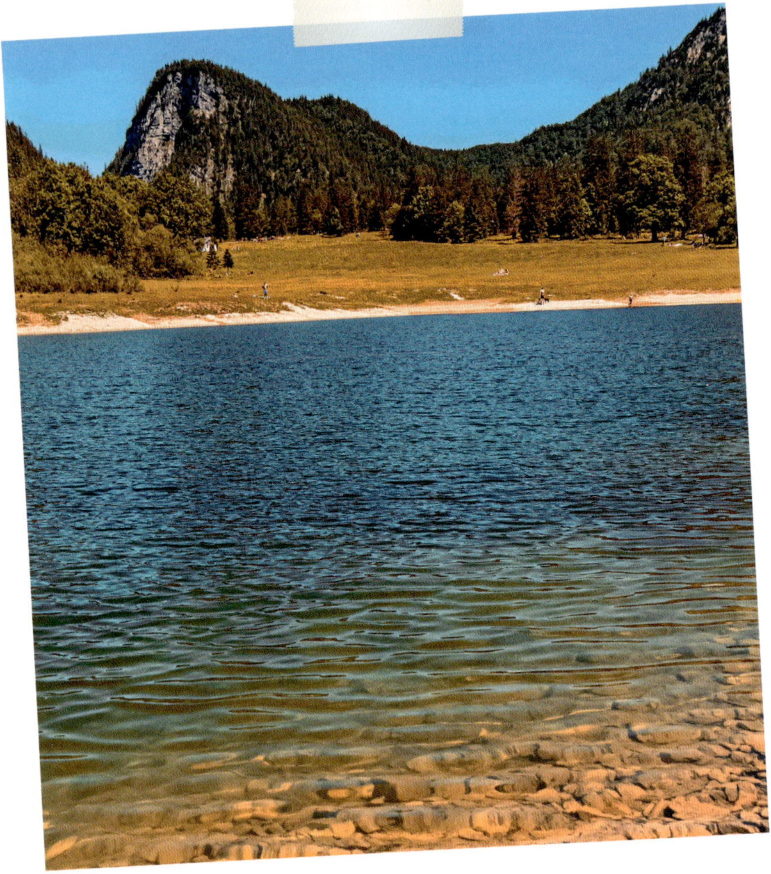

↑ Einladender Lödensee

Tipp

Auf der beschriebenen Strecke gibt es kein Restaurant, aber niemand muss darben: In Richtung Ruhpolding kommt bald die Zirmbergalm an der Chiemgau Arena, dem Biathlonzentrum. Der gemütliche Hof setzt auf Alpenküche, vom Südtiroler Schlutzkrapfen bis zum bayerischen Schweinsbraten. zirmbergalm.de

AUF EINEN BLICK

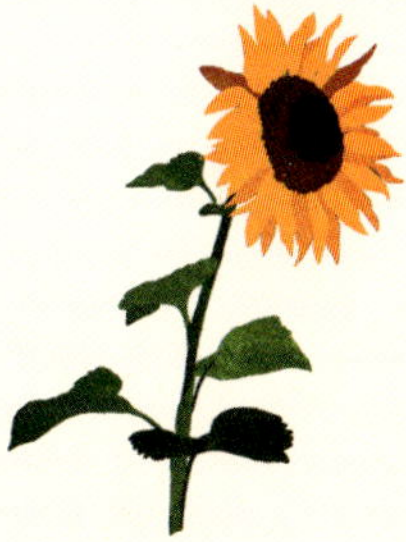

Tour 11: Tour für den Genuss

Dauer: 2 Std.

Höhenmeter: 40 Hm

Länge: 7,8 km

Schwierigkeit: Leicht

Tourencharakter: Eine Seerunde zur Entspannung

Ausgangs-/Endpunkt: Parkplatz Langer Sand (630 m)

Anfahrt: **Pkw:** Auf der A8 bis zur Ausfahrt Siegsdorf. Über die St2098 ist Ruhpolding nach 9 km erreicht. Der Parkplatz Langer Sand liegt knapp 10 km von der Ortsmitte entfernt an der B305.
Bahn/Bus: Mit dem Zug bis Traunstein und von dort mit der Regionalbahn bis Ruhpolding. Von dort den Bus 9506 nach Reit im Winkl nehmen, es gibt Haltestellen an allen drei Seen.

Einkehr: Zirmbergalm in der Chiemgau Arena (s. Tipp)

Karte: Kompass-Wanderkarte Nr. 14, Berchtesgadener Land & Chiemgauer Alpen, 1:50 000

Information: chiemsee-chiemgau.info

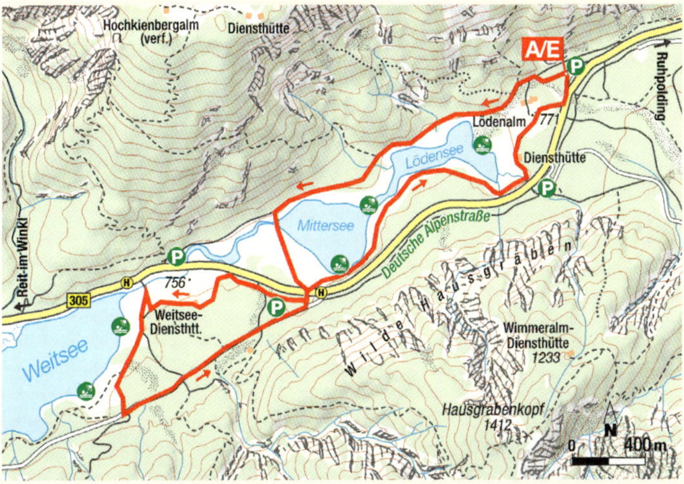

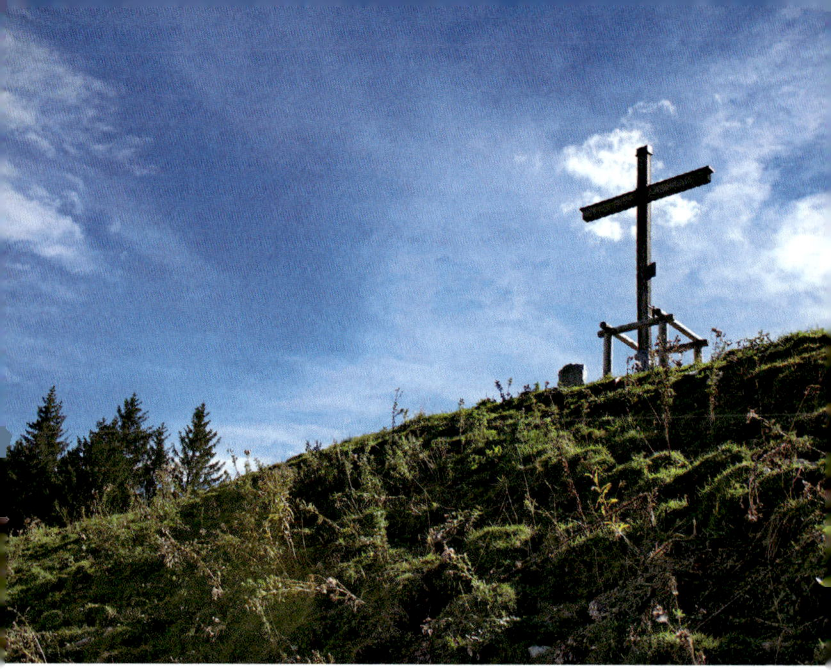

↑ Das Kreuz an der Bergwachthütte ↓ Anstieg zum Unternbergsattel

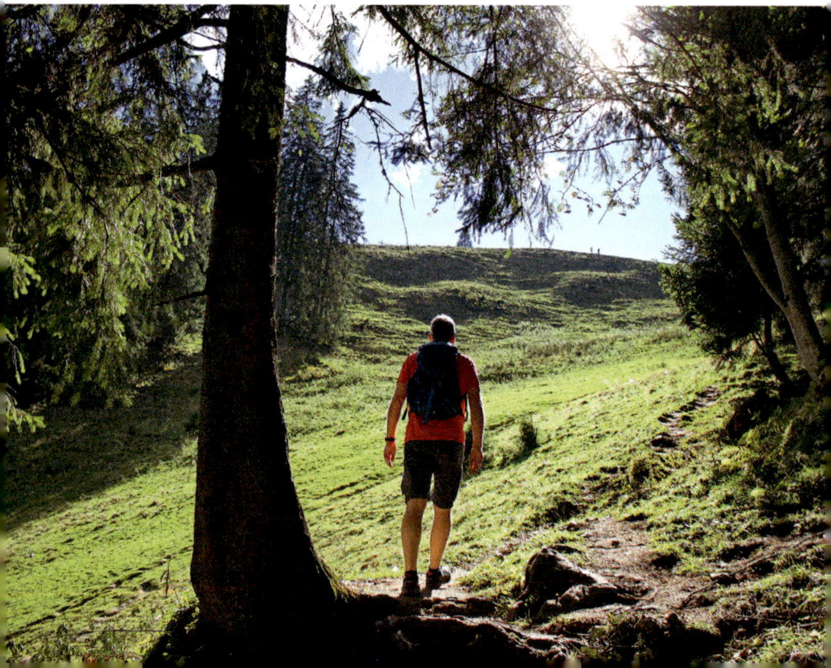

UNTERNBERG

Tour für den Genuss
TOUR 12

Schnelles Gipfelglück

Es ist ein bisschen gemogelt, wenn man von der Talstation des Sessellifts auf 870 Metern startet – dafür eignet sich der kurze Aufstieg auf den Unternberg auch für die spontane Wanderlust. Bei schönem Wetter belohnt die sensationelle Fernsicht.

Wenn eine kürzere Tour den Vormittag ausgefüllt hat und Lust und Kondition für eine weitere kleine Wanderung reichen – dann ist der Unternberg in Ruhpolding die erste Adresse. Er ist mit 1425 Metern ab der Talstation des Sessellifts ein schnell bestiegener Berg in Mittelklassehöhe. Ein breiter Fahrweg lässt die Station links liegen und unterquert sie kurz vor der Raffner Alm. Dann tun sich für den weiteren Aufstieg zwei Optionen auf: rechts kurz und schweißtreibend über die alte Skipiste (im oberen Bereich des Unternberg gibt es heute nur noch einen »freien Skiraum«) oder links über den Fahrweg. Wenn beide Alternativen zunächst nicht verlockend erscheinen, wird man ab der Hälfte des Anstiegs reich entschädigt: Von da an führt ein Wurzelpfad durch einen mit markanten Felsbrocken geschmückten Zauberwald.

Nach etwa 50 Minuten öffnet sich der Blick auf grüne Almwiesen. Am Unternbergsattel auf 1355 Metern sind fast alle Höhenmeter geschafft, hier reckt sich ein einfaches Holzkreuz in den Himmel. Ein breiter Weg führt durch lichten Wald am Kamm entlang, vorbei am kleinen Boider Kaser und einem Panorama, das mit jedem Meter an Dramatik gewinnt: Dürrnbachhorn, Loferer Steinberge, Hochkalter, Hoher Göll – selbst ein Stückchen vom Watzmann ist zu erkennen. Auf der anderen Seite rücken der Hochfelln ins Bild, der Chiemsee und das Alpenvorland, so weit es die Wetterlage zulässt. Vom Gipfel aus, der nach der Sessellift-Bergstation einen unscheinbaren Buckel bildet, zeichnen sich im Westen die Zacken des Wilden Kaisers ab. Statt Gipfelkreuz markiert den Unternberg ein massives Marterl,

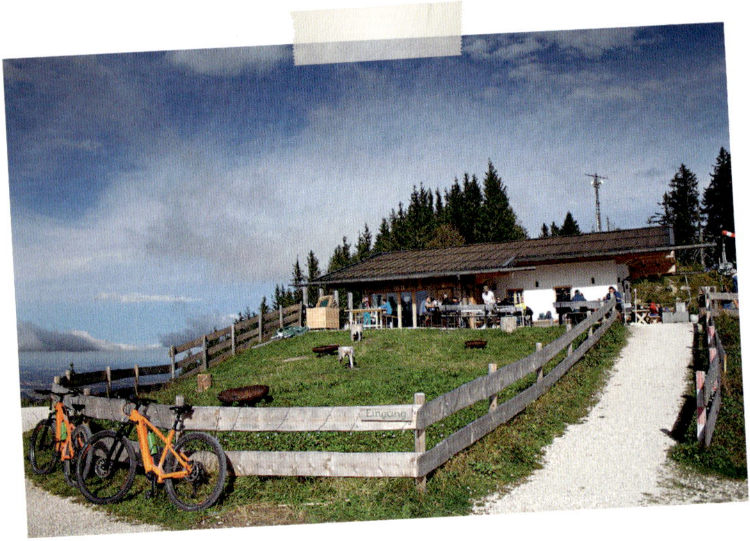

↑ **Die neue Unternberg Alm liegt direkt an Sesselbahn und Gipfel.**

das an den Unfall einer Magd mit einem Stier erinnert und allen unterwegs noch einen Sinnspruch zur Jagd mit auf den Weg gibt.

Bergstation war ein gutes Stichwort: Wer tatsächlich schon eine Wanderung hinter sich hat oder auf der Unternberg Alm den überaus großzügig abgeschnittenen Apfelstrudel gegessen hat, kann mit dem unfassbar gemütlichen Sessellift hinuntergondeln, fast so schnell, als wäre man zu Fuß gegangen.

Tipp

Die Unternberg Alm hat vor ein paar Jahren gewaltig entrümpelt und erscheint seitdem völlig neu – im modernen Hüttenlook mit luftiger Architektur und riesigem Panoramafenster Richtung Tal. Getränke und Gerichte schmecken ausgezeichnet, ein schöner Wochenendausflug auch für die Einheimischen ist der Morgenspaziergang zur UA samt Frühstückseinkehr. unternberg-alm.com

AUF EINEN BLICK

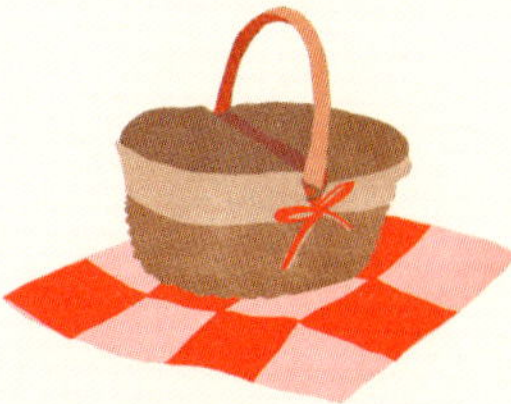

Tour 12: Tour für den Genuss

Dauer: 1.30 Std.

Höhenmeter: 530 Hm

Länge: 3,8 km

Schwierigkeit: Leicht

Tourencharakter: Kurze Gipfeltour mit Riesenblick

Ausgangs-/Endpunkt: Sessellift Unternbergbahn (870 m)

Anfahrt: **Pkw:** Auf der A8 bis zur Ausfahrt Siegsdorf, über die St2098 in 9 km nach Ruhpolding. Um zum Parkplatz der Unternbergbahn zu gelangen, muss man »Raffner Alm 2« ins Navi eingeben.
Bahn/Bus: Mit dem Zug bis Traunstein und von dort mit der Regionalbahn nach Ruhpolding. Bis zur Station der Doppelsesselbahn mit der Dorflinie B + D

Einkehr: Unternberg Alm, Boider Kaser (beide auf dem Höhenrücken)

Karte: Kompass-Wanderkarte Nr. 14, Berchtesgadener Land – Chiemgauer Alpen, 1:50 000

Information: ruhpolding.de

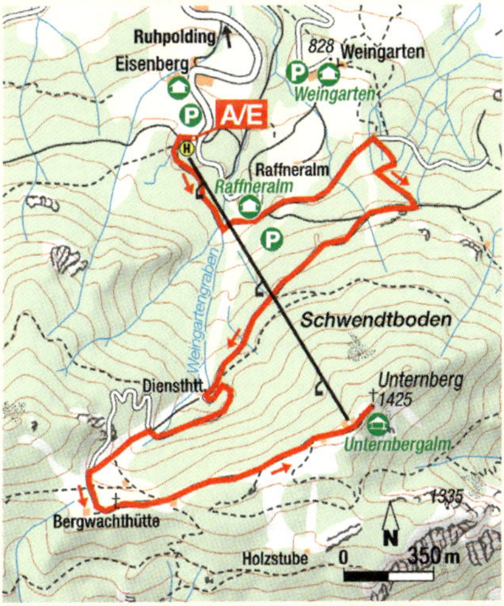

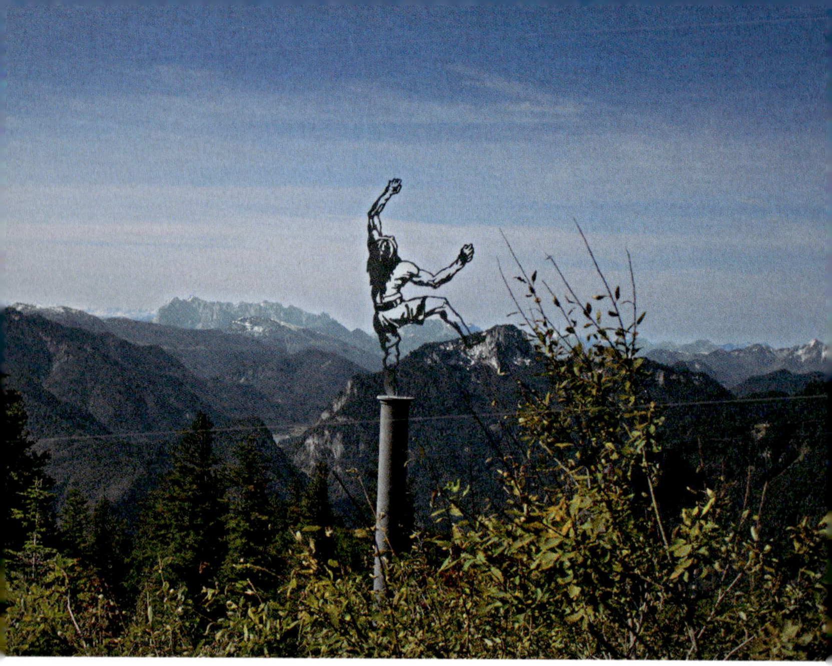

↑ »Der Himmelskletterer« ↓ Porträt auf dem Holzgeisterweg

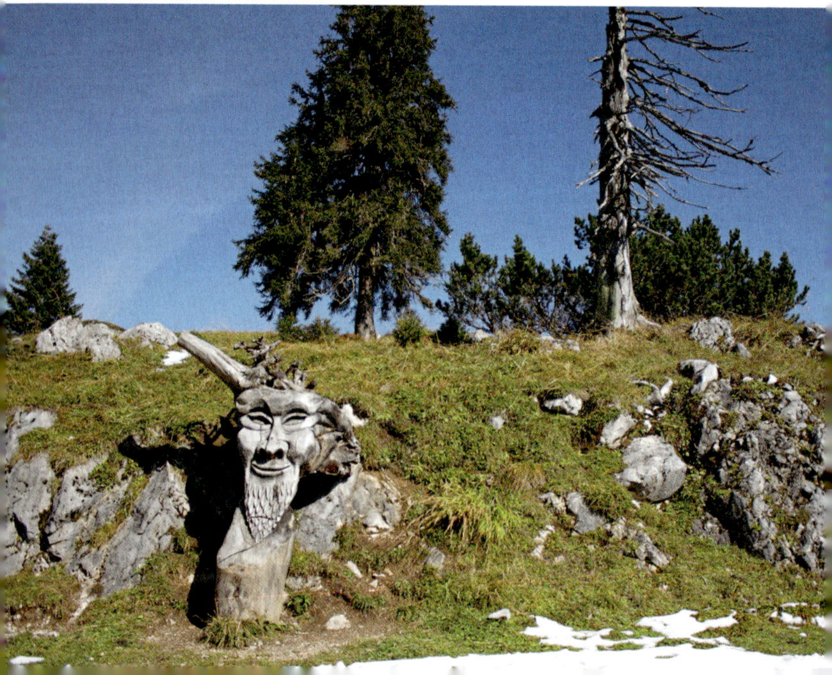

RAUSCHBERG

Tour für die Sinne
TOUR 13

Ruhpoldings Liebling

Von gleich zwei Gipfeln schaut der Hausberg der Chiemgauer Gemeinde ins Tal: Der Vordere Rauschberg erreicht 1645 Meter, der Hintere Rauschberg 1671 Meter. Die Tour über den Hutzenauer Steig und den Kienbergsattel bietet unterwegs und am Gipfel viel Abwechslung.

Um es gleich zu sagen: Der Name hat rein gar nichts mit Gipfel- oder sonstigen Räuschen zu tun, es handelt sich um einen Begriff aus dem Bergbau. »Rauschen« heißen die schweren Bestandteile, die beim Auswaschen des Eisenerzes als erste absinken. Seit dem 16. Jahrhundert fand man am Rauschberg Blei und Zink, kein bayerischer Stollen war ergiebiger. Dennoch endete der Abbau 1826, geblieben ist dem Piz der Name. Als Hausberg gilt dem Gipfelbereich die dekorative Liebe der Ruhpoldinger: Dort gibt es einen Holzgeisterweg, mehrere geschnitzte Figuren und die »Hand Adams« von Angerer dem Jüngeren. Gefertigt in »Fraßtechnik«, die sich an den Spuren von Borkenkäfern orientiert, weist die sieben Meter große, zweidimensionale Hand nach Rom zur Sixtinischen Kapelle, wo ihr Vorbild auf Michelangelos Deckenfresko zu sehen ist. Angerer der Jüngere hat am Gipfel noch weitere Fraßbilder hinterlassen, etwa vom »Himmelskletterer« Alexander Huber. Der ist Teil der Bergsteigerbrüder Huberbuam und ein wiederkehrendes Motiv im Schaffen des Bad Reichenhaller Künstlers.

Zurück zum Anfang: Vom Parkplatz Ramsler führt ein steiniger Weg bis zu einer Kreuzung gut 20 Minuten bergan. Hier stellt sich die tagesentscheidende Frage: entweder links über den Kienbergsattel zum Rauschberg in dreieinhalb Stunden oder rechts über den Hutzenauer Steig in drei Stunden zum Gipfel? Der linke Pfad ist rot markiert, der rechte schwarz – was sich als eine Art vorauseilender Alarm erweist, denn der Weg stellt keine hohen Anforderungen an Trittsicherheit und Schwindelfreiheit, auch wenn er sich zuweilen schmal am Abhang entlangschlängelt.

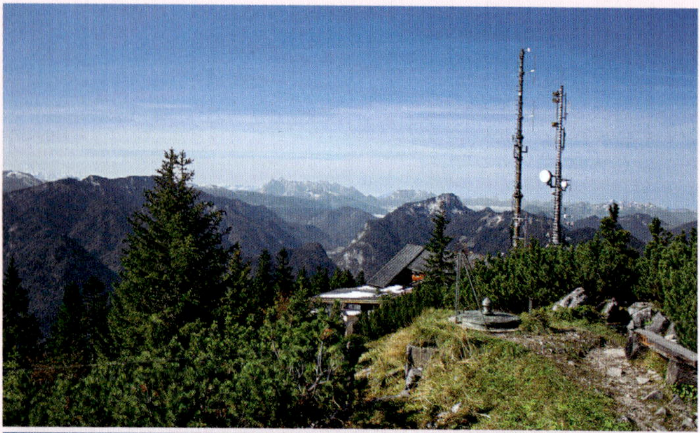

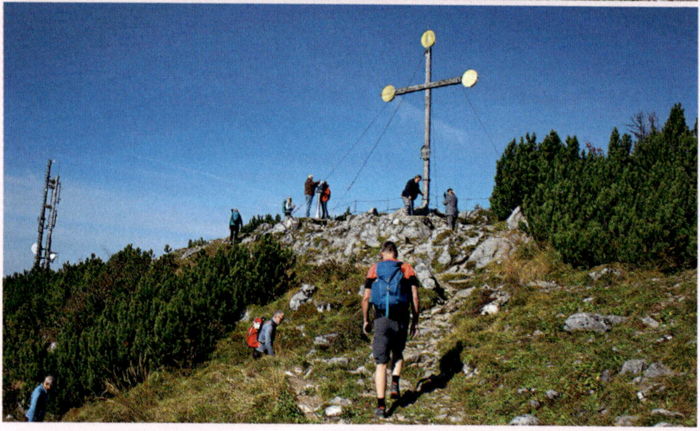

»Was du für den Gipfel hältst,
ist nur eine Stufe.«

Seneca

Die Entscheidung, rechts über den Hutzenauersteig zu gehen, erweist sich als goldrichtig. Der steinige, aber gut gangbare Pfad führt mal durch den Wald, dann an Felswänden entlang, gelegentlich über kleine Geröllfelder. Der Ausblick über die Weiße Traun und das Biathlonzentrum von Laubau wächst mit jedem Höhenmeter – es geht stetig, aber gleichmäßig nach oben auf einem Bergpfad, wie er schöner kaum sein kann.

Wer früh aufgebrochen ist, hat nach gut eineinhalb Stunden ein kleines Erweckungserlebnis: Ist man bisher nur im Schatten gegangen, bricht auf dem Grat zum Kraxenbachtal plötzlich die Sonne durch und das Panorama weitet sich zum Sonntagshorn und zu ferneren Alpengipfeln. Wie verzaubert wirkt der Berwald, hohe Gräser wachsen in den Weg, alte Laubbäume lassen die Sonnenstrahlen durch, etliche junge Bergahorne hat ein früher Schnee geknickt. Etwa eine halbe Stunde geht es so voran, dann mündet der Pfad in einen Fahrweg, der auf eine Alm zuführt. Auf der linken Seite erklimmen Serpentinen eine steile Wiese, auf der sich ein paar Baumgruppen verlieren. Richtung Süden und Osten reihen sich die großen Gipfel: Watzmann, Großglockner, Großvenediger, Wilder Kaiser. Über eine letzte kurze Rampe geht es zu einem Fahrweg und weiter zum Gipfel des Vorderen Rauschbergs, den man ohne Kraxelei nach gut zweieinhalb Stunden erreicht. Der 360-Grad-Blick auf Chiemsee, Alpenvorland und die Alpen ist – mit Verlaub – berauschend.

Da seit 1953 eine Bergbahn auf den Vorderen Rauschberg schwebt, herrscht oben allerhand Betrieb, der sich allerdings verteilt auf Bänke und Aussichtspunkte, auf den Holzgeisterweg und die Gastronomie im Rauschberghaus. Natürlich bietet die Bahn allen Wanderern eine bequeme Talfahrt.

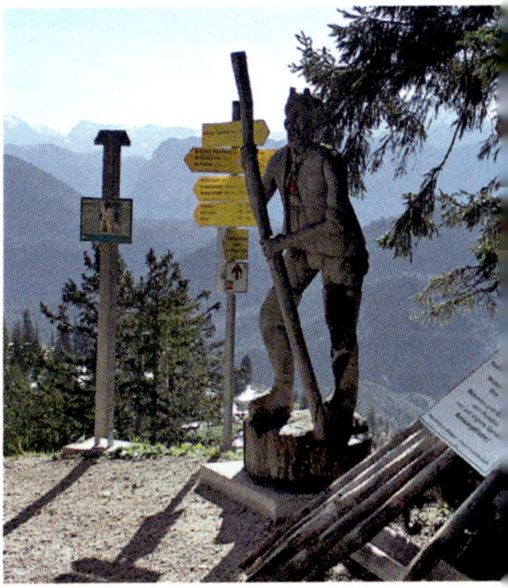

↑ Auf dem Gipfels des Rauschbergs ist viel Platz für Technik, …
↓ … ein großes Kreuz und jede Menge Wanderer.
→ Figur am Holzgeisterweg

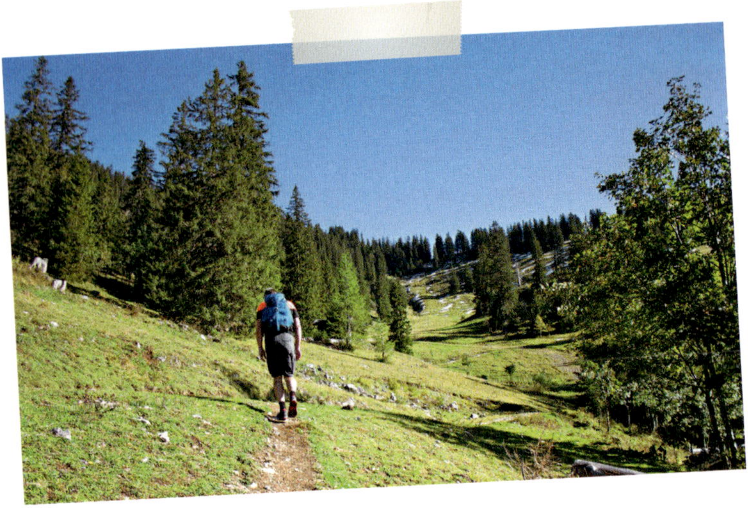

↑ **Abwechslungsreiche Wegstrecke am Rauschberg**

Wer noch nicht müde ist, wählt den Weg Nr. 20 für den Rückweg, von dem nach kurzer Zeit ein Pfad zum viel ruhigeren Hinteren Rauschberg abzweigt. Die Gipfelbesteigung dauert inklusive Rückweg etwa 50 Minuten. Zurück auf dem breiten Weg, kehrt man am Kienbergsattel der südlichen Alpensilhouette den Rücken und gelangt recht schnell ins Tal, anfangs in einer schönen Schleife um den Hinteren Rauschberg. Der Rückweg fällt mit acht Kilometern etwas länger aus als der Aufstieg. Eine letzte Wahlmöglichkeit besteht noch: Scharf links geht es über einen buckligen Waldweg, die gemütlichere Variante zweigt halblinks ab. Schließlich vereinen sich alle Wege und führen zum Parkplatz Ramsler.

Tipp

Im Schwanengewand kommt der Lohengrin-Windbeutel daher, 13 Zentimeter hoch und gefüllt mit Heidelbeeren, Vanilleeis, Sahne und Eierlikör – er ist das Meisterstück der »Windbeutelgräfin«, die immer noch so heißt, obwohl längst ein Bürgerlicher den Brandteig rührt. Windbeutel, der Mühlbauernhof und das Kannenzimmer lohnen den Besuch. windbeutelgraefin.de

AUF EINEN BLICK

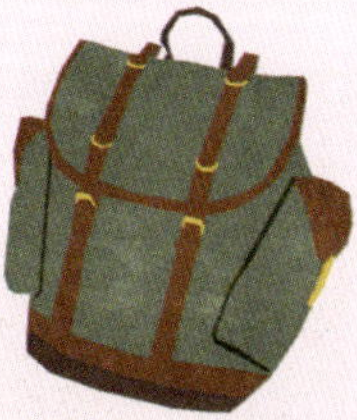

Tour 13: Tour für die Sinne

Dauer: 5 Std.

Höhenmeter: 1000 Hm

Länge: 14,6 km

Schwierigkeit: Schwer

Tourencharakter: Wechselvoller Rundkurs mit schönen Panoramen

Ausgangs-/Endpunkt: Parkplatz Ramsler (680 m)

Anfahrt: Pkw: Auf der A8 bis zur Ausfahrt Siegsdorf. Über die St2098 ist Ruhpolding nach 9 km erreicht.
Bahn/Bus: Mit dem Zug bis Traunstein und von dort mit der Regionalbahn bis Ruhpolding

Einkehr: Rauschberghaus, rauschbergbahn.com

Karte: Kompass-Wanderkarte Nr. 14, Berchtesgadener Land – Chiemgauer Alpen, 1:50 000

Information: ruhpolding.de, rauschbergbahn.com

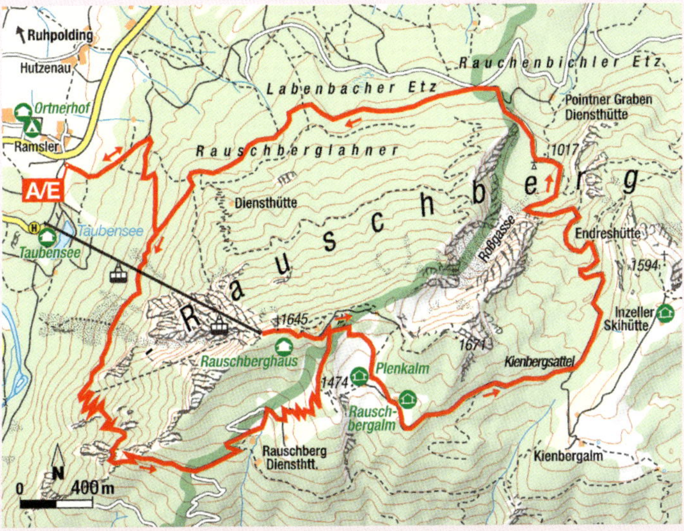

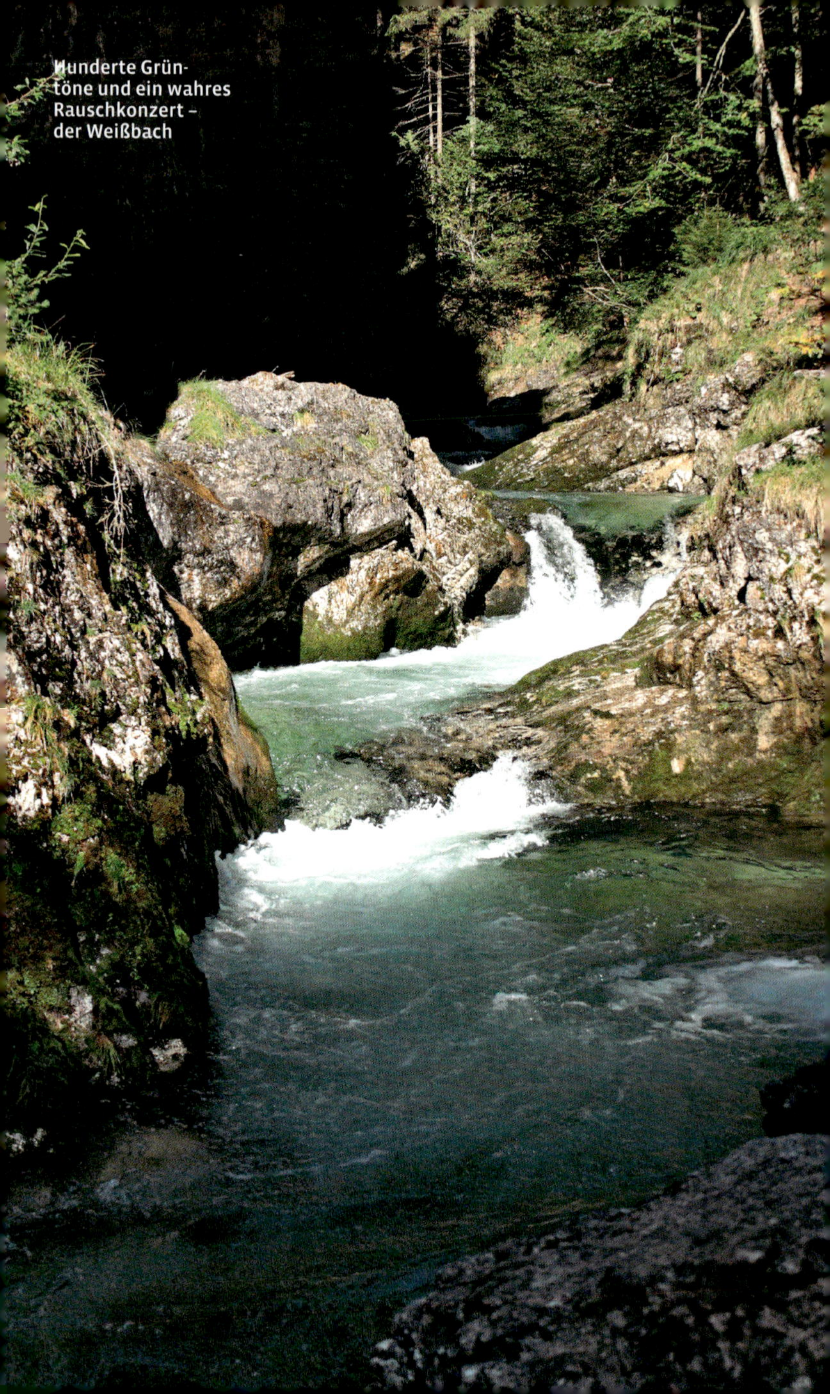

Hunderte Grüntöne und ein wahres Rauschkonzert – der Weißbach

Tour für
TOUR 14
die Sinne

WEISSBACHSCHLUCHT

Ein Bachlauf, der Laune macht

Dass hier in der näheren Umgebung gleich zwei Bergflüsse Weißbach heißen, macht Sinn: So wild schäumend bahnen sie sich ihren Weg ins Tal beziehungsweise in die Saalach. Hier ist der nördlichere Fluss gemeint, der nahe der Deutschen Alpenstraße verläuft.

Temperament hat nicht zwingend etwas mit Temperatur zu tun, denn wie sonst könnte der eiskalte Weißbach derart fröhlich schäumen, springen und sich durch die streckenweise reichlich enge Felsschlucht stürzen? Als triebe ihn unbändige Lebenslust an, sprudelt der von der Quelle bis zur Mündung nur 8,6 Kilometer lange Fluss neben dem Wanderweg her. Auf dieser kurzen Strecke bewältigt der Weißbach 240 Höhenmeter – kein Wunder also, dass er bei durchschnittlich 2,6 Prozent Gefälle ein derartiges Tempo vorlegt.

Der Einstieg in die Klamm kann im Ort Weißbach entlang schöner Auen beginnen oder am Gasthaus Mauthäusl: Auf jeden Fall aber macht es Spaß, zunächst mit der Strömung zu gehen, die unmerklich den eigenen Schritt beschleunigt. Am Mauthäusl, in dem seit 1650 eine Tafernwirtschaft belegt ist, führt ein Schotterweg durch sattgrüne Wiesen bis hinunter zum Waldrand. Hier weisen die Schilder nach Weißbach geradeaus, der direkte Weg zur Klamm aber führt scharf links bergab. Nach wenigen Minuten ist das Ufer des Weißbachs erreicht. Zum 1569 Meter hohen Ristfeuchthorn gehören die Felsflanken, die das Flussbett auf der anderen Seite schroff begrenzen und nur während weniger Stunden das Sonnenlicht auf den Grund lassen.

Am linken Ufer windet sich der Pfad, führt mal über die Steine, die nach dem Morgentau kaum ganz abtrocknen, mal über Gitterrost-Passagen. Er ist dabei kaum breiter als ein Handtuch, was manche Entgegen-

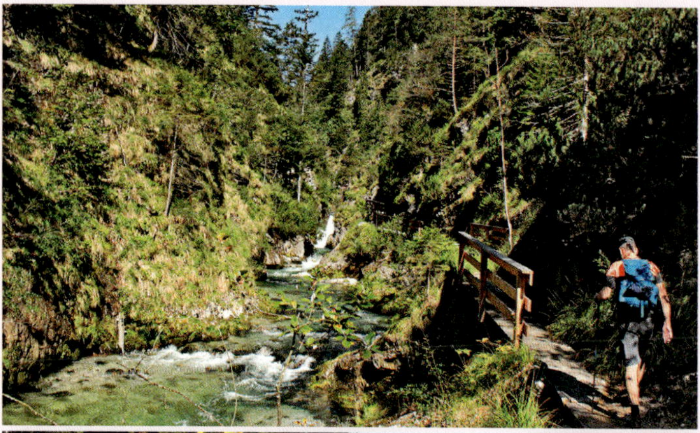

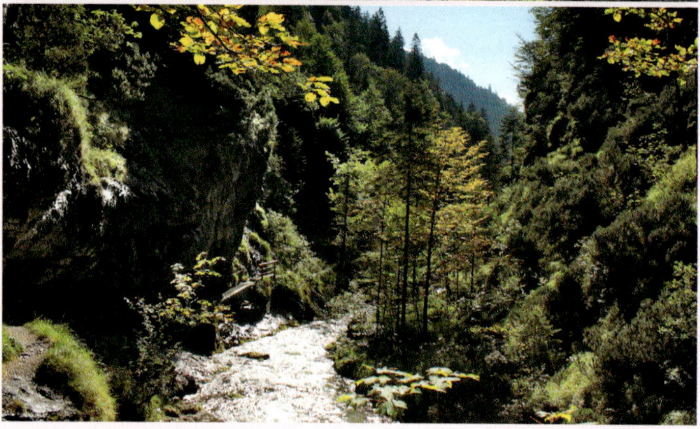

»Blicke in die schöne Natur
und beruhige dein Gemüt!«

Ludwig van Beethoven

kommenden zu postpandemiebedingten Ausweichmanövern verleitet. Das Wildwasser lässt's kalt, es plätschert zuweilen ganz harmlos dahin, um sich kurz darauf in wilden Kaskaden zu ergießen. An einigen Stellen haben die steten Tropfen die Felsen auf der Gegenseite glatt geschliffen, immer wieder schimmert der helle Kiesgrund durchs kristallklare, in vielen Nuancen grünlich schimmernde Wasser.

Über knapp drei Kilometer führt der Weg dramatisch dahin, dann gibt es eine breitere Wendestelle, die man ignorieren und weiter nach Schneizlreuth schlendern kann. Oder es geht ab hier retour mit völlig neuen Perspektiven. Für die hatten die Triftler wohl kaum ein Auge. Bis zum Bau der Saline in Traunstein 1619 transportierte der Weißbach Holz aus dem Ruhpoldinger und Inzeller Talbecken nach Bad Reichenhall, um den dortigen Energiebedarf zu sichern. Länger als »3 Schuh«, also etwa 90 Zentimeter, durften die Stämme nicht messen, und auch so verkeilte sich das Holz oft und musste mit dem Grießbeil gelöst werden – eine schwere und gefährliche Aufgabe. 1912 endete mit der Stilllegung der Saline in Traunstein und der Errichtung der Kiblinger Sperre in der Saalach die Trift zur königlichen Saline Bad Reichenhall.

Eine stille Zwiesprache mit dem Wasser gibt es in der Hauptsaison nur in den frühen Vormittagsstunden. Wer sich nicht an vielen Begegnungen stört, wird die Erfahrung machen, dass hier alle glücklich unterwegs zu sein scheinen – als würde sie das Wasser mit seiner guten Laune anstecken.

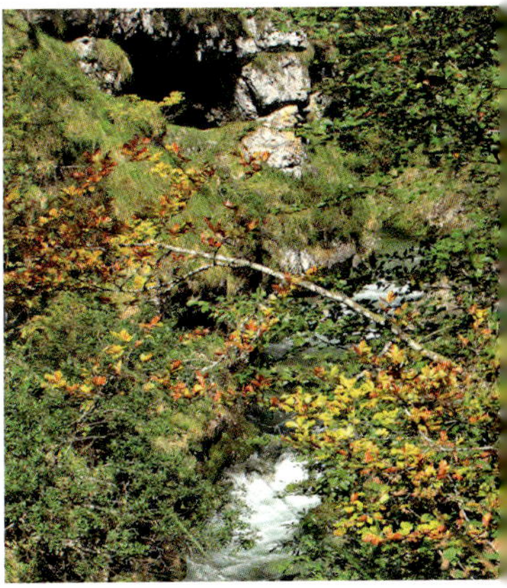

↑ Ein schmaler Weg führt am Fluss entlang.
↓ Das Wasser gleißt in der Mittagssonne.
→ Natürliche Schranke über dem Weißbach

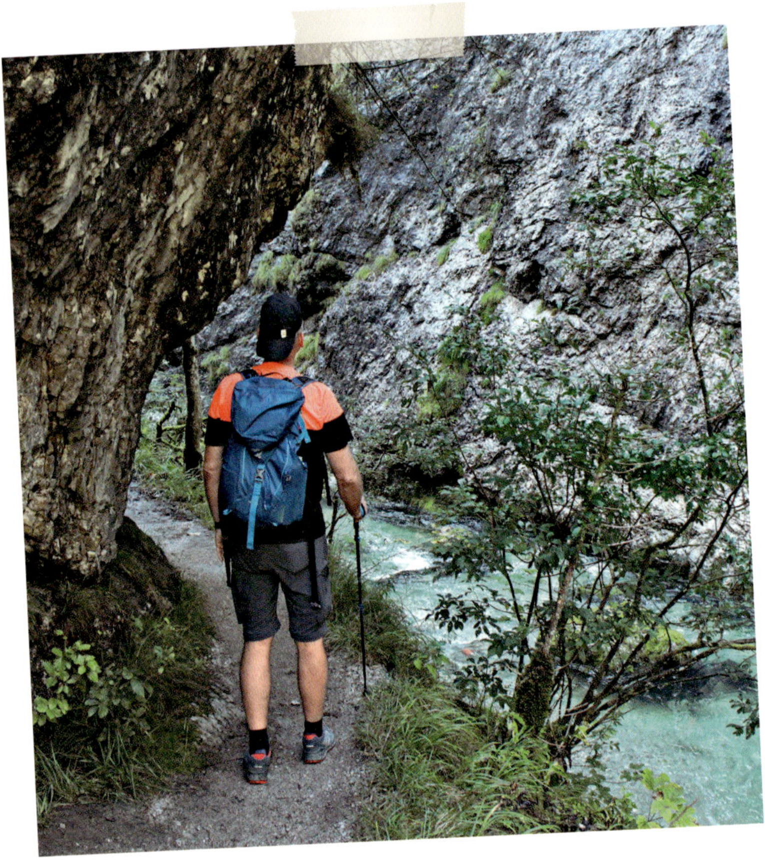

↑ **Augen auf und durch – Engstelle in der Klamm**

Tipp

Riesentöpfe, Gletscherschliffe und erratische Blöcke: Schon die Begriffe klingen nach dem ganz groben Naturbaukasten. Die mächtigen Relikte sind die Zeugen der Urgewalt, mit der der abschmelzende Saalachgletscher die Landschaft gestaltete. Im Gletschergarten am Wanderweg Inzell-Falkenstein-Weißbach lässt sich die Kraft des Wassers bewundern. schneizlreuth.de

AUF EINEN BLICK

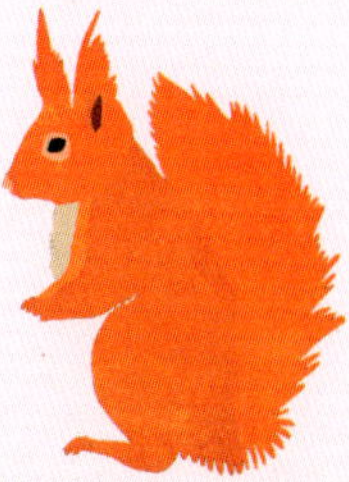

Tour 14: Tour für die Sinne

Dauer: 2.30 Std.

Höhenmeter: 120 Hm

Länge: ca. 5 km

Schwierigkeit: Leicht bis mittel

Tourencharakter: Immer den Bach entlang gehen und dabei ganz viel schauen. Auf dem gleichen Weg zurück oder Richtung Schneizlreuth oder Weißbach verlängern.

Ausgangs-/Endpunkt: Parkplatz Mauthäusl (635 m)

Anfahrt: **Pkw:** Auf der A8 bis zur Ausfahrt Siegsdorf, auf der B306 bis Inzell und von dort über die B305 bis Schneizlreuth oder bis zur Ausfahrt Piding über Bad Reichenhall auf der B20/B21
Bahn/Bus: Von München bis Traunstein (oder über Freilassing nach Bad Reichenhall) und von dort aus mit den Buslinien 9526 und 9535 nach Schneizlreuth bzw. bis zum Mauthäusl

Einkehr: Mauthäusl, hotel-mauthaeusl.de (derzeit außer sonntags nur für Hausgäste), in Schneizlreuth: Hotel-Restaurant Alpenglück, hotel-alpenglueck.de

Karte: Kompass-Wanderkarte Nr. 794, Berchtesgadener Land, 1:25 000

Information: schneizlreuth.de

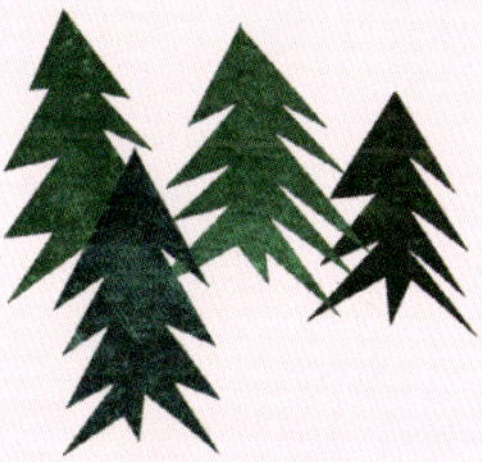

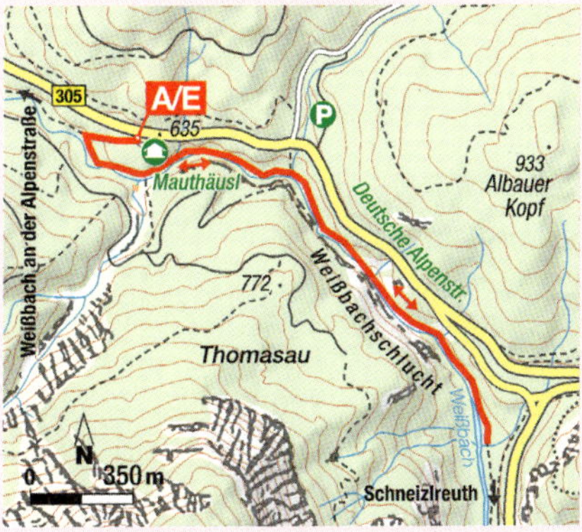

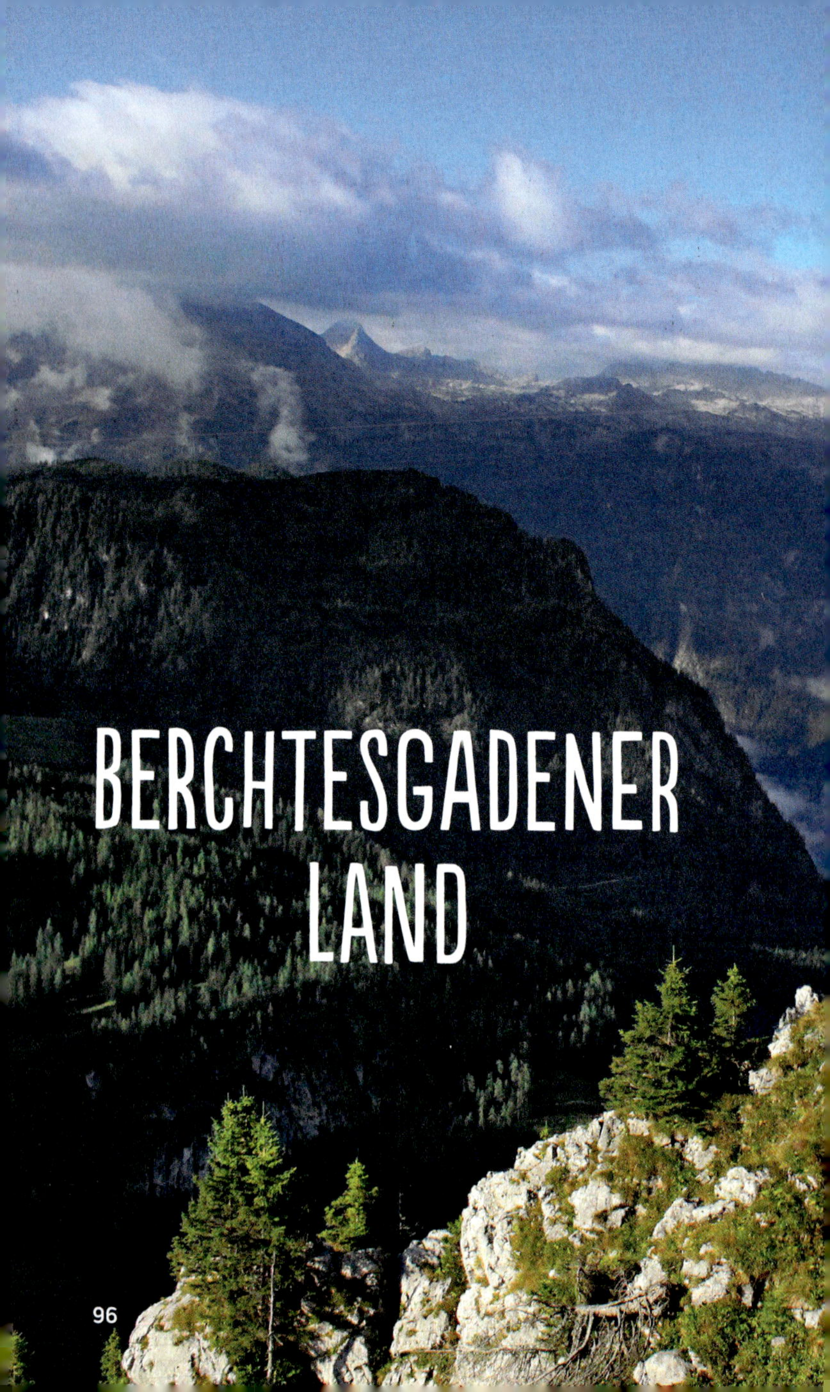

BERCHTESGADENER LAND

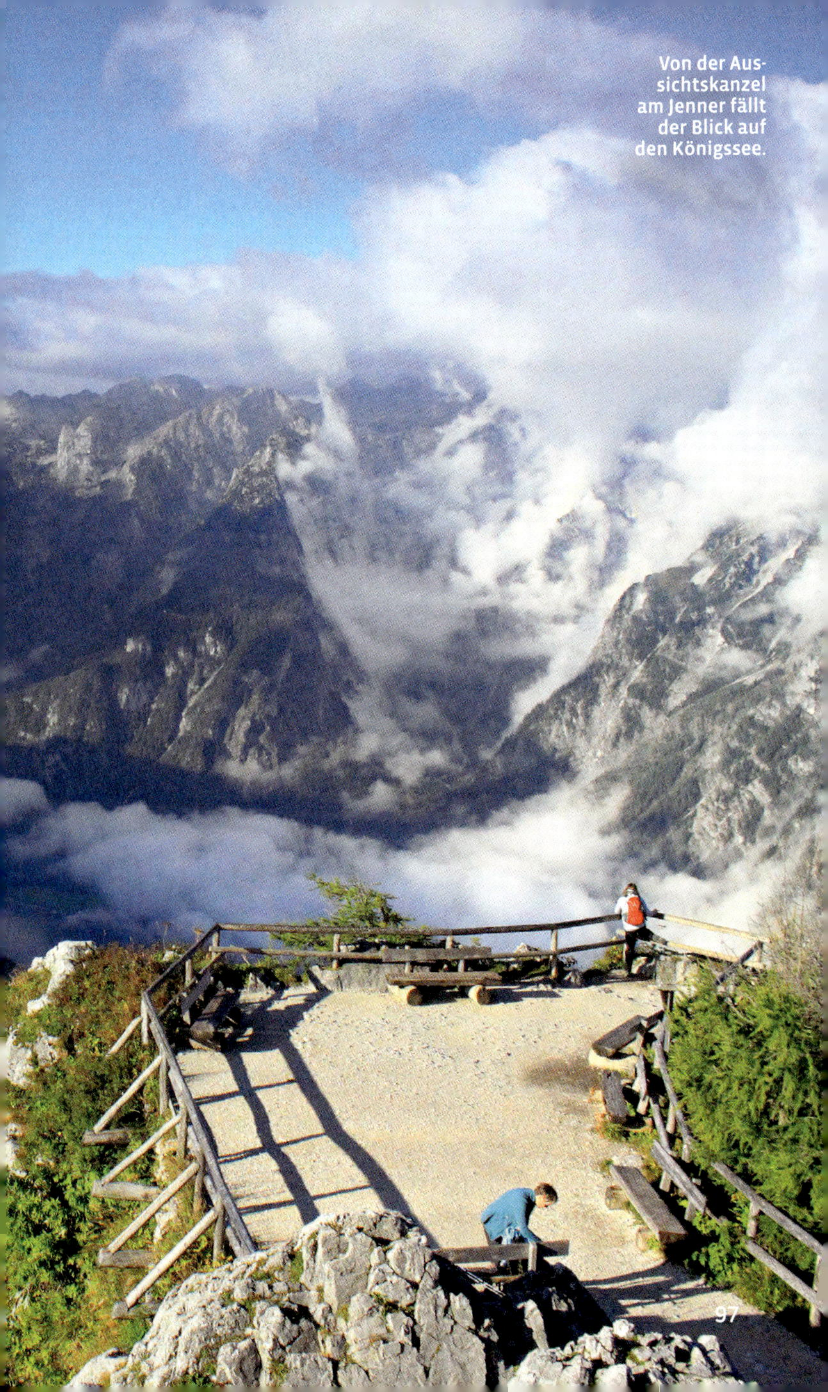

Von der Aussichtskanzel am Jenner fällt der Blick auf den Königssee.

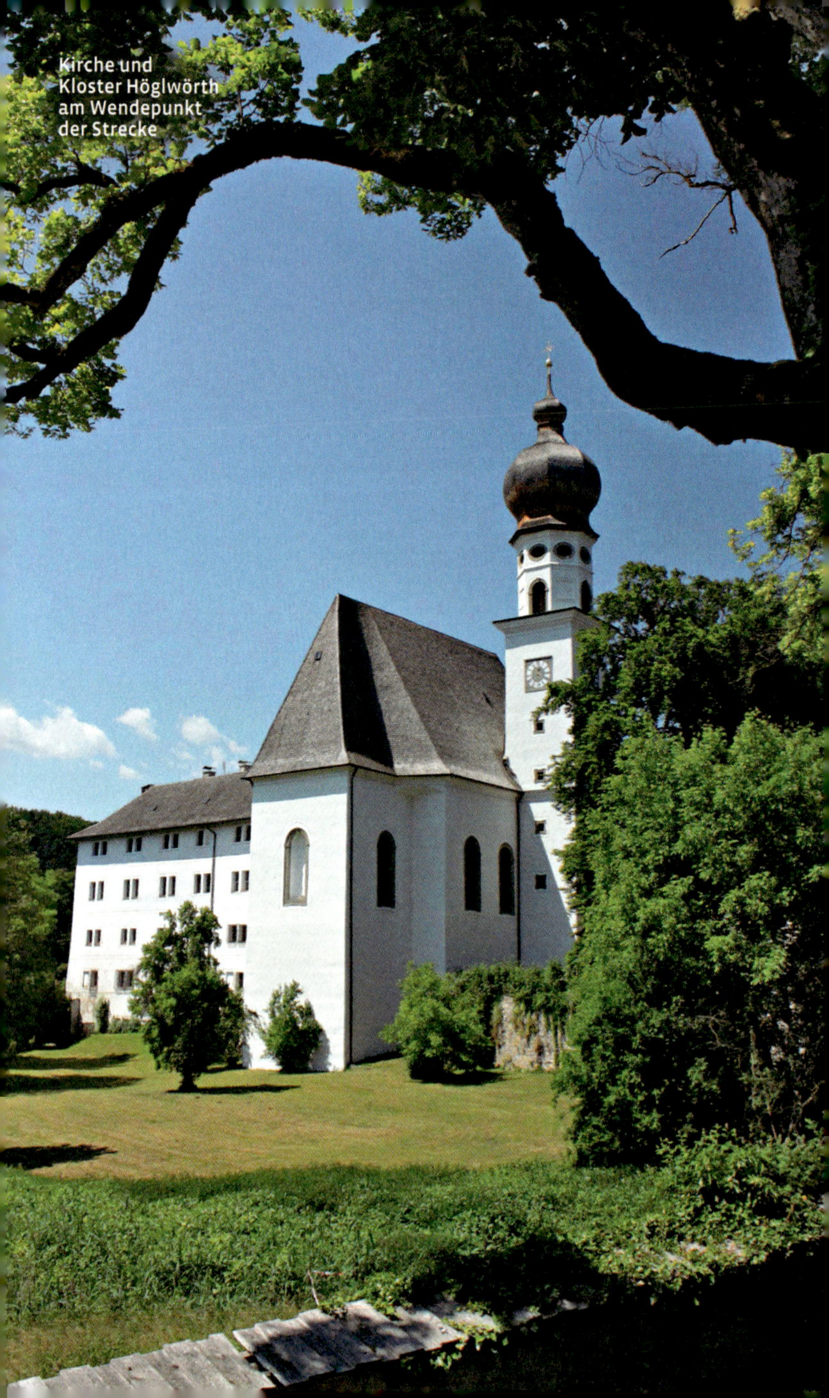

Kirche und Kloster Höglwörth am Wendepunkt der Strecke

TEISENDORFER BIERWANDERWEG

Tour für den Genuss – TOUR 15

Lokalrunde um Teisendorf

Der Besuch im Wirtshaus gehört bei dieser Wanderung dazu, denn das Bier liefert den Anlass, die Gegend rund um Teisendorf im Rupertiwinkel zu erkunden. 2017 wurde ein Bierwanderweg mit zehn Stationen eingerichtet, die eine leichte Tour verbindet – Höhepunkt inklusive.

Wie es sich für einen Bierwanderweg gehört, liegt der Startpunkt direkt an der Privatbrauerei Wieninger, die in mittlerweile siebter Generation Teisendorf und die nähere und weitere Umgebung mit ihren Produkten versorgt. Deren Bandbreite ist groß – es gibt »Traditionsbiere«, »Braumeisterbiere«, »Werkstattbiere« und Biermischgetränke; da kann man selbst als Weintrinker beeindruckt sein, auch von den drei großen Fässern, die den Anfangs- und Endpunkt der zwölf Kilometer langen Tour markieren. Am Rathaus vorbei führt der Weg aus dem Ort heraus, und dann Richtung Bauhof für zwei Kilometer wie in Schlangenlinien, als ließe sich dieser Bierwanderweg leichter gehen, wenn man schon die ein oder andere Maß aus dem Sortiment intus hätte.

Links geht es über einen Feldweg und dort, wo eine Asphaltstraße kreuzt, nach rechts. Bei nächster Gelegenheit, nachdem die Straße nach Freilassing überquert ist, zweigt der durch schmale dunkelgrüne Schilder gekennzeichnete Bierweg links ab. Ein gutes Stück führt er parallel zur Straße. Hier muss man tapfer allen Versuchungen widerstehen, rechts auf kleinere Waldpfade abzubiegen, denn was sich nach der Unterquerung der Freilassinger Straße vom Eisweiher ab als Bierwanderweg präsentiert, belohnt die anfängliche Enthaltsamkeit. Selbst der träge in der Sommerhitze brütende Weiher hat mit Bier zu tun, sorgte sein Eis doch einstmals dafür, dass die Herstellung des untergärigen Biers gelang und dass es bis in den

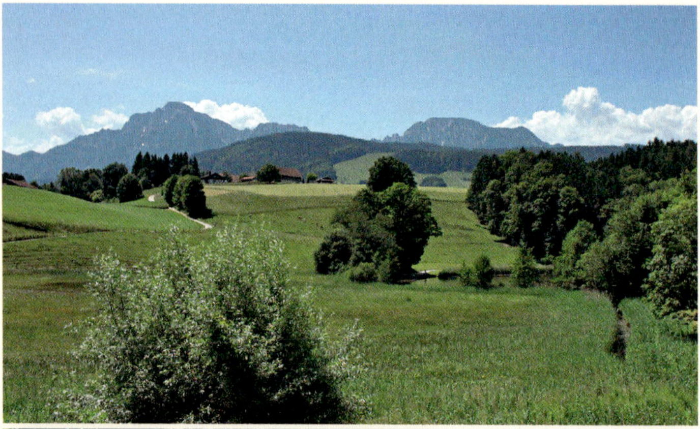

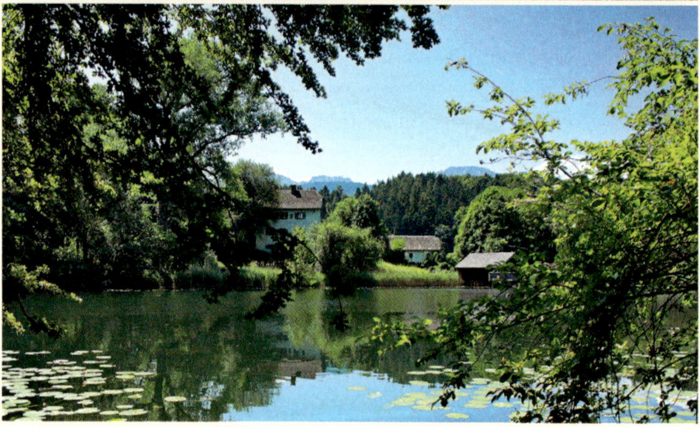

»Wandern gibt mehr Verstand
als hinterm Ofen sitzen.«

Paracelsus

Sommer hinein frisch hielt. Noch in den 1960er-Jahren kühlte man die Eiskeller der Brauerei mit Natureis aus den flachen Teichen.

Nach dem Eisweiher taucht der Weg in den Wald ein, streift die Infotafel zum Quellwasser und lässt eine kleine Kapelle links liegen. »Das Bier und der Glaube« sind hier das Thema. Dass Mönchen der Konsum von bis zu fünf Litern Dünnbier am Tag gestattet war, weiß man vielleicht, aber dass der Wein nicht weniger als 1543 Mal in der Bibel erwähnt wird, das Bier dagegen bloß 16 Mal – wer hätte es gedacht? Die Strecke, eine Verlängerung der Salzstraße, verlässt den Wald und führt erst leicht kurvig, dann eine Weile schnurgeradeaus durch schöne Sommerwiesen und am Hofgut Ramsau vorbei, dem ehemaligen Gutshof der Brauerei. An einer Kreuzung geht es links erneut in den Wald, einem kleinen Bach folgend, in leichtem Auf und Ab dahin und an einer Tafel zum Thema Bier und Wald vorbei.

Nach einigen Häusern fällt der Blick auf einen der Tour-Höhepunkte: das Kloster Höglwörth, einstmals auf einer Insel, inzwischen auf einer Halbinsel gelegen. Um 1125 gegründet, war das Stift der Augustiner-Chorherrn das letzte Kloster, das in Bayern nach der Säkularisation Bestand hatte. Man kann sich vorstellen, wie schwer es den Mönchen gefallen sein mag, ihr Kloster vor dem Panorama von Hochstaufen und Zwiesel zu verlassen. Hätte es damals schon den Klosterwirt mit seinem schönen Biergarten gegeben, sie hätten hier Trost gefunden. Aber die Gastwirtschaft besteht »erst« seit 150 Jahren – da waren die Mönche schon Geschichte.

Das Kloster samt Rokokokirche spiegelt sich im See, dem dritten Höhepunkt der Tour, sofern die Badesachen im Ruck-

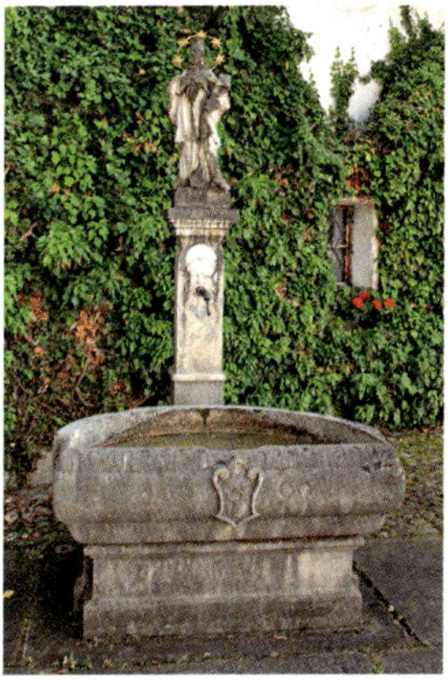

- ↑ **Schönstes Alpenvorland mit dem Hochstaufen im Hintergrund**
- ↓ **Der Höglwörther See verlandet zusehends.**
- → **Brunnen im Klosterinnenhof**

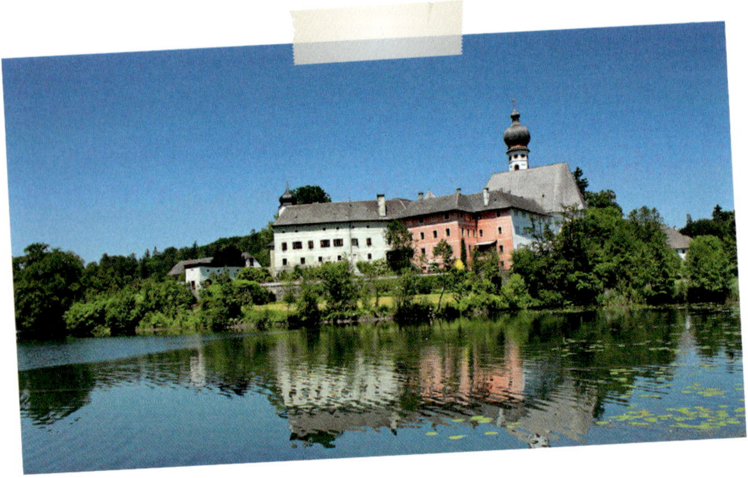

↑ **Teisendorfs schönstes Postkartenmotiv: das Kloster Höglwörth**

sack stecken oder doch wenigstens die Kamera. Der Höglwörther See ist ein Relikt des Saalachgletschers, der vor 10 000 Jahren abschmolz. Heute verlandet der See und bringt es wohl kaum noch auf die zehn Meter Tiefe, die ihm ein Schild bescheinigt. Egal, die Abkühlung ist perfekt und hält selbst für den kurzen, aber knackigen Anstieg vor, der links abzweigt und dem Högelwörther Seebach folgt: Die Kaskaden stürzen Richtung See, die Wanderer schwitzen nach oben. Dort angekommen, hält man sich rechts und folgt der Straße bergab, bis sie wieder auf den Wiesenweg trifft. Auf gleicher Strecke – das lohnt für alle Schilder, die man auf dem Hinweg verpasst hat – geht es an der Kapelle vorbei und durch den Wald zum Eisweiher und von dort direkt in den Ort zurück zur Brauerei.

Tipp

Zu den Sehenswürdigkeiten der Region gehören die für den Rupertiwinkel so typischen Schlackenhäuser. Oben meist mit Holzgeschoss, sind die Steinsockel schwarz gesprenkelt von Schlackebrocken. Sie fielen bei der Eisenerzverhüttung im Aschfahler Hochofen an – bis 1925. Abgekühlt und erstarrt, dienten die Brocken als gut isolierendes und leichtes Baumaterial.

AUF EINEN BLICK

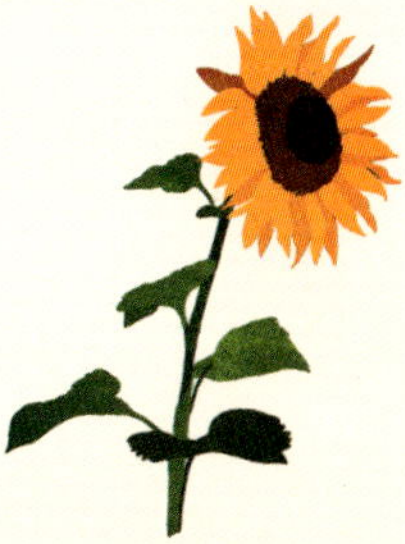

Tour 15: Tour für den Genuss

Dauer: 3 Std.

Höhenmeter: 80 Hm

Länge: 12,2 km

Schwierigkeit: Leicht

Tourencharakter: Nach unspektakulärem Beginn ab dem Eisweiher eine schöne Wandertour mit Schleife um den Höglwörther See und schöner Einkehrmöglichkeit im Klosterwirt

Ausgangs-/Endpunkt: Kostenloser Parkplatz Brunnpoint unterhalb der Kirche (500m); Startpunkt von Weg und Schildern an der Brauerei Wieninger

Anfahrt: **Pkw:** Auf der A8 bis zur Ausfahrt Neukirchen, dann Richtung Teisendorf. **Bahn/Bus:** Die Bayerische Regiobahn fährt 15 Mal am Tag von München nach Teisendorf.

Einkehr: Klosterwirt Höglwörth mit Biergarten, klosterwirt-hoeglwoerth.de

Karte: Kompass-Wanderkarte Nr. 794, Berchtesgadener Land, 1:25 000

Information: hwieninger.de, teisendorf.de, anger.de

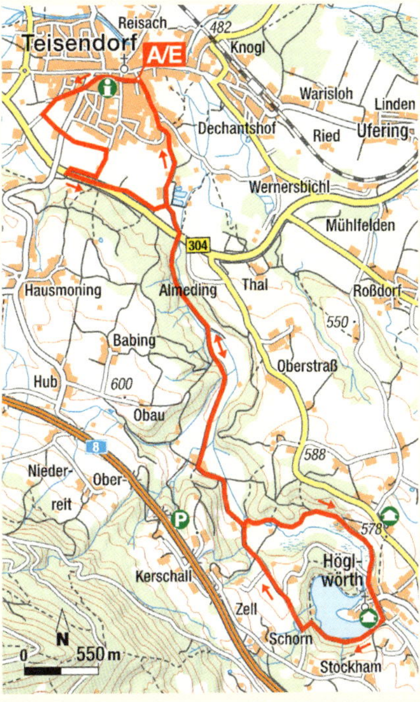

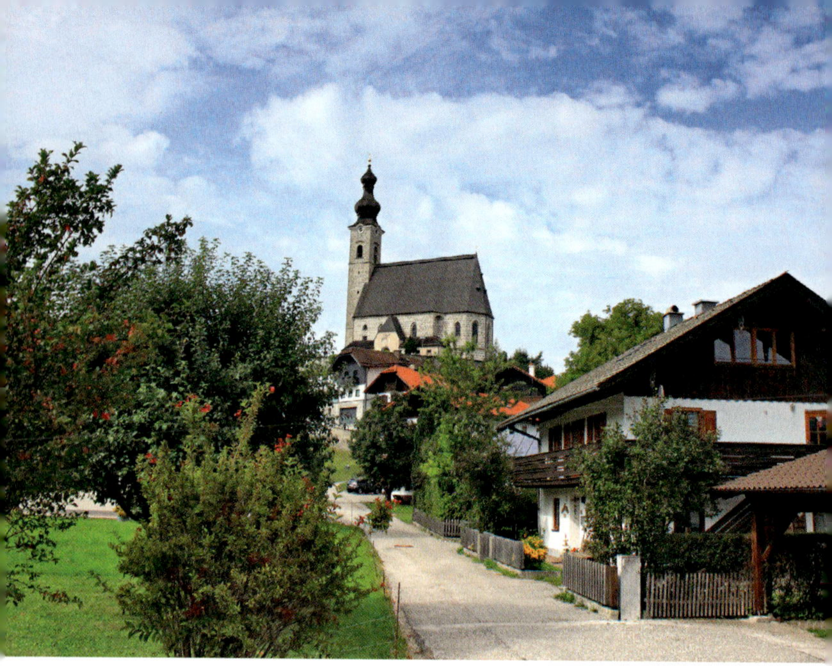

↑ Mariä Himmelfahrt überragt Anger. ↓ Dorfpanorama am ersten Anstieg

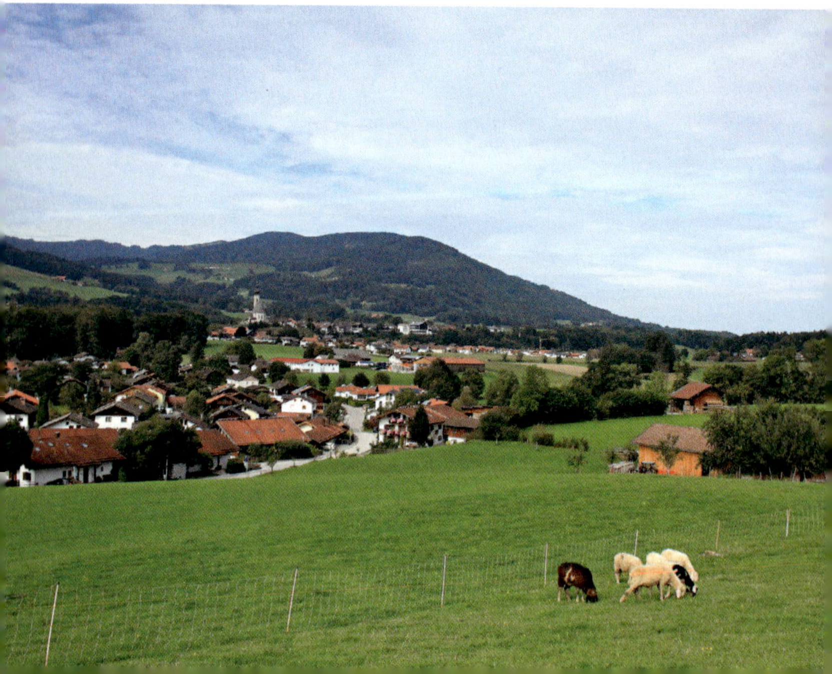

Tour
TOUR 16
ohne Uhr

VON ANGER AUF DEN HÖGL

Das Kontrastprogramm

Die Berge – vor allem in Gestalt des Hochstaufens – scheinen zum Greifen nah und bilden doch bei dieser Runde nur die Kulisse. Denn es geht hier allein um den Högl und eine seiner schönsten Aussichtsterrassen: die Stroblalm.

Wer jemals bis Salzburg auf der Autobahn gefahren ist, kennt Anger. Oder zumindest seine schmale, spätgotische Kirche Mariä Himmelfahrt, die auf einem Hügel mitten im Ort thront und von der A8 aus gut zu sehen ist. Unterhalb der grausteinigen Pfarrkirche startet die Wanderung auf dem Parkplatz Scheiterstraße. Nach einem Kilometer Richtung Osten führt links ein Trampelpfad zur Stoißer Ache ab. Ihm folgt man bis zur Brücke, überquert sie und geht in Moosbacherau bis zum Ende des Ortsteils. Nach etwa zehn Minuten zweigt links eine Straße zum Großöderhof ab. Sie geht in einen Kiesweg über, der ein kleines Waldstück kreuzt und dann auf der Straße mündet. Hier geht es rechts, zunächst auf der wenig befahrenen Straße entlang, auf der sich bereits die ersten herbstlichen Blätter der Alleebäume sammeln, bis nach etwa 500 Metern links ein Waldweg abzweigt.

Neben dem grobsteinigen Weg führt ein Trampelpfad im immer dichter werdenden Wald hügelan. Noch niemand ist an diesem Septembermorgen hier gegangen – feine Spinnenfäden überspannen die Einsamkeit. Dann macht der Pfad einen Bogen, der Wald wird lichter. Wieder im Freien, führt die Straße hinauf zur Stroblalm, die bereits zu erkennen ist. Mittwochs hat der grün getünchte Hof geschlossen, zum Glück ist die Aussicht an jedem Tag wunderbar: Sie reicht vom Hochthron über das Lattengebirge bis zum Hochstaufen, von fern schimmert Schnee auf dem Hochkönig, und sogar die Mittel- und die Südspitze des Watzmanns lassen sich blicken.

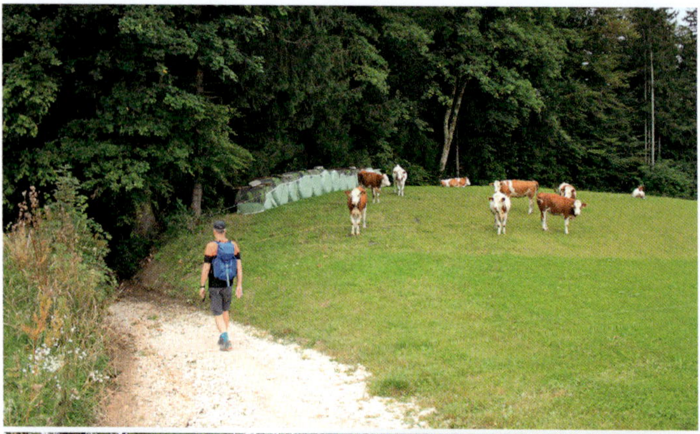

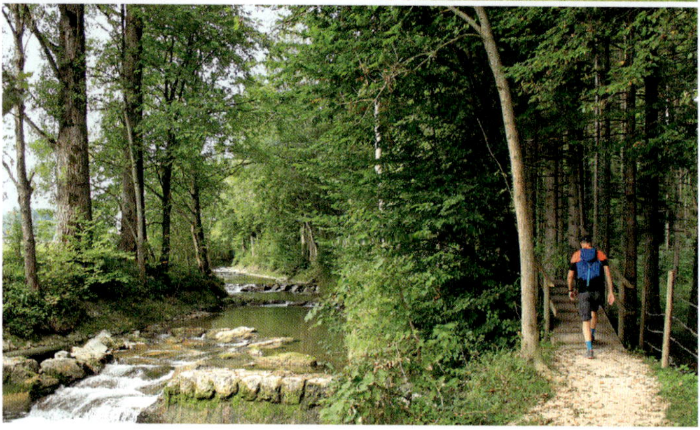

»And into the forest I go,
to lose my mind and to find my soul.«

John Muir

Für Pfadfinder fängt der Spaß jetzt erst an. Zwar lässt sich der Weg zur Neubichler Alm leicht finden – von der Straße nach gut zehn Minuten rechts in den Wald und über einen gepflegten Weg später links der Beschilderung folgen. Ein kurzes Stück geht es dann auf Asphalt zu der als Hotel-Restaurant aufgegebenen Neubichler Alm, die ein Sinnbild touristischer Vergänglichkeit abgibt mit den verlassenen Plastikstühlen auf den Terrassen und den Hotelschildern, die kein Gast mehr liest. Nach dem Aussichtsplatz auf die weite Ebene, wo es schwerfällt, die kuschelige Salzburger Altstadt im weiten Gewerbebrei auszumachen, wird es dann allerdings abenteuerlich: Zunächst geht es an einem Zeltplatz vorbei abwärts, dann vom Privatweg rechts auf einen Trampfelpfad. Der weitet sich, führt an einer Holzschranke vorbei und biegt links ab. Nach etwa zehn Minuten führt der Weg aus dem Wald heraus zu den Höfen von Sechshögler. Dort ist es Richtung Aufham nach rechts ausgeschildert. Ein helles Schotterband verläuft zwischen Weiden, Schmetterlinge umtanzen den spät blühenden Dost, der Weg verschwindet bald darauf im Wald. Dort zweigt ein Pfad talwärts ab, der später – nun wieder ausgeschildert – auf den Weg nach Aufham trifft. In großen Schleifen zieht er sich durch den Wald bergab und entlässt die Wanderer zum eigenen Erstaunen in Jechling, ein gutes Stück entfernt von Anger.

Von Jechling aus verläuft eine Panoramastrecke am Waldrand entlang, nach einer Weile gesellt sich auf der Höhe von Aufham die Stoißer Ache dazu. Jetzt weiß man sich grundsätzlich richtig, erfreut sich am Geplätscher und hört auch

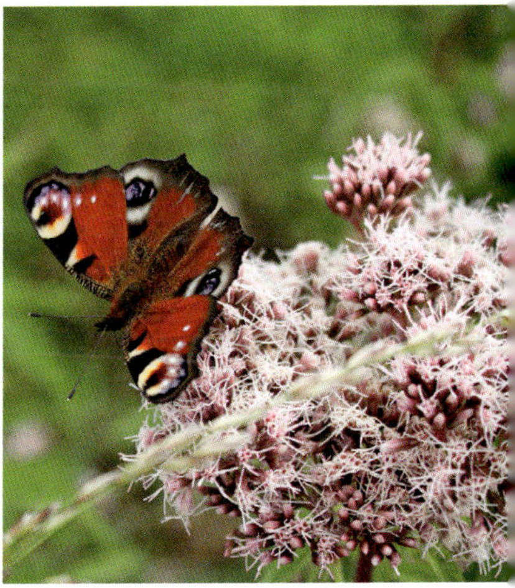

↑ **Hinter dem Örtchen Sechshögler führt ein grober Schotterweg an Weiden entlang.**
↓ **Die Stoißer Ache begleitet die letzten Wanderkilometer.**
→ **Ein Tagpfauenauge an der Nektarquelle**

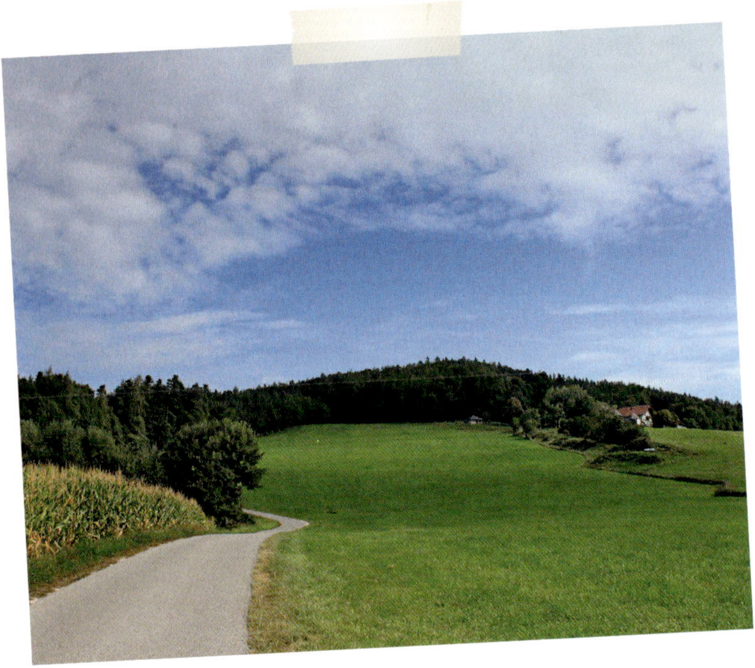

↑ **Die Stroblalm an den Hängen des Högls**

das Rauschen der nahen Autobahn nicht mehr. Eine gute Dreiviertelstunde später, an einer idyllischen Weide vorbei und nach einigem Auf und Ab durch den dichten Buchenwald, mündet der Weg auf der Brücke von Moosbacherau ein, wo es immer am Flüsschen entlang zurück Richtung Ortsmitte geht.

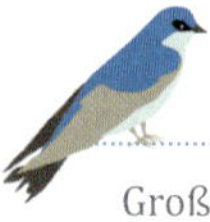

Tipp

Großvater Ferdinand widmete sich den großen Spielzeugen, der Enkel Hans-Peter Porsche sammelt mit Leidenschaft die kleinen Dinge: Blechspielzeug, Modelleisenbahnen, Stofftiere, Auto-, Flug- und Schiffsmodelle zeigt er in Anger. Allein die Anlage der Modelleisenbahn umfasst über 400 Quadratmeter, bis zu 40 Züge sind hier zeitgleich unterwegs. traumwerk.de

AUF EINEN BLICK

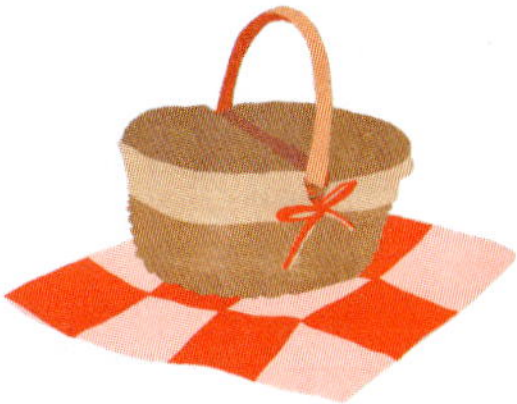

Tour 16: Tour ohne Uhr

Dauer: 4 Std.

Höhenmeter: 350 Hm

Länge: 15,5 km

Schwierigkeit: Leicht bis mittel

Tourencharakter: Eine grundsätzlich leichte Wanderung den Högl rauf und runter durch viel Wald – die Länge der Tour führt zur Einstufung »mittel«.

Ausgangs-/Endpunkt: Parkplatz Anger-Scheiterstraße (unterhalb der Kirche)

Anfahrt: **Pkw:** Auf der A8 bis zur Ausfahrt Anger, dann gleich die erste links. Die Scheiterstraße führt in einem Bogen um den Kirchberg herum, nach ca. 1 km kommt rechts der kostenfreie Parkplatz.
Bahn/Bus: Ab dem Bahnhof Teisendorf mit dem Bus 829 bis zum Dorfplatz von Anger

Einkehr: Strobl-Alm, anger.de

Karte: Kompass-Wanderkarte Nr. 14, Berchtesgadener Land & Chiemgauer Alpen, 1:50 000

Information: berchtesgaden.de, anger.de

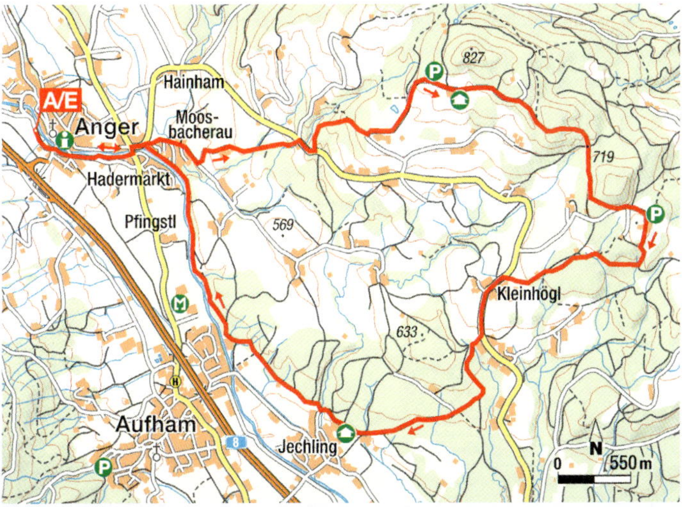

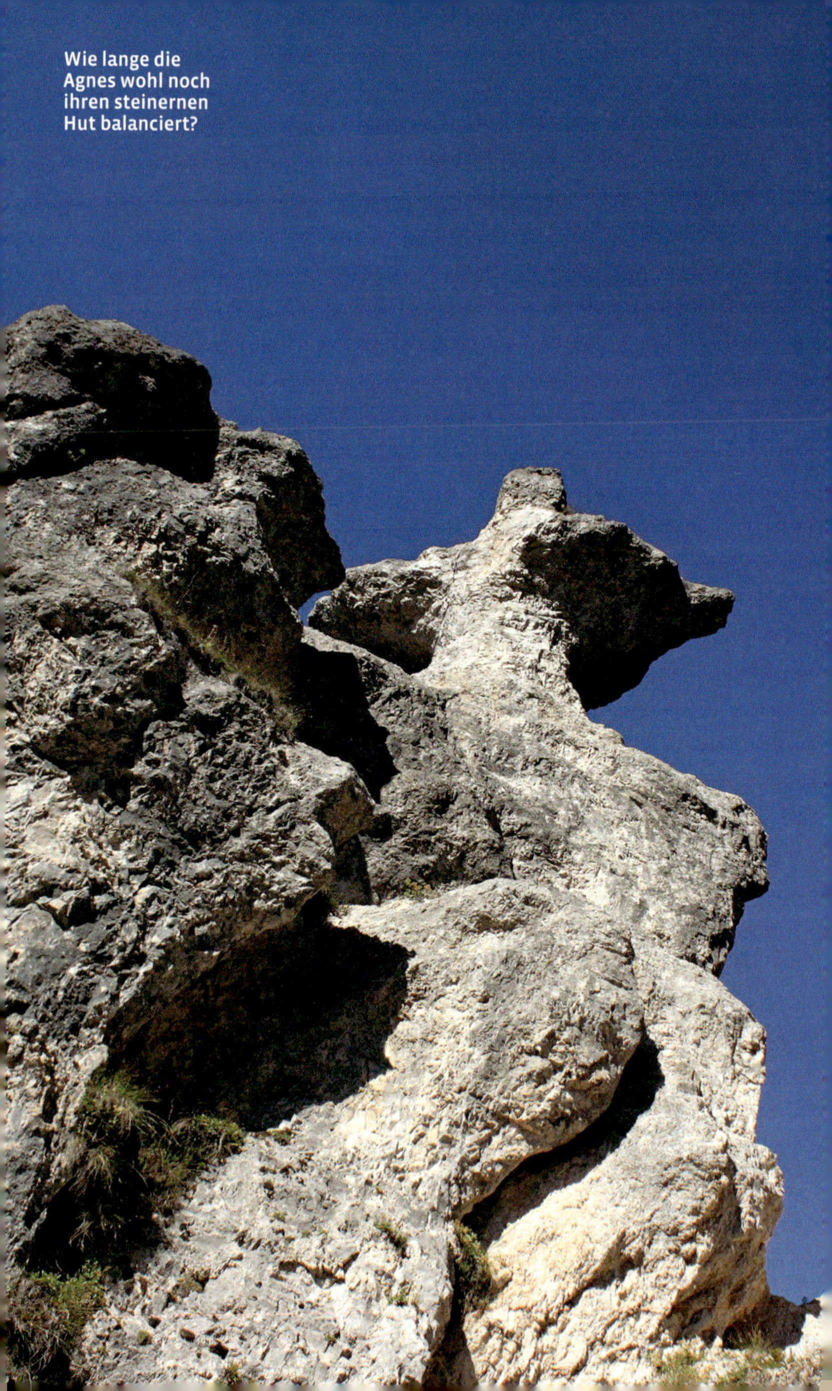

Wie lange die Agnes wohl noch ihren steinernen Hut balanciert?

STEINERNE AGNES UND PREDIGTSTUHLBAHN

Tour
TOUR 17
der Stille

Einmal von allem, bitte!

Wer glücklich wandern will, braucht Ziele – auf dieser knapp fünfstündigen Wanderung sind es gleich zwei. Und zwischen der Steinernen Agnes und der Bergstation der Predigtstuhlbahn liegen gut gehbare Pfade jeglicher Couleur.

Diese Tour ist eine Überschreitung – deshalb bedarf es einiger Planung im Vorfeld. Legt man beide Strecken mit dem Bus zurück, parkt man ein Auto irgendwo und pendelt dazwischen mit dem Bus? Oder gibt es eine gute Seele, die einen absetzt und dann an der Predigtstuhlbahn parkt und hochfährt? Wie auch immer: Die Route ab dem Wanderparkplatz Hallthurm lohnt die logistische Verrenkung!

Zunächst geht es auf einem breiten Weg bergan, dann biegt rechts ein Pfad in den Wald. Ihn verlässt man die nächsten Stunden nicht mehr, sondern folgt ihm über Wurzeln und auf zahlreichen Serpentinen durch den lichten Bergwald, den überall Sonnenstrahlen durchdringen. Bis zum Kreuz für zwei gestorbene Bergfreunde verläuft der Anstieg moderat, danach etwas steiler. Ein kleiner Abzweig bietet einen herrlichen Blick auf die senkrechten Flanken des Vorderen Rotofen und bis weit ins Flachland.

Am Rotofensattel ändert sich das Bild: Der Pfad behält fürs erste seine Höhe. Links und rechts wuchern grüne Seggen, Arnika und Kugelblumen tragen letzte Blüten, mal geht es über einen kleinen Bach, mal eine kurze Steigung hoch, über Wurzeln und eng an Baumstämmen vorbei. Die Aussicht auf die Berchtesgadener Berge ist fantastisch! Nach etwa 40 Minuten kündigen Schilder die Steinerne Agnes an, angeblich eine fromme Sennerin, die sich lieber zu Ramsau-Dolomit versteinern ließ als sich vom Teufel

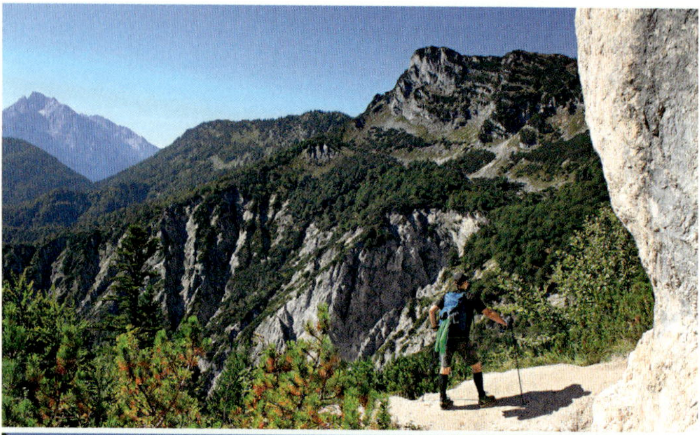

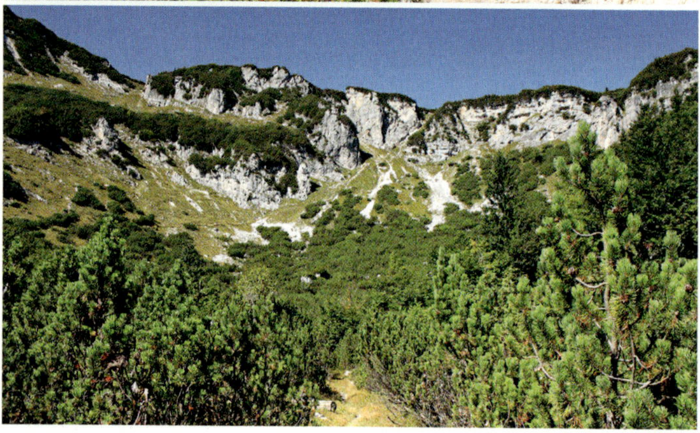

»Gut geht, wer ohne Spuren geht.«

Laotse

verführen zu lassen. Rund 15 Meter hoch ragt eines der schönsten Geotope Bayerns auf; wer die Agnes mit ihrem schweren steinernen Hut auf ein Foto bannen möchte, kann sich beim Hochkraxeln auf dem ausgewaschenen Abzweig von der bröseligen Beschaffenheit des Dolomits überzeugen.

Zurück auf dem Pfad geht es noch eine Weile weiter am Hang entlang, das letzte Stück durch schattigen Buchenwald. Dann öffnet sich das Gelände, und die nächste Veränderung steht an. Auf einer Wiese weist der Weg zum Predigtstuhl, angegeben mit zwei Stunden Gehzeit, nach oben. In Serpentinen zieht er sich nun durch Bergahorn und Latschen den Hang hinauf, dabei werden ordentlich Höhenmeter bewältigt. Schließlich flacht die Landschaft ab und der Pfad verläuft über Wiesen und Latschen in den Kessel eines traumhaft schönen Hochtals. Er leitet auf der in der vollen Sonne liegenden linken Talseite kontinuierlich nach oben in die Mulde zwischen Dreisesselberg und Karkopf, dem höchsten Gipfel des Lattengebirges. Oben angelangt, weisen die Schilder links zum Predigtstuhl.

Die Höhenmeter sind hier beinahe komplett geschafft, nun gilt es noch, Strecke zu machen. Zunächst verläuft die Route vorbei an duftenden Latschen, passiert den Abzweig zum Karkopf und wechselt fast unmerklich die Blickrichtung: Nun schaut man weit auf die Gipfel Richtung Süden und Westen. Nah am Grat, aber gänzlich ungefährlich, zieht sich der Weg

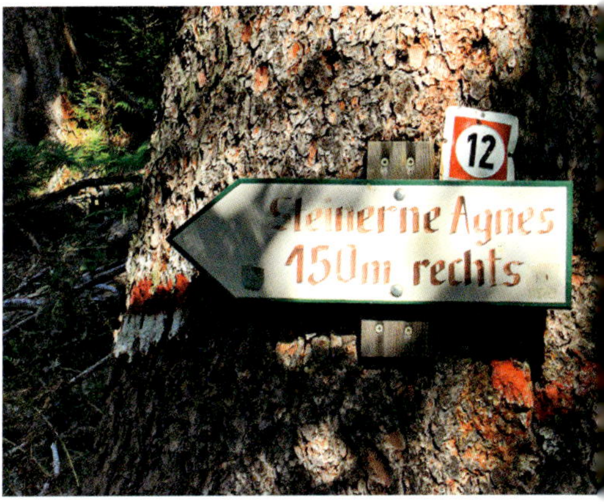

↑ Die letzten Höhenmeter vorm Gipfelplateau
↓ Unterhalb der Steinernen Agnes bietet sich ein schöner Blick auf den Karkopf.
→ Ein kleiner Abstecher vom Weg führt zur Steinernen Agnes.

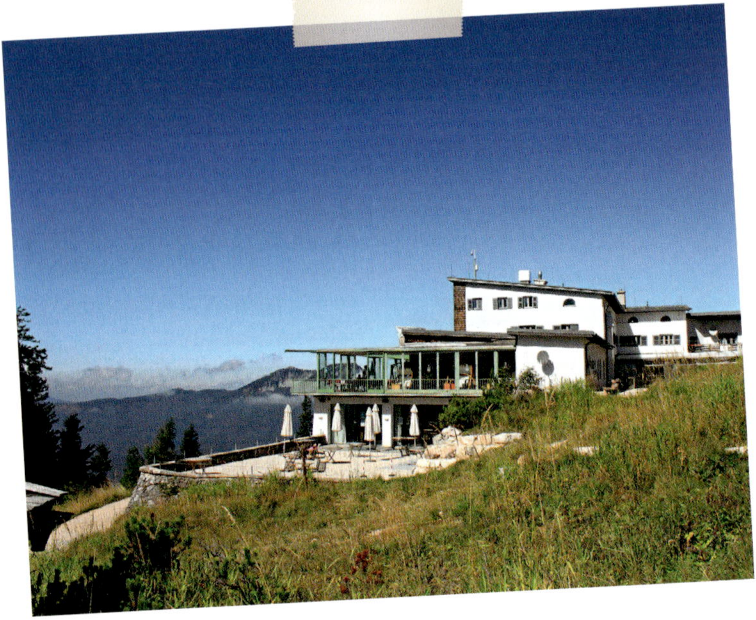

↑ **Hübsch nostalgisch: die Predigtstuhlbahn**

dahin, nach rechts gibt es immer mal wieder Durchblicke auf die schroffe nördliche Seite. Beinahe unvermittelt taucht der Hochschlegl samt Kreuz auf (1688 m), den man als kleinen Gipfel dankend mitnimmt. Parallel zum alten Einersessellift geht es abwärts in die Schlegelmulde mit bewirtschafteter Hütte, dann links über einen gemütlichen Weg mit Breitbandblick zur Bergstation der Predigtstuhlbahn.

Tipp

Kann eine Seilbahn süß sein? Sie kann. Die Predigtstuhlbahn, gebaut 1927/28, ist die älteste original erhaltene Großkabinenseilbahn der Welt, und sie steht als einzige unter Denkmalschutz. Das gilt auch für das unvergleichlich stilvolle Bergrestaurant mit Resopalboden, gepolsterten Lehnstühlen im Windsor-Stil und geschwungener Bartheke. predigtstuhlbahn.de

AUF EINEN BLICK

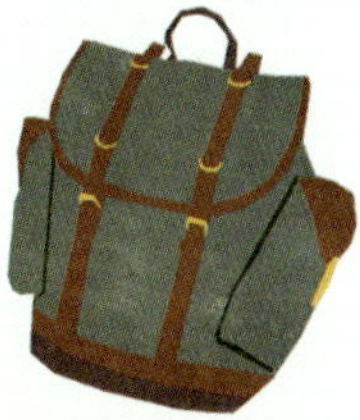

Tour 17: Tour der Stille

Dauer: 4.45 Std.

Höhenmeter: 1210 Hm/30 Hm (1107 Meter mit der Seilbahn)

Länge: 10 km

Schwierigkeit: Schwer

Tourencharakter: Die Steinerne Agnes ist nur einer der Höhepunkte dieser traumhaft schönen Bergtour; die Talfahrt mit der historischen Predigtstuhlbahn ein weiterer.

Ausgangs-/Endpunkt: Wanderparkplatz zwischen Winkl und Hallthurm (690 m)/ Predigtstuhlbahn Talstation (476 m)

Anfahrt: **Pkw/Bahn/Bus:** Diese Tour funktioniert nur mit dem Bus auf der Hinfahrt und einem in Bad Reichenhall abgestellten Auto für die Rückfahrt, sofern man nicht erneut den Bus nimmt. Ab Berchtesgaden fährt die Linie 841 über die Haltestellen Winkl und Hallthurm bis Bad Reichenhall. Ab Hallthurm dauert der Fußweg zum Startpunkt am Wanderparkplatz ca. 15 Minuten.

Einkehr: Restaurant Predigtstuhlbahn und Almhütte Schlegelmulde, predigtstuhlbahn.de

Karte: Kompass-Wanderkarte Nr. 14, Berchtesgadener Land & Chiemgauer Alpen, 1:50 000

Information: bad-reichenhall.de, predigtstuhlbahn.de

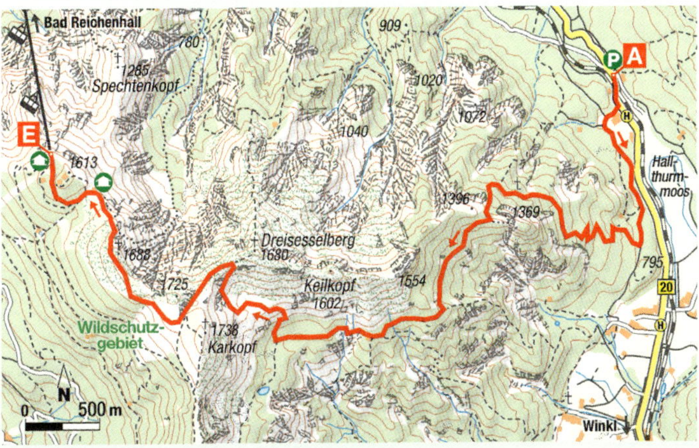

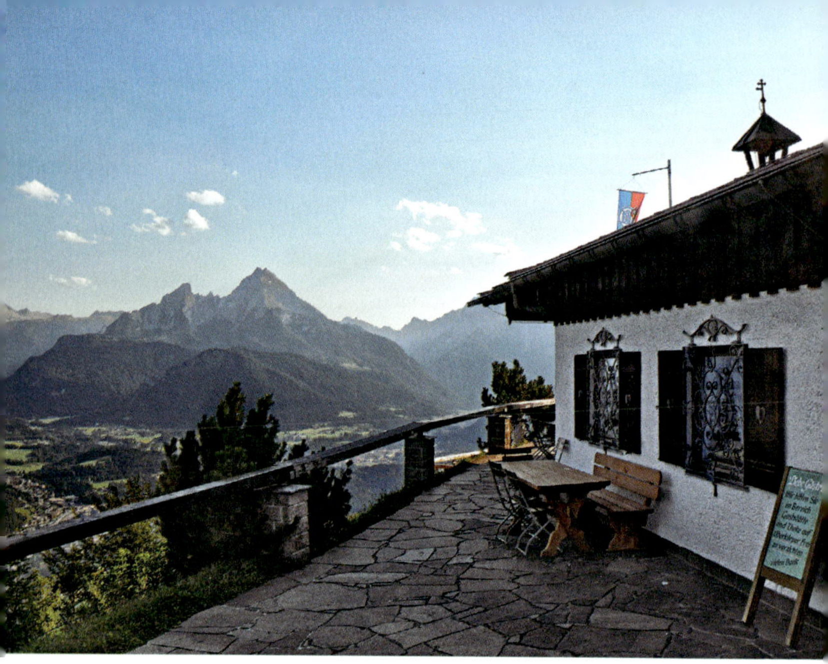

↑ Premiumsicht auf den Watzmann ↓ Über die Alm zur Marxenhöhe

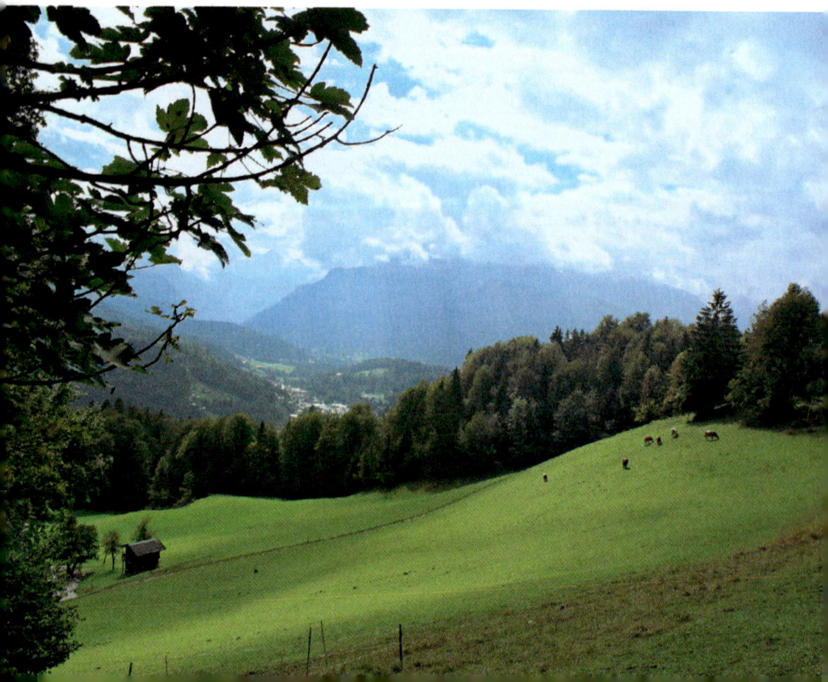

KNEIFELSPITZE

Tour für TOUR 18 den Genuss

Zur Königsloge

Die kurze, aber steile Tour auf die Kneifelspitze belohnt mit herrlicher Aussicht und wenn die Sonne nicht scheint, mit Wolkentheater. Für den Fall, dass der Watzmann gegenüber partout die Nebelmütze auf dem Kopf behält, tröstet der Germknödel des Berggasthofs.

Das Schild hinterm Kirchlein Maria Gern kündigt 29 Prozent Steigung an. Das ist eine Menge, sollte aber nicht abschrecken. Denn der schnelle Aufstieg auf die Kneifelspitze bietet natürlich den Vorteil, dass sich die Tour kurzfristig einschieben lässt. Nach fünf Minuten auf der Asphaltstraße kommt der entscheidende Abzweig: entweder rechts über eineinhalb Stunden und die Marxenhöhe oder links entlang in schlanken 75 Minuten. In der Hoffnung, dass sich bis zum Abstieg über die längere Strecke die Wolken verzogen haben werden, erscheint der linke Weg als bessere Option. Bis zum Lauchlehen geht es auf der Straße bergan, dann erst über die Wiese und später durch den Wald auf einem Kiespfad weiter. An einer Alm biegt der Weg nach links, bis er sich rechts nach einem Wegweiser in vielen Kehren aufwärts windet. Ein weiteres kurzes und steiles Stück Straße folgt – und der Gipfel auf 1189 Metern Höhe ist erreicht.

Das Gipfelkreuz mit dem Edelweiß fehlt in keiner Berchtesgaden-Fotostory. Idealerweise zeigt sich der Watzmann dahinter, heute hält er sich bedeckt, während die Sonne über dem Ort hier und da Spots anknipst. Trotz angekündigter Salzburg-Sicht, rund 200 Meter und einen guten Germknödel entfernt, lässt sich die Stadt nicht blicken. Der Abstieg geht jetzt über die alternative Route, erst auf breitem Fahrweg durch den Wald, dann über ein kurzes, asphaltiertes Stück, bevor rechts Richtung Marxenhöhe ein Pfad abzweigt. Nach einem kleinen Waldanstieg öffnet sich eine herrliche Wiese, bestanden mit vielstämmigen Buchen und Haselsträuchern. Nach der Alm führt links der Abstecher zum Aussichtspunkt. Wenn

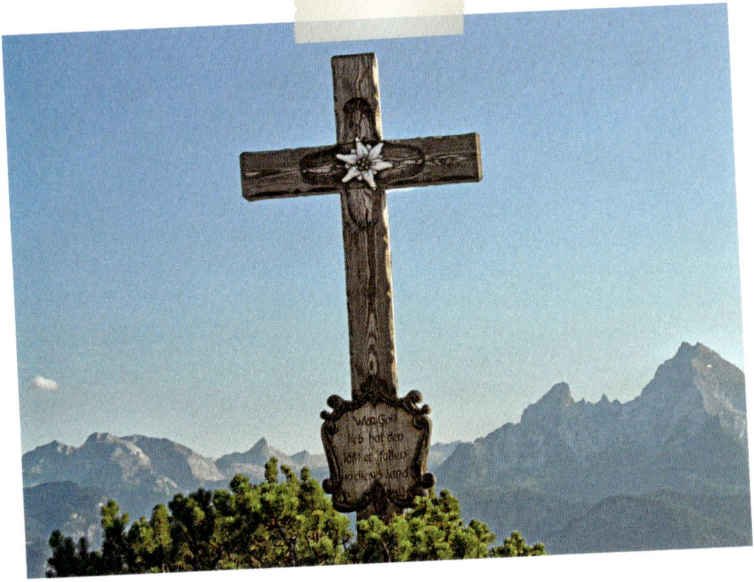

↑ **Edelweiß und Watzmann – der Gipfel geizt nicht mit Klischees.**

die Kneifelspitze die Königsloge ist, gebührt der Marxenhöhe der erste Rang. Wie schön muss es gewesen sein, angesichts dieser Aussicht zu schaukeln! Leider setzte ein Sturm der »Hutschn« beziehungsweise ihrem Baum ein Ende. Über einen schön gekiesten Waldweg gelangt man schließlich zur anfänglichen Entscheidungsstelle und steht fünf Minuten später wieder vor dem Wallfahrtskirchlein Maria Gern.

Tipp

Die Kneifelspitze liegt als Hausberg der Berchtesgadener ortsnah – und eignet sich deshalb und wegen der vergleichsweise geringen Höhe für den ausgedehnten Nachmittagsspaziergang, vielleicht samt stimmungsvollem Abendhimmel. Auch morgens kann der Aussichtsbalkon auf 1190 Metern entzücken: wenn Nebel durchs Tal zieht, aber die Sonne schon den Watzmann küsst.

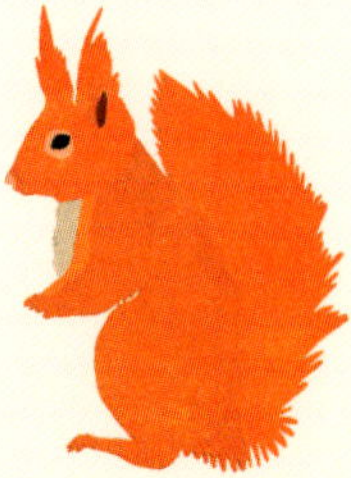

AUF EINEN BLICK

Tour 18: Tour für den Genuss

Dauer: 2.30 Std.

Höhenmeter: 450 Hm

Länge: 2,7 km/3,6 km

Schwierigkeit: Mittel

Tourencharakter: Eine angenehme kleine Wanderung mit tollem Blick-Effekt – wenn's der Watzmann will!

Ausgangs-/Endpunkt: Parkplätze an der Gerner Straße, Kirche Maria Gern (740 m)

Anfahrt: **Pkw:** Auf der A8 bis zur Ausfahrt Piding/Bad Reichenhall, dann auf die B20 und die B21 nach Berchtesgaden. Auf Höhe des Salzbergwerks links über die Locksteinstraße nach Maria Gern
Bahn/Bus: Mit der Bahn zum Bahnhof in Berchtesgaden oder bis Salzburg Hauptbahnhof. Von dort fährt jeweils die Buslinie 840 nach Maria Gern.

Einkehr: Berggaststätte Kneifelspitze, kneifelspitze-berchtesgaden.de

Karte: Kompass-Wanderkarte Nr. 14, Berchtesgadener Land & Chiemgauer Alpen, 1:50 000

Information: berchtesgaden.de

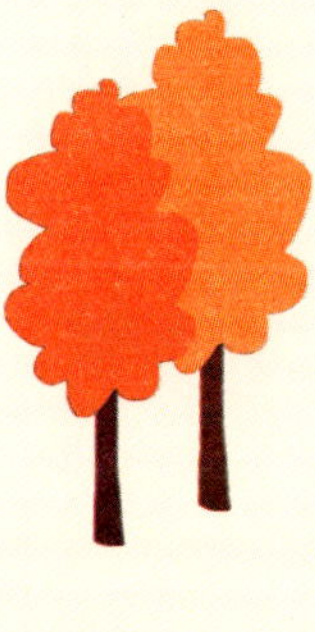

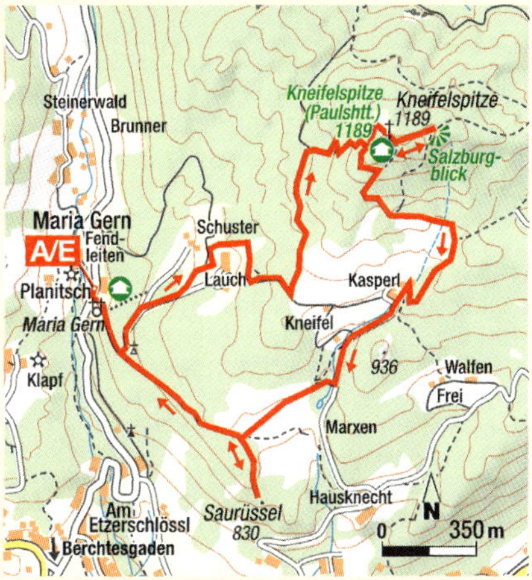

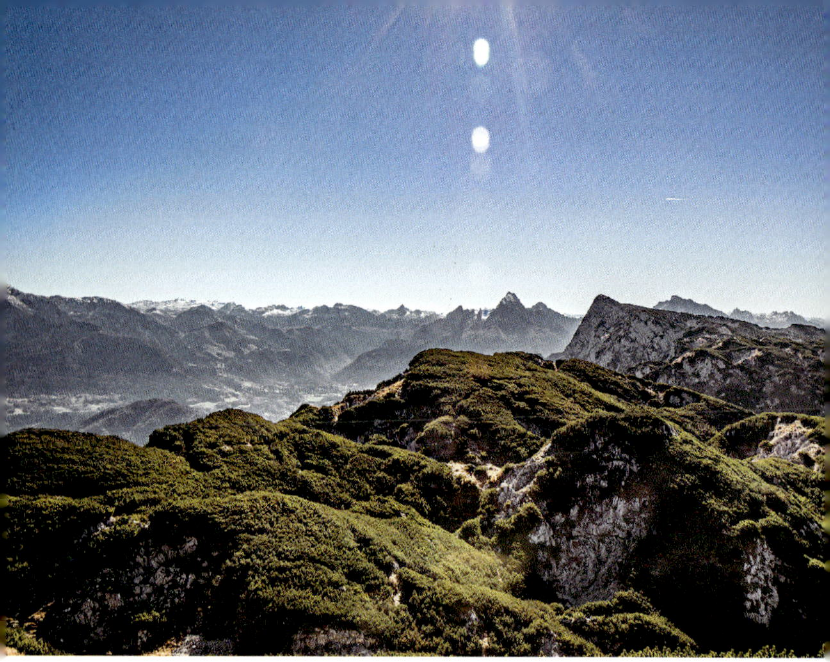

↑ Fantastische Fernsicht vom Grat ↓ Einkehr mit Ausblick am Stöhrhaus

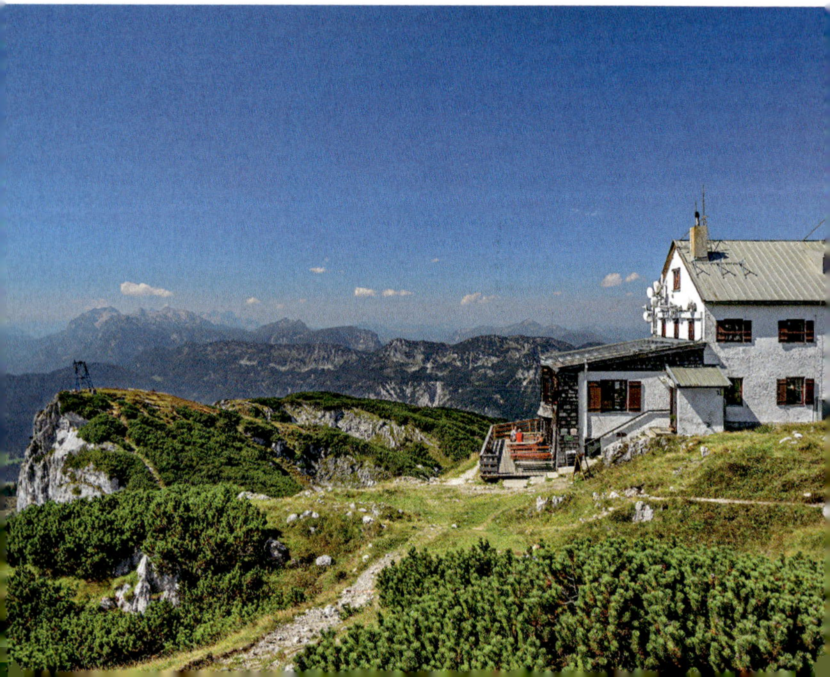

Tour
TOUR 19
ohne Uhr

UNTERSBERG-ÜBERSCHREITUNG

Eine Gratwanderung

Ein süßer kleiner König ist der Werbeträger der Untersberger Seilbahnen mit ihrer Talstation im österreichischen Grödig. Sie bringen die Wanderer einer Untersberg-Überschreitung aufs Geiereck in 1804 Metern Höhe. Fürs Wetter sind sie natürlich nicht verantwortlich – aber vielleicht hat der König seine Finger im Spiel.

Auch wer grundsätzlich glücklich wandert, kann mal Pech haben. Beispielsweise, wenn die Vorhersage ordentliches Wetter ankündigt, das sich daran aber nicht halten mag. Zweckoptimismus hat im Hochgebirge nichts verloren, stattdessen gehören immer warme Sachen in den Rucksack – selbst während einer Schönwetterperiode im Wandermonat September. Wen es bei der Untersberg-Überquerung neblig und kalt erwischt, der verpasst eine sagenhafte Fernsicht einerseits auf den Salzburger Talkessel und andererseits auf die Berchtesgadener Berge. Und auch der Weg durch die karstige Mittagsscharte erweist sich dann als schwierig, weil rutschig. Schön ist er trotzdem.

Von der Bergstation der Untersbergbahn geht es zunächst auf breiten Wegen dahin, Tafeln erklären die außergewöhnliche Natur, Stellung und Geschichte des 70 Quadratkilometer großen Bergriegels. Eine kleine Holztreppe führt bald nach rechts übers Steinlabyrinth und raus aus der Komfortzone. Ab jetzt geht es auf dem Gratweg beständig auf und ab, gleich zu Beginn auf den 1853 Meter hohen Salzburger Hochthron. Leider bleibt die Betrachtung der Umgebung für heute vernebelt. Nach etwa 30 Minuten ist die Mittagsscharte erreicht, deren gewaltige Dimension erst beim Durchsteigen deutlich wird. An allen Wegkreuzungen Richtung Stöhrhaus halten – die Gefahr, sich zu verirren, wirkt sehr real im Nebel!

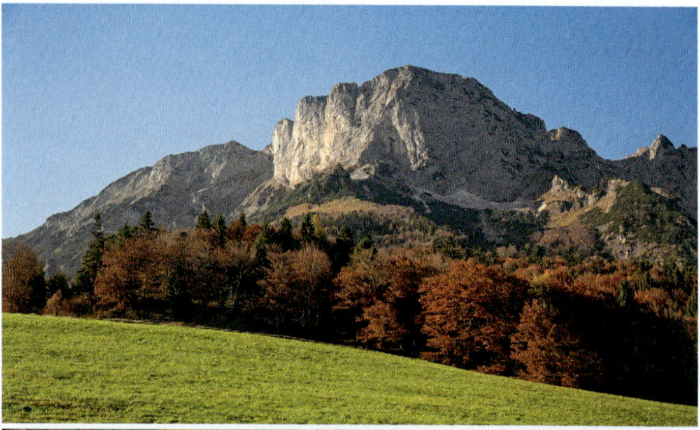

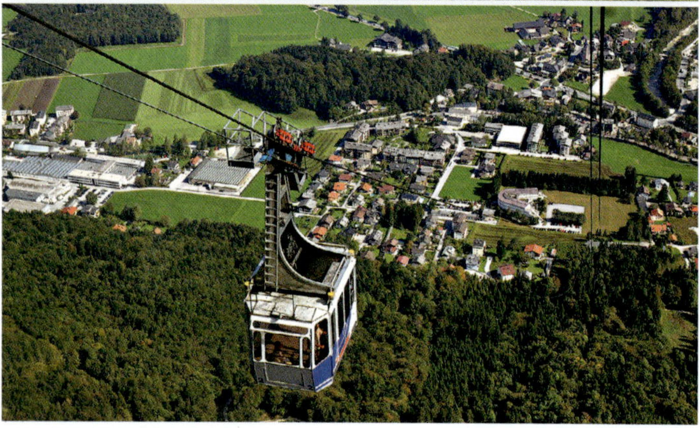

»Ich habe mir meine besten Gedanken
ergangen und kenne keinen Kummer,
den man nicht weggehen kann.«

Søren Kierkegaard

Angeblich schläft Karl der Große im Untersberg, und er schaut alle 100 Jahre nach, ob noch immer die Raben um den Gipfel kreisen. Tun sie das, schlummert er ein weiteres Jahrhundert. Auch Friedrich Barbarossa wird in den Berg gedichtet. Dort sollen ihm Musikanten vier Tage lang vorgespielt haben. Er entlohnte sie mit einfachen Zweigen. Drei der Musiker warfen ihren Lohn fort und wurden vom Blitz erschlagen, dem vierten verwandelten sich die Äste zu Gold. Ein Gebirgsstock also, in dem Kaiser weilen – da versteht es sich von selbst, dass er Respekt fordert.

Nur eine Viertelstunde unterhalb des Berchtesgadener Hochthrons (mit 1972 Metern der höchste Gipfel des Massivs) naht nach immerhin sechs Kilometern Wegstrecke Rettung vor der Kälte: das Stöhrhaus auf 1894 Metern. Von hier aus bietet sich im Schönwetterfall eine herrliche Sicht auf die markanten Gipfel der Umgebung, besonders zum Sonnenauf- und -untergang. Wer im Stöhrhaus übernachtet, hat die Chance, beide zu sehen.

Nach der Kaspressknödelsuppe kann der zweite Teil des Hochthron-Unternehmens beginnen: der lange Abstieg. Er führt zunächst in Serpentinen bergab, dann ein Stück stracks über eine Alm, bevor der Weg erst zwischen vereinzelten Bäumen und über eine weitere Alm verläuft und dann in den Wald abtaucht. An mächtigen Steilwänden entlang geht es über ungezählte Serpentinen abwärts. »Knieschnackler« nennen die Einheimischen den gelenkfordernden Pfad.

Unten im Wald herrscht atemlose Stille. War weiter oben Straßenlärm zu hören, schluckt nun der Laubwald die Geräusche. Ein gekiester Weg, den der letzte starke Regen versehrt und teilweise

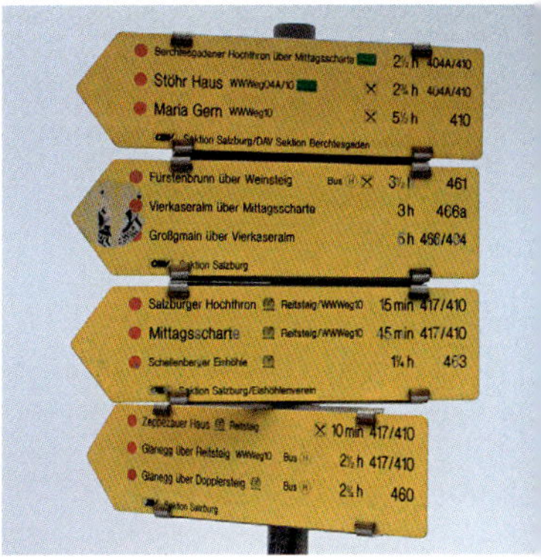

↑ **Der mächtige Block des Untersbergs**
↓ **Die Seilbahn fährt von Grödig aus zum Geiereck.**
→ **Vielfältige Wandermöglichkeiten – wenn der Nebel nicht wäre**

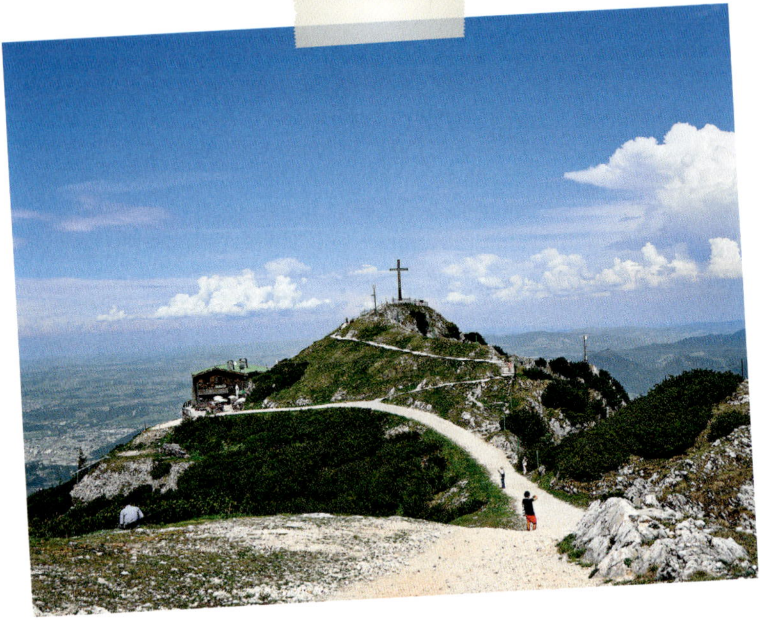

↑ **Der Salzburger Hochthron misst 1853 Meter.**

komplett ausgewaschen hat, geleitet nun sanfter zu Tal bis zu einem Fahrweg, der in 20 Minuten in Winkl und schließlich an der Bushaltestelle endet. Übrigens: Wenn man von Winkl auf dem gleichen Weg hochsteigt, werden fünf Stunden Gehzeit zum Stöhrhaus veranschlagt, zum Salzburger Hochthron kommen nochmals zwei dazu. Auch diese Variante ist also gut zu überdenken!

Tipp

Der Marmor (er ist beispielsweise im Salzburger Dom verbaut) und die Höhlen sind weitere Attraktionen des nördlichsten Massivs der Berchtesgadener Alpen. Bekannt sind die Riesending-Höhle und die Schellendorfer Eishöhle: Deutschlands größte Eishöhle mit 60 000 Kubikmeter Eisvolumen kann bei einer Führung besichtigt werden. eishoehle.de

AUF EINEN BLICK

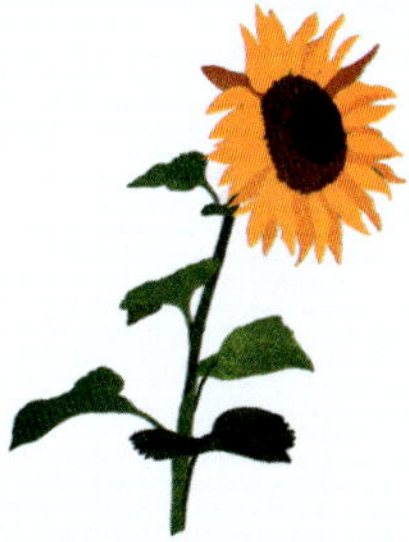

Tour 19: Tour ohne Uhr

Dauer: 5.30 Std.

Höhenmeter: 300 Hm (1320 Hm per Seilbahn)/1430 Hm

Länge: 12,5 km

Schwierigkeit: Schwer

Tourencharakter: Herrliche Hochtour über den prominenten Gipfelzug

Ausgangs-/Endpunkt: Bushaltestelle Grödig (456 m)/Haltestelle Winkl (665 m)

Anfahrt: **Pkw/Bahn/Bus:** Mit dem Bus ab Berchtesgaden ZOB in der Linie 840 zur Talstation der Untersbergbahn in Grödig/Österreich. Zurück ab Hallthurm oder Winkl mit der Linie 841 bis Berchtesgaden ZOB.

Einkehr: Störhaus, stoehrhaus.de

Karte: Kompass-Wanderkarte Nr. 14, Berchtesgadener Land & Chiemgauer Alpen, 1:50 000

Information: berchtesgaden.de

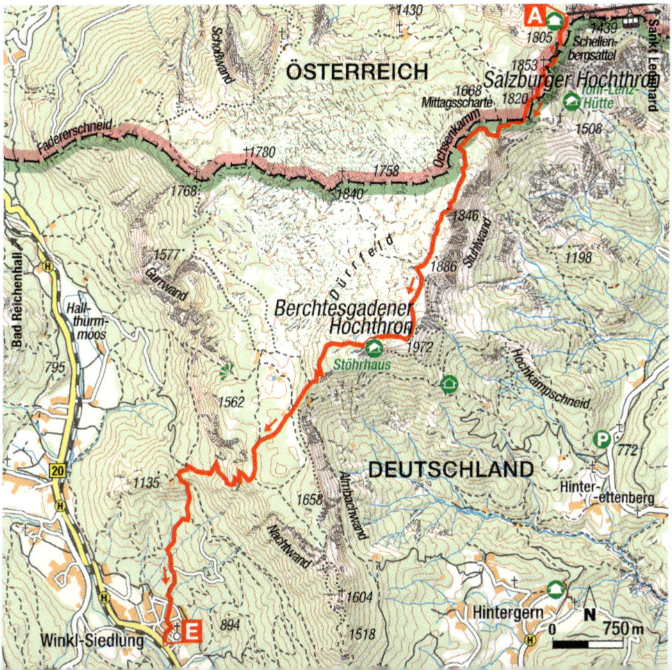

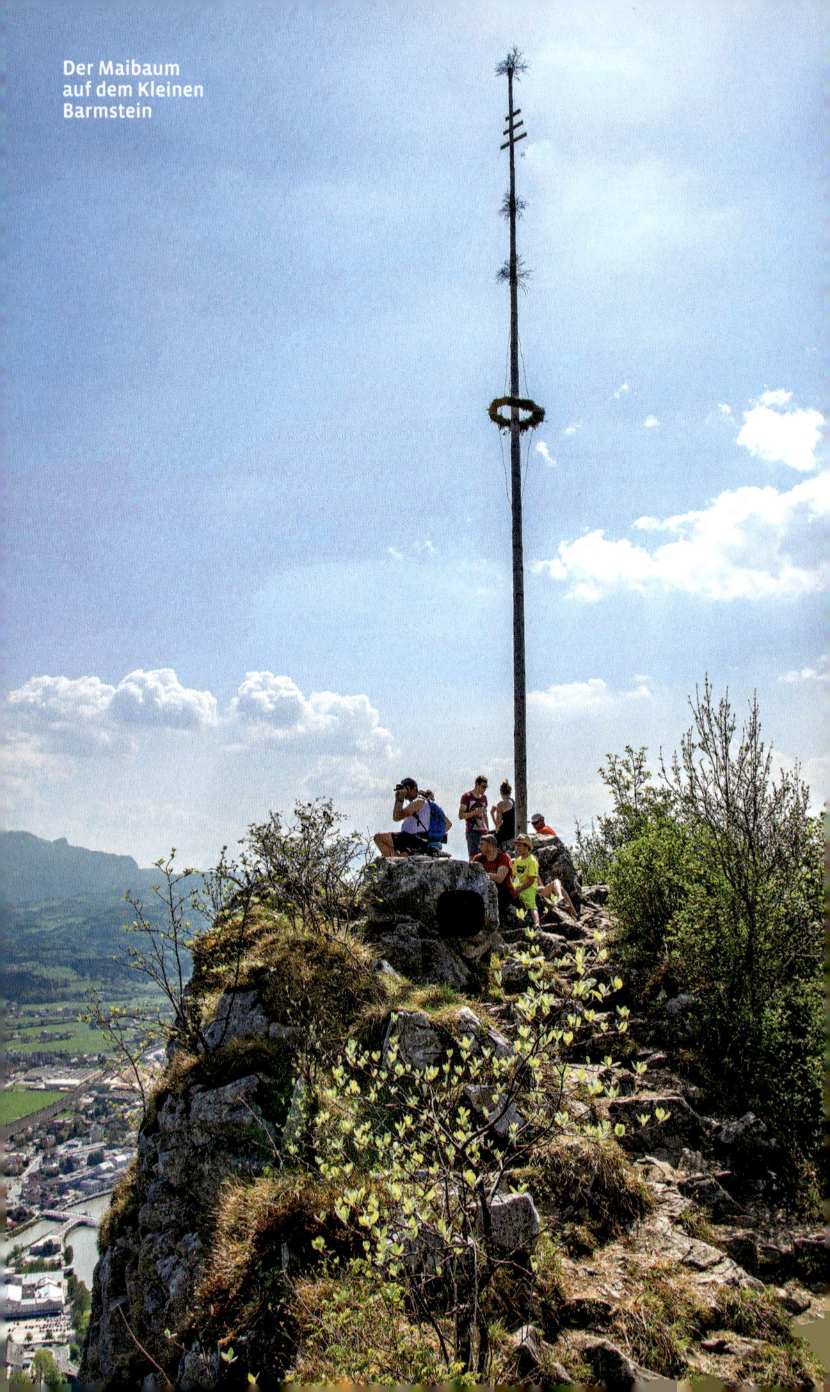

Der Maibaum
auf dem Kleinen
Barmstein

Tour TOUR 20 der Stille

BARMSTEINE MARKTSCHELLENBERG

Der Kick für Kletterkünstler

Bei dieser Rundtour ist der Weg das Ziel, denn die Barmsteine selbst kann nur erklimmen, wer Kletter-Erfahrung mitbringt. Überraschungen hält aber auch die Wald- und Wiesenstrecke bereit – und ein echt einsames Geherlebnis. Ein Tipp für neblige Vormittage!

Begegnungen während drei Stunden Wanderzeit: null, ein paar Schafe und Pinzgauer Rinder nicht mitgerechnet. Das kann man mögen oder öde finden, ungewöhnlich ist es gemessen am allgemeinen Aufkommen im Urlaubsgebiet auf jeden Fall. Vom Startpunkt an der Berchtesgadener Ache geht es über die B305 und rechts vom früheren Gasthof Forelle die Messerergasse hoch. Am letzten Haus auf der linken Seite zweigt der Pfad ab, der zunächst über Stufen verläuft und dann über eine steile Wiese mit schönen Aussichtsbänken auf Marktschellenberg. Der Weg endet auf einer Straße, der man links Richtung Köpplschneid folgt. Eine Weile geht es bergan an schönen Höfen vorbei, hinter dem letzten zweigt ein Wiesenweg ab, der durch ein Gatter und über eine Schafweide führt.

Dann taucht der Weg in den Wald ein und verlässt ihn für die nächste Stunde nicht mehr. Ansteigend bis zu einem ungefährlichen Grat im Buchenwald, muss man sich an der Gabelung rechts halten. Genau auf der bayerisch-österreichischen Grenze balanciert der Stein- und Wurzelpfad, stimmungsvoll in Nebel gehüllt. Am nächsten Abzweig geht es rechts weiter am Waldhang entlang, bevor sich der Weg auf eine satte Wiese öffnet.

Links von zwei Höfen mit hübschen Bauerngärten setzt dann die Runde um die beiden Barmsteine an. Nach einem kurzen Gang über Wiese und Wald ragt der größere (851 m) »Bamstoa« als gewaltiger Felsklotz empor.

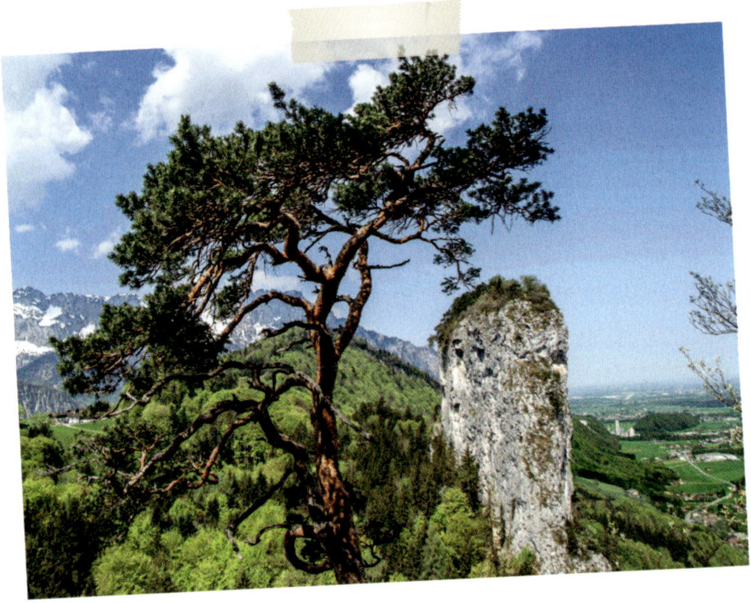

↑ **Die massive Nadel des Großen Barmsteins**

Ein Stück weiter unten erhebt sich der zehn Meter kleinere Barmbrocken, wie sein Nachbar als wertvolles Geotop eingestuft. Seit 1815 wird auf seiner Spitze ein Maibaum geschmückt – ehedem zu Ehren der Kurfürstin Maria Leopoldine. Sie stiftete ein Fass Bier aus dem Hofbräu Kaltenhausen, und so ist der Brauch bis heute. Über die Straße, durch die Wiese und ein steiles Waldstück führt der Weg hinab zum ersten Abzweig und links über den anfänglichen Wiesenpfad zurück in den Ort.

Tipp

Seit 1692 verarbeitet die älteste Enzianbrennerei Deutschland die kostbaren Wurzeln zu hochprozentigen Getränken. In jedem Schritt des Fertigungsprozesses sind dazu Geduld und ein enormer Aufwand nötig: beim Graben und Destillieren, dem Vergären und der langen Lagerung in Eichenfässern. Das Museum der Enzianbrennerei Grassl erzählt davon. grassl.com

AUF EINEN BLICK

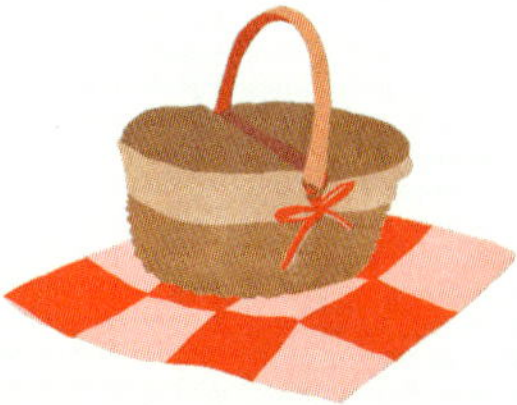

Tour 20: Tour der Stille

Dauer: 3 Std.

Höhenmeter: 490 Hm

Länge: 9,2 km

Schwierigkeit: Mittel

Tourencharakter: Überraschend spannender Weg zu zwei Kletterfelsen, Wanderer betrachten diese von unten.

Ausgangs-/Endpunkt: Parkplatz Berchtesgadener Ache, Dorfmitte Marktschellenberg (500 m)

Anfahrt: **Pkw:** Auf der A8 bis zur Ausfahrt Piding/Bad Reichenhall, dann auf die B20 und die B21 nach Berchtesgaden, dort auf die Deutsche Alpenstraße (B305) bis Marktschellenberg. Am schnellsten, aber vignettenpflichtig über Salzburg-Süd. **Bahn/Bus:** Mit dem Zug bis zum Bahnhof in Berchtesgaden oder Salzburg Hauptbahnhof. Von dort fährt jeweils die Buslinie 840 nach Marktschellenberg.

Einkehr: Keine

Karte: Kompass-Wanderkarte Nr. 14, Berchtesgadener Land & Chiemgauer Alpen, 1:50 000

Information: marktschellenberg.de, berchtesgaden.de

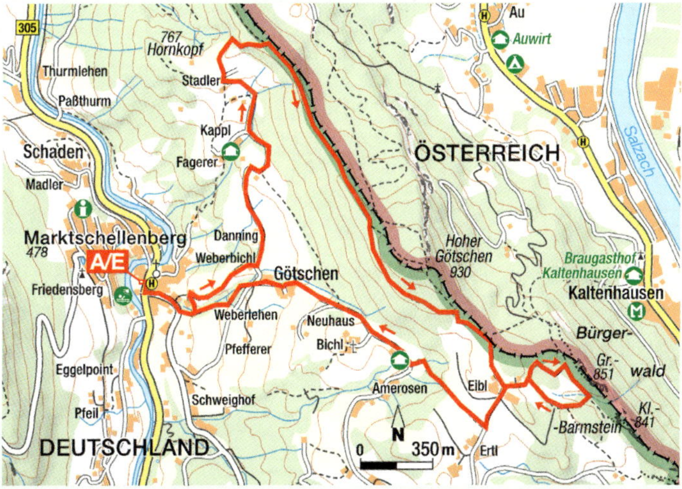

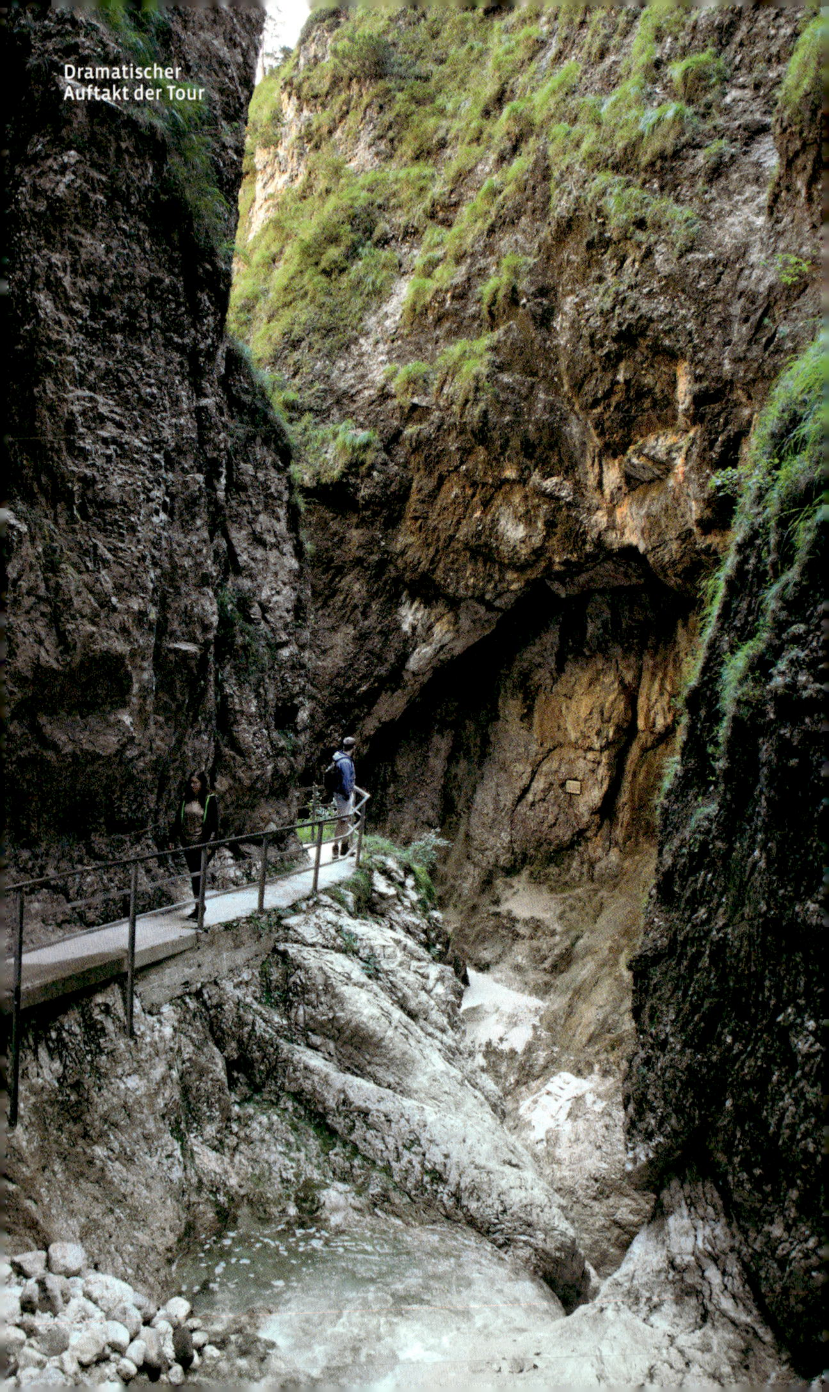

Dramatischer
Auftakt der Tour

ALMBACHKLAMM

Tour für TOUR 21 die Sinne

Traumtour am Wasser

An Klammen herrscht kein Mangel im Nationalpark und der Umgebung, aber die Almbachklamm ist dennoch speziell mit ihrem vielfältigen Verlauf samt kleinen Wasserfällen. Ein Abstecher nach Ettenberg und der Abstieg übers Gatterl schließen den Rundweg ab.

Dass diese Klamm zur Trift genutzt wurde, mutet heute abenteuerlich an. Zwar ist sie nicht so schmal wie die Wimbachklamm (siehe Tour 26), aber bis zu 4,50 Meter lange Stämme hier hindurchzuschicken, erscheint wirklich kühn – vor allem am Beginn der Schlucht. Unmittelbar nach dem Kassenhäuschen (Eintrittspreis sechs Euro) steigen die Felswände steil an. Dazwischen strömt der kristallklare Almbach, mit rasch zunehmenden Höhenmetern ergießt er sich schon bald dramatisch über eine Felskante. Wüsste man nicht um die Wassertemperaturen, es sähe karibisch aus. Der Weg führt immer dicht am Fels entlang, oft über Stufen und bis ans Ende der Klamm rund 20 Stahlgitterbrücken querend.

Die wechselnden Lichtverhältnisse begeistern die Betrachter und bringen Hobbyfotografen zur Verzweiflung: Hier ein starker Schatten unter einer mächtigen Felswand, dort reflektiert der helle Klamm-Marmor das gleißende Sonnenlicht. Nach dem engen und dramatischen Teil der Schlucht besteht die Möglichkeit, rechts hoch und relativ steil nach Ettenberg abzukürzen. Aber es lohnt sich, weiter auf dem Almbachweg zu bleiben, um den 114 Meter herabstürzenden Sulzer Wasserfall zu sehen, durchs breiter werdende Tal zu wandern und die Theresienklause zu bestaunen. Benannt nach der Gattin Ludwigs I. wurde die Staumauer 1836 errichtet. Historische Bilder zeigen das Funktionsprinzip und erzählen von der Gefährlichkeit der Trift, wenn sich Stämme verkeilten. Überhaupt die Tafeln! Für sie sollte man sich Zeit lassen, erklären sie doch die Gesteinsarten, Fauna und Flora, den Unterschied zwischen Kies und Schluff und bis

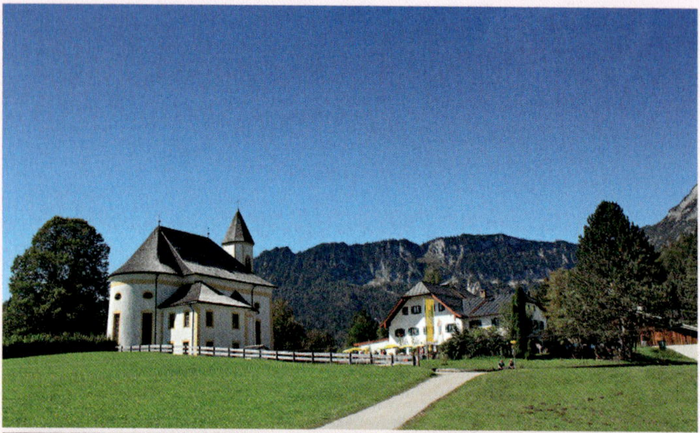

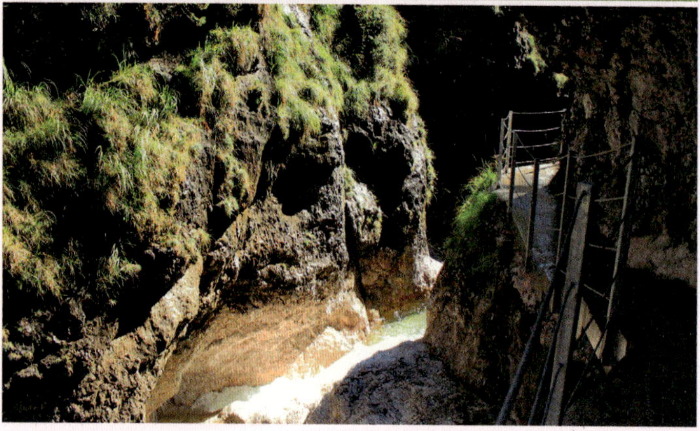

»Berchtesgaden ist der Yellowstone-Park der deutschen Alpen. Die großartigsten Schaustücke derselben liegen nirgendwo so vor deiner Tür wie hier.«

Heinrich Noe

zu welchem Durchmesser die Steine im Bachbett mitgerissen werden und am Jahrmillionenwerk Almbachklamm mitarbeiten.

Die Theresienklause ist der Wendepunkt der Wanderung. Nun leitet am rechten Ufer ein traumhafter, schattiger Wurzelweg am Hang hoch. Nach insgesamt etwa fünf Kilometern mündet der Pfad in eine Wiese. Sie gehört zu einer Handvoll Höfe, die reinste Almidylle vor dem Panorama des Untersbergs demonstrieren. Über die Straße geht es einen Kilometer weiter, an einer Ziegenherde und einem eingehausten Marterl vorbei, dann rechts durch den Wald und nochmals rechts eine Weile über Asphalt.

Der Mesnerwirt sendet schon Gelächter und Düfte aus, noch bevor sich der Gasthof am Wallfahrtskirchlein Maria Heimsuchung blicken lässt. Es steht mitten auf der Wiese in schönster Kulisse und beherbergt seit 1725 eine Marienfigur mit angeblich wundertätiger Kraft. An der Kreuzigungsgruppe vorbeilaufend, geht die Straße am Waldrand in den Gatterlweg über. Er führt erst in großen, dann in engeren Serpentinen durch den Wald, teils recht steinig und über Stufen zügig durch den Wald bergab, die perfekte Sicht auf den Hohen Göll inklusive. An einer Kreuzung gabelt der Weg nach Marktschellenberg links ab, zurück zum Eingang der Almbachklamm geht es hier rechts. Mitten im Wald steht ein rührendes Marterl, das an zwei am »Charsamstag 1926« verunglückte Kinder erinnert. Die letzten Meter über eine Wiese krönen fliederfarbene Herbstkrokusse, bevor rechts die Straße zum Ausgangspunkt abzweigt.

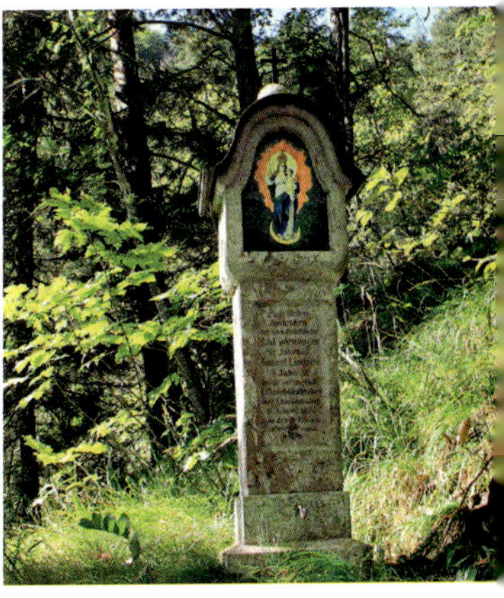

↑ Der Mesnerwirt mit der Wallfahrtskirche wartet oberhalb der Klamm.
↓ Das Spiel aus Licht und Schatten begleitet Klamm-Wanderer.
→ Ein Marterl am Gatterlweg

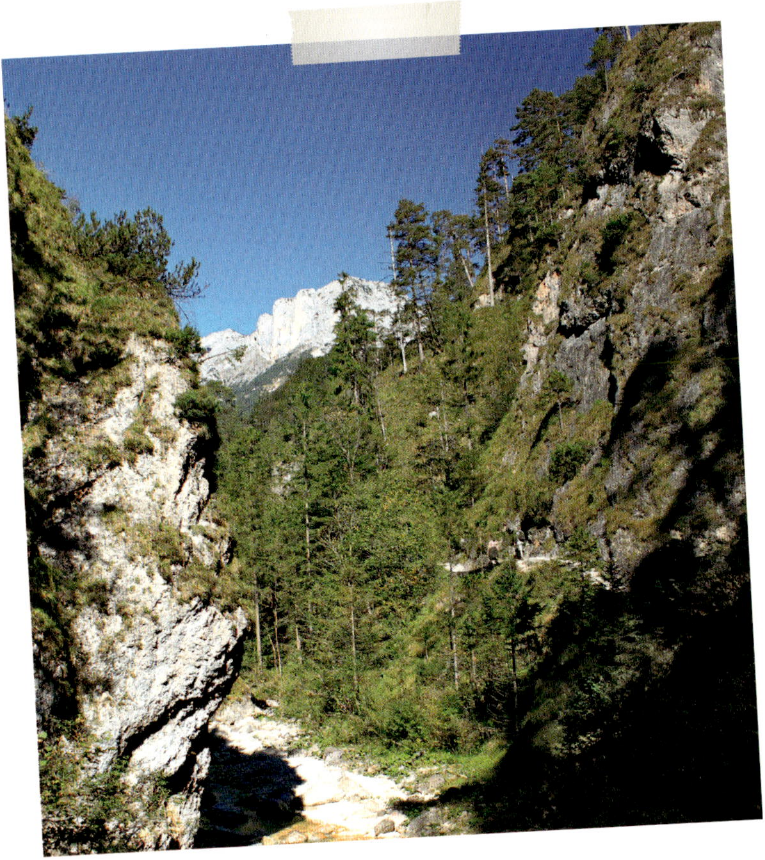

↑ **Am oberen Ende der Klamm grüßt der Untersberg herüber.**

Tipp

Sie ist die letzte ihrer Art in Deutschland: die Marmorkugelmühle am Eingang der Almbachklamm. Von Ostern bis Oktober formt eine Konstruktion aus einem feststehenden Schleifstein und einer Drehscheibe aus Buchenholz in zwei bis acht Tagen aus würfelförmigen Klammsteinen Kugeln. Feingeschliffen und poliert empfehlen sie sich als Mitbringsel. gasthaus-kugelmuehle.de

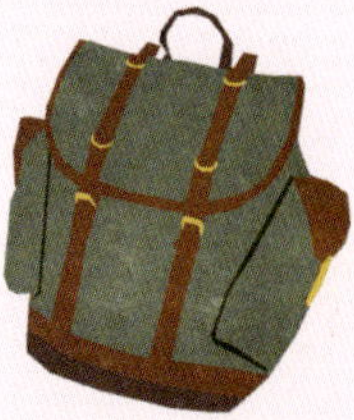

AUF EINEN BLICK

Tour 21: Tour für die Sinne

Dauer: 2.30 Std.

Höhenmeter: 400 Hm

Länge: 9,3 km

Schwierigkeit: Mittel

Tourencharakter: Schöner Aufstieg über Treppen, Brücken und am Fels entlang zu beiden Seiten des Almbachs. Der Rückweg übers Gatterl bietet einen tollen Blick auf den Hohen Göll.

Ausgangs-/Endpunkt: Parkplatz Almbachklamm

Anfahrt: Pkw: Auf der A8 bis zur Ausfahrt Piding/Bad Reichenhall, dann auf die B20 und die B21 nach Berchtesgaden, dort auf die Deutsche Alpenstraße (B305) Richtung Marktschellenberg. Links dem Hinweis Almbachklamm folgen
Bahn/Bus: Bis zum Bahnhof in Berchtesgaden oder nach Salzburg-Hauptbahnhof. Von dort fährt jeweils die Buslinie 840 bis zur Haltestelle Almbachklamm.

Einkehr: Mesnerwirt Ettenberg, ettenberg.de, Gasthof Zur Kugelmühle, gasthaus-kugelmuehle.de

Karte: Kompass-Wanderkarte Nr. 794, Berchtesgadener Land, 1:25 000

Information: berchtesgaden.de, marktschellenberg.de

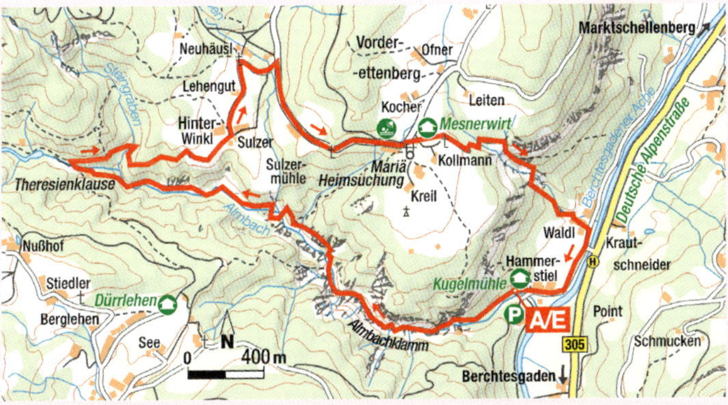

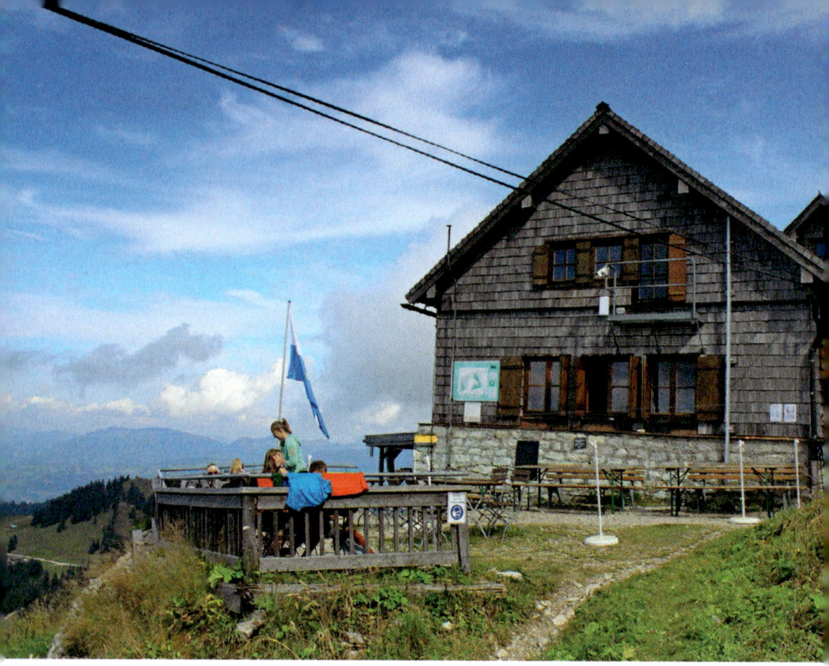

↑ Die Landesgrenze verläuft durchs Haus. ↓ Den ganzen Weg im Blick

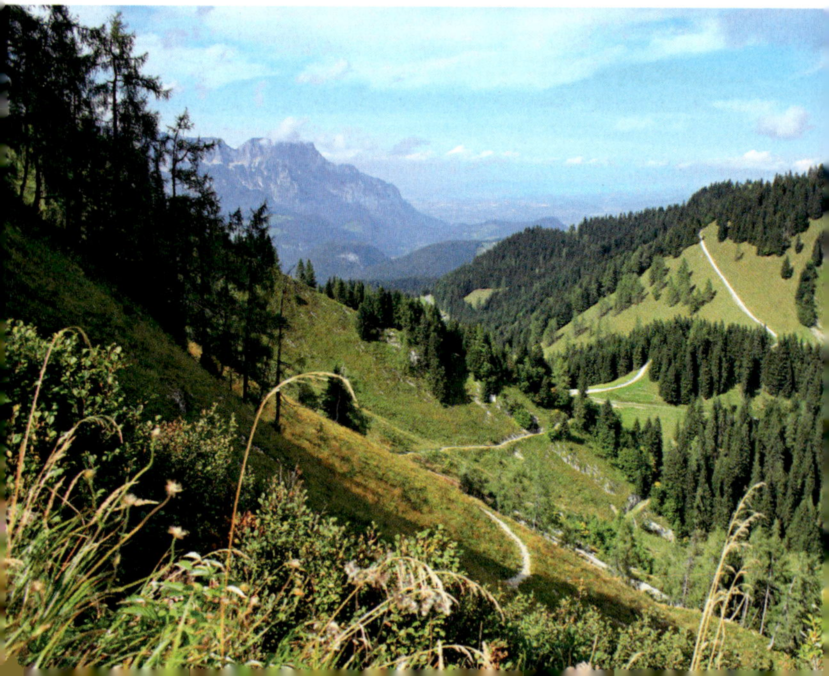

PURTSCHELLERHAUS

Tour für TOUR 22 den Genuss

Für Grenzgänger

Die Staatsgrenze geht mitten durch das Haus – klar, dass es auch zwei Terrassen gibt und angeblich schauen sogar zwei Schornsteinfeger auf 1692 Metern Höhe vorbei. Der Kaiserschmarrn aber ist auf beiden Seiten gleich gut und die Wanderung dorthin auch.

Ist es nicht ein Gewinn, dass Grenzgeschichten heute vorzeitig anmuten? Noch dazu in der Bergwelt, wo es dem Hohen Göll mit seinen 2522 Metern gleich zweimal wurscht ist, ob sein Gipfel nun auf der bayerischen oder auf der österreichischen Seite liegt. Gegen Ende des letzten Weltkriegs war das zumindest aus menschlicher Perspektive anders, da riegelten die Alliierten die Grenze ab, erlaubten aber die Begegnung von Getrennten in der Hütte. Heute verläuft ein aufgeklebter Grenzstreifen eher symbolisch quer durchs Haus, und die Geschichte, dass hier zwei Schornsteinfeger den Kamin kehren, erweist sich auf Nachfrage als Gerücht.

Von der deutschen Seite ist der Aufstieg bedeutend kürzer als von Golling an der Salzach aus, zumal wenn man über die Roßfeldstraße bis zum Ahornkaser auf 1540 Metern Höhe fährt, der höchstgelegenen deutschen Wirtschaft, die sich mit dem Auto erreichen lässt. Vom kleinen Parkplatz aus geht es erst von der rechten Straßenseite aus über einen breiten Wanderweg bis zum Eckersattel knapp 130 Höhenmeter hinunter. An einem unscheinbaren bayerisch-österreichischen Grenzstein von 1818 und einem nicht zu übersehenden Kreuz trennen sich die Wege. Nach einhelliger Meinung der Einheimischen empfiehlt sich die linke Variante, der Salzburger Pfad, weil er einerseits gemütlicher und andererseits mit schönem Talblick auf die Salzach verläuft. Der rechte Abzweig geht im unteren Drittel über eine Treppe mit mehr als 500 Holzstufen, dann durch den Wald und kurz unterhalb der Hütte über eine Weide. Weil hier kaum jemand absteigt, bietet die Treppentour den Vorteil, dass Gegenverkehr ausbleibt.

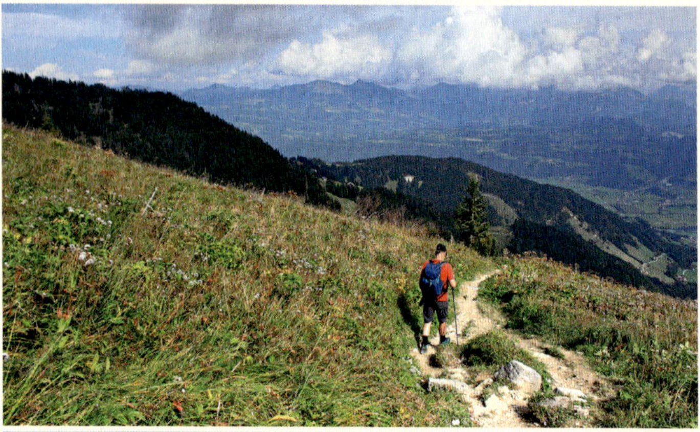

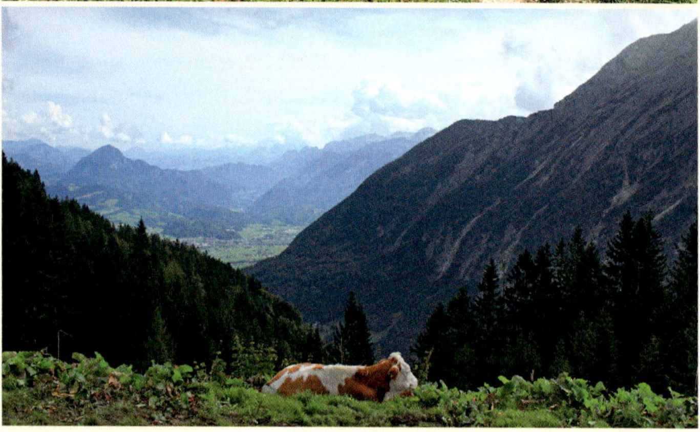

»Herr, wen Du lieb hast,
den lässest Du fallen in dieses Land.«

Ludwig Ganghofer

Beim linken Aufstieg grüßt der Hohe Göll hinüber, sofern er keine Wolkenkappe trägt. Zunächst führt der Weg leicht ansteigend und ohne größere Kehren am Hang entlang, dann zieht er nach einer Bank an einer kleinen Quelle engere Schleifen. Das charakteristische Kalkgestein des Bergmassivs tritt überall zutage und bietet auf seinen engen Rillen guten Halt für die Wanderstiefel. Die Almwiese steht im Spätsommerkleid, und erst ganz zum Schluss schiebt sich das Purtschellerhaus bescheiden ins Blickfeld, erbaut 1900 von der DAV-Sektion Sonneberg, benannt nach der Bergsteiger-Legende Ludwig Purtscheller.

Auf der Terrasse treffen sie sich dann: die Österreicher, die Bayern und alle anderen, die Kletterer mit den leichten Schuhen, die Bergsteiger mit den dicken Tretern und die Kurzausflügler von der Roßfeld-Panoramastraße, die sich dennoch nicht den Kaiserschmarrn entgehen lassen sollten, denn der sucht in Bayern wie in Österreich seinesgleichen. Als sich die Wolken verziehen, wird das etwas höher gelegene Kehlsteinhaus im Profil sichtbar, der nach Berlin zweite offizielle Regierungssitz zu nationalsozialistischer Zeit. Vom Purtschellerhaus hat man einen perfekten Blick aufs »Eagle's Nest«, es wäre dereinst ein idealer Posten zum Spionieren gewesen. Über der Hütte beginnen Touren ins hochalpine Gelände, zur Göll-Brett-Überschreitung und über den Mannlgrat zum Kehlsteinhaus. Vielleicht ein anderes Mal, ohne den Kaiserschmarrn im Magen.

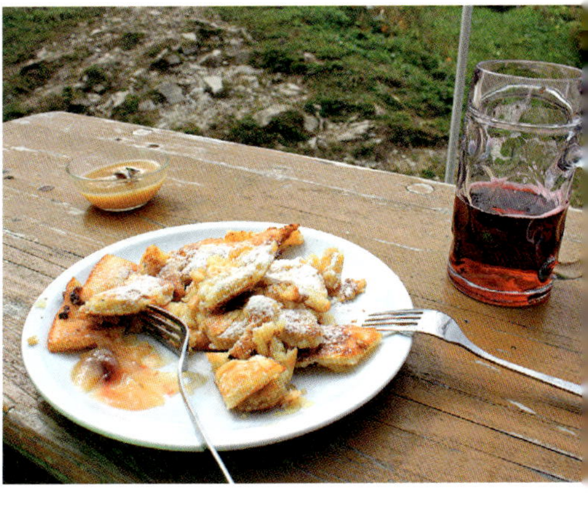

↑ Durch Almwiesen geht es bergab.
↓ Liegeplatz mit Aussicht
→ Der vermutlich beste Kaiserschmarrn weit und breit

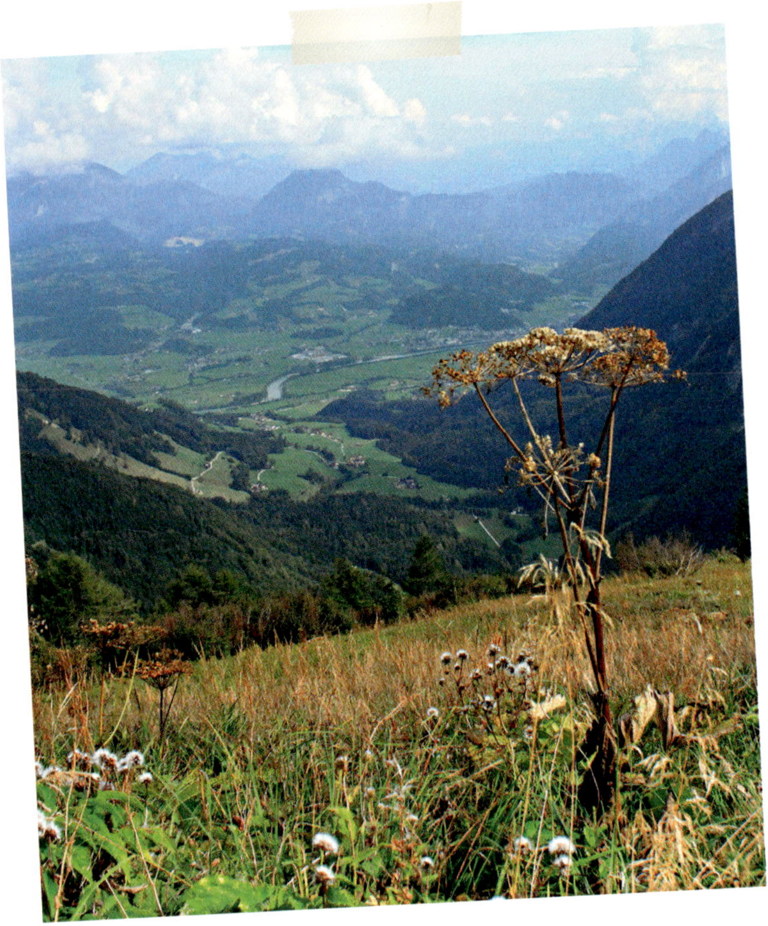

↑ Tiefblick Richtung Salzach

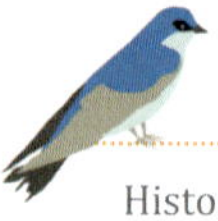

Tipp

Historische Orte mit schlechtem Leumund gut und informativ aufzuarbeiten, ist eine echte Kunst. Die Dokumentation Obersalzberg stellt sich diesem Auftrag und berichtet multimedial vom Regierungssitz zur Nazi-Zeit auf dem Kehlstein und vom finsteren Bewohner des Berghofs. obersalzberg.de

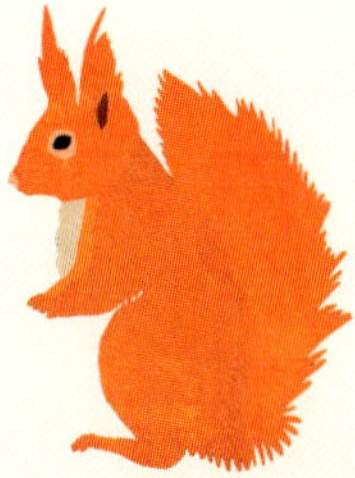

AUF EINEN BLICK

Tour 22: Tour für den Genuss

Dauer: 1.30 Std.

Höhenmeter: 290 Hm

Länge: 4,8 km

Schwierigkeit: Mittel

Tourencharakter: Schöne Halbtageswanderung durch Almwiesen mit bester Aussicht auf den Hohen Göll und den Untersberg

Ausgangs-/Endpunkt: Parkplatz Ahornkaser

Anfahrt: **Pkw:** Auf der A8 bis zur Ausfahrt Piding/Bad Reichenhall, dann auf die B20 und die B21 bis Berchtesgaden, der Ausschilderung Roßfeldstraße folgen. An der Dokumentation Obersalzberg vorbei, durch die Schranke auf die Mautstraße (8 €) bis zu den Parkplätzen am Ahornkaser
Bahn/Bus: Mit der Bahn bis Berchtesgaden Hauptbahnhof. Die Buslinie 848 fährt zur Haltestelle Hennenköpfl, von dort in 30 min zum Ahornkaser.

Einkehr: Purtschellerhaus (das stark lawinengefährdete Haus ist nur von Mai bis Oktober geöffnet), purtschellerhaus.de

Karte: Kompass-Wanderkarte Nr. 14, Berchtesgadener Land & Chiemgauer Alpen, 1:50 000

Information: berchtesgaden.de

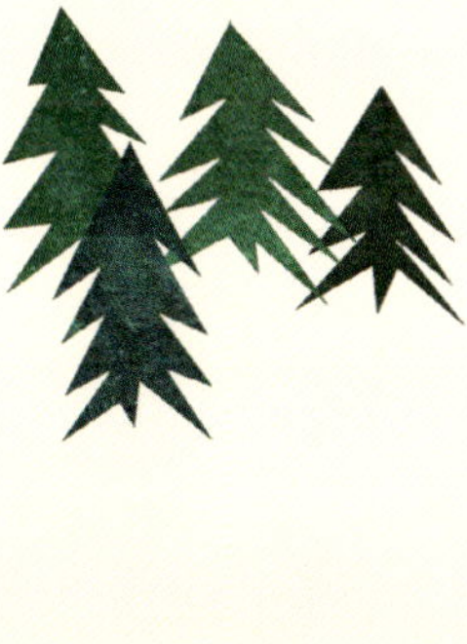

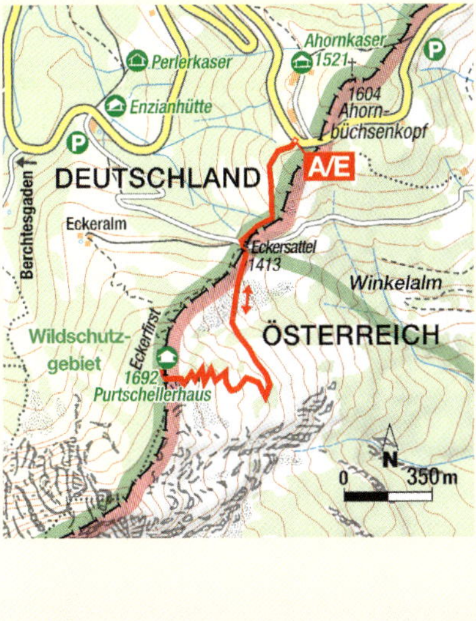

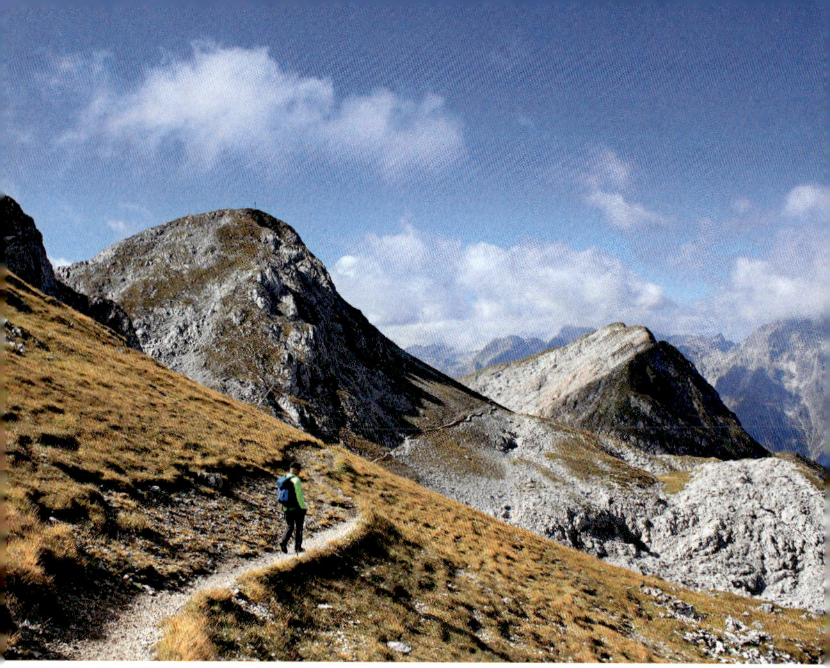

↑ Das Hagengebirge ist von karger Schönheit. ↓ Links im Bild der Kahlersberg

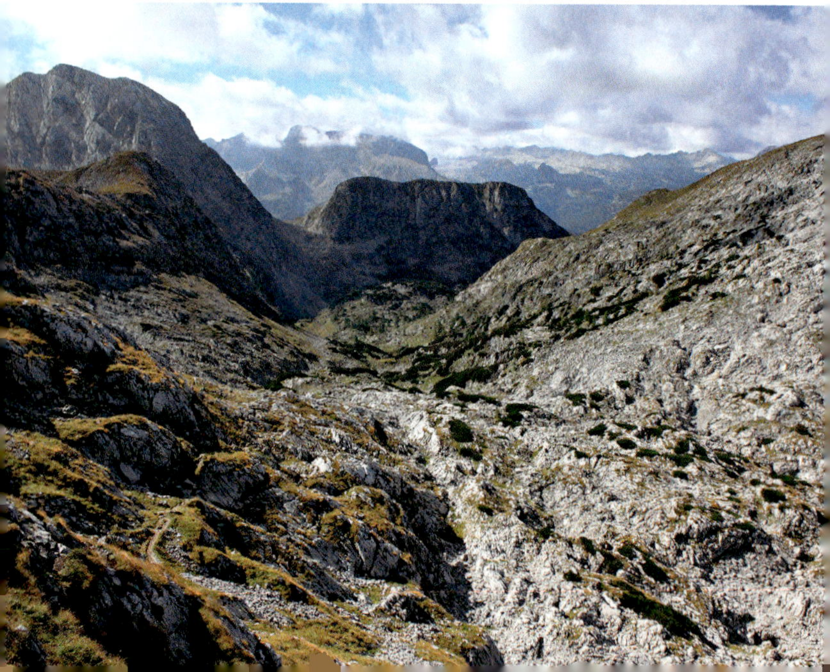

KLEINE REIBN

Tour
TOUR 23
der Stille

Der Höhepunkt

Mit 2276 Metern ist der höchste Punkt, der in diesem Buch beschrieben wird, erreicht: Der Schneibstein bildet den Auftakt zu einer der schönsten Wanderungen in den Berchtesgadener Bergen. Die Kleine Reibn gilt als eine Runde der Extraklasse.

Normalerweise tummeln sich entlang des Wegs die Tiere, heißt es – die Steinböcke und die Mankeis. Aber die Steinböcke hatten wahrscheinlich keine Lust, und die Murmeltiere haben zwar gepfiffen, sich dabei aber nicht blicken lassen. Vielleicht lag es auch am sonnigen Samstag und den laut plaudernden Menschen auf der Kleinen Reibn, dass sich die Tierwelt bedeckt hielt. Wie auch der Watzmann, während sonst wirklich alle aus den Wolken kamen: Hohes Brett und Hoher Göll, die Gipfel des Steinernen Meeres und des Hagengebirges, der Untersberg und die »Schlafende Hexe«, der Rotofen im Lattengebirge sowieso.

Von der Bergstation der Jennerbahn geht es erst in Richtung Schneibstein, der hier mit drei Stunden Gehzeit ausgeschildert ist. Nach dem zunächst abwärts führenden, breiten Weg trennt sich oberhalb der Schneibsteinhütte die Sonntagsausflügler-Spreu vom Weiterwanderer-Weizen: rechts wartet die Hütte, links der Aufstieg. Er fängt locker an, führt durch Latschenwäldchen, um dann das erste Mal steil anzusteigen. Nach einer etwas flacheren Passage folgen zwei Geländestufen, der sogenannte Blumengarten. Darüber ist dann das Schwerste geschafft, und über Almserpentinen und ein weiteres kleines Geröllstück erreicht man das karge Gipfelplateau des Schneibsteins.

Um den Gipfel pfeift der Wind, und wer wirklich hier rasten muss, tut es warm eingepackt. Der Schneibstein wirkt wie ein Tor in die hochalpine Landschaft, unendlich viel weiter entfernt von der Souvenirmeile am

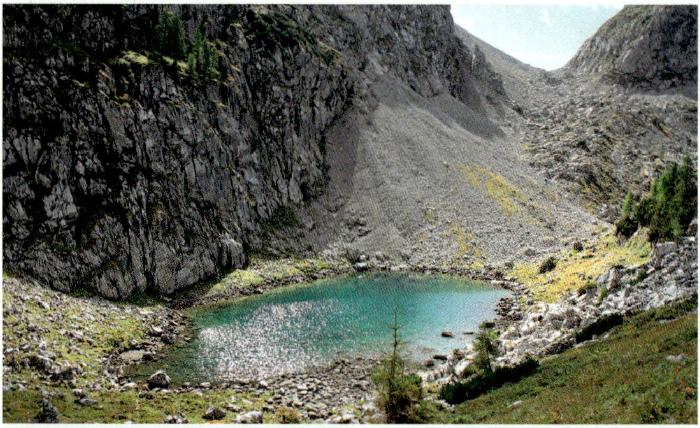

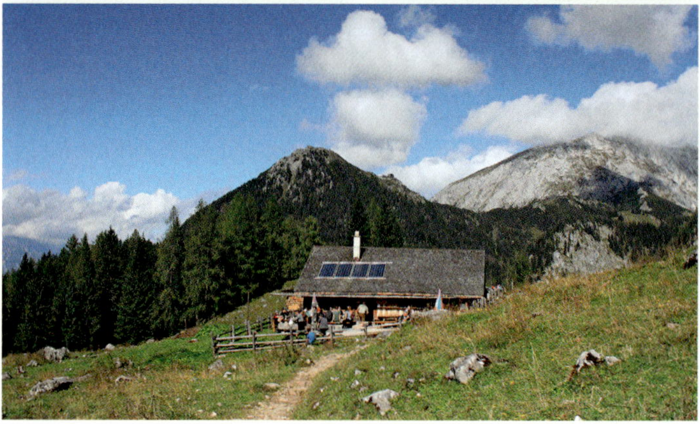

»Alle Menschen werden die Wahrnehmung machen,
dass man auf hohen Bergen,
wo die Luft rein und dünn ist, freier atmet und sich
körperlich leichter und geistig heiterer fühlt.«

Jean-Jacques Rousseau

Königssee, als es die tatsächlichen 1700 Höhenmeter Differenz aussagen. Das Hagengebirge, das Steinerne Meer und die mächtige Watzmannflanke setzen hier die Dimensionen. Leicht links verläuft vom Gipfel aus der Pfad über die steinige, karge Hochfläche zur Windscharte. Hier wirft man einen letzten Blick auf die Spitzen des Tennengebirges, bevor es im Schatten des Windschartenkopfs immer leicht bergab geht. Zunächst stellt der Weg kaum Anforderungen an die Konzentration, dann nimmt das Geröll zu und an manchen Stellen muss man genau schauen, wo es weitergeht, um nicht unvermittelt im Latschendickicht zu landen oder gar in eine der Dolinen zu fallen, die unvermittelt zwischen den Felsen gähnen.

Ein feiner Almweg macht den Mühen ein Ende. Er führt immer leicht am Hang entlang durch ein Hochtal, den sogenannten Schlunggraben, zum Seeleinsee. Der liegt auf rund 1800 Metern Höhe, ist meist bis in den Mai hinein zugefroren und von unfassbar zarter blau-grüner Farbe. Rund um den See bieten glatte Felsen schöne Picknickplätze, kaum jemand mag einfach so am See vorbeigehen. Leicht oberhalb gabelt sich der Weg in Richtung der traumschönen, aber noch drei Stunden entfernten Gotzenalm und rechts den Stiergraben hinab. Der macht seinem Namen alle Ehre, gebärdet sich oben wild-felsig und unten schlammig. Nach etwa einer halben Stunde geht er in einen Waldweg über, bis sich eine erste Hochalm weitet. Ein erneutes Waldstück rund um den Abwärtsgraben folgt, dann steigt der Pfad kurz an und mündet auf einer großen Alm, an deren hinterem Ende die Priesbergalm mit brunnengekühlter Milch zum deftigen Kas- oder Speckbrot wartet.

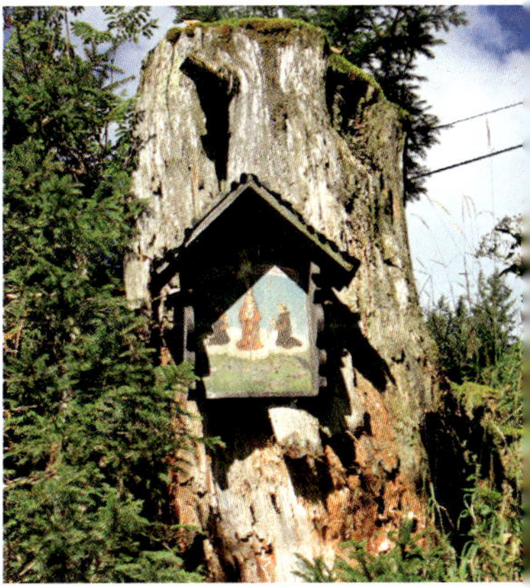

↑ **Der Seeleinsee schimmert türkisgrün.**
↓ **Auf der Priesbergalm ist alles hausgemacht.**
→ **Marterl am Rückweg**

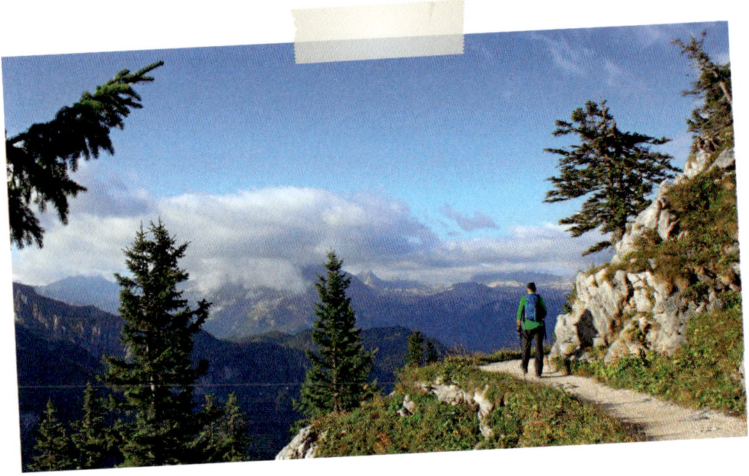

↑ **Vor oder nach der Reibn Pflicht: der Abstecher auf den Jenner**

Jenseits der 1500 Meter hoch gelegenen Priesbergalm mit ihrer herrlichen Aussicht auf den Watzmann und die anderen Charakterberge geht es leicht auf dem sogenannten Königsweg dahin. Der Kontrast zwischen den sanften Almen, auf denen schon die ersten Rinder für den Abtrieb gesammelt werden, und der schroffen Bergwelt berührt einen, derart gering scheint der Raum, den die Menschen hier einnehmen. Genau so sieht es das Nationalparkprinzip vor, und deshalb erstaunt es auch auf der Kleinen Reibn nicht, wenn totes Holz klafterweise im Wald vor sich hin modert und hier und da ein Stamm querliegt. Schließlich kommt die Mittelstation der Jennerbahn in Sicht, die nach ihrem Umbau 2018 den Namen »Halbzeit« trägt – nach 16 Kilometern Wanderung ein einladender Anblick. Denn die Kleine Reibn ist wirklich nur für die gut Eingelaufenen eine »kleine Runde«!

Tipp

Der Jenner misst 1874 Meter und fast alle davon legt die Umlaufseilbahn zurück. In knapp zehn Minuten gelangt man von der Bergstation zum Gipfel des Jenner und der Aussichtskanzel, von der sich ein fantastischer Blick auf den Königssee bietet. jennerbahn.de

AUF EINEN BLICK

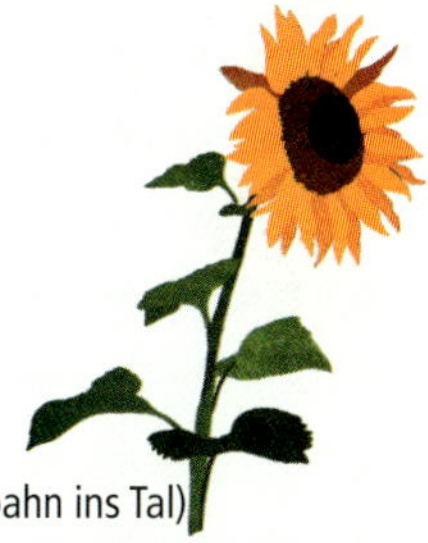

Tour 23: Tour der Stille

Dauer: 7 Std.

Höhenmeter: 720 Hm (1170 Hm mit der Jennerbahn bis zur Bergstation), 920 Hm (ab der Mittelstation ca. 600 Hm per Seilbahn ins Tal)

Länge: 16 km

Schwierigkeit: Schwer

Tourencharakter: Lange Tour durch eine wilde Hochgebirgslandschaft

Ausgangs-/Endpunkt: Jennerbergbahn Bergstation (1800 m)/Mittelstation (1200 m)

Anfahrt: **Pkw:** Im Berchtesgadener Kreisverkehr die dritte Abfahrt zum Königssee nehmen. Am Ende der Straße befindet sich ein Parkplatz für die Jennerbahn. **Bahn/Bus:** Vom ZOB Berchtesgaden fährt die Buslinie 841 bis zur Talstation.

Einkehr: Priesbergalm, aschbachhof.de, Restaurant Halbzeit, jennerbahn.de

Karte: Kompass-Wanderkarte Nr. 14, Berchtesgadener Land & Chiemgauer Alpen, 1:50 000

Information: berchtesgaden.de, jennerbahn.de

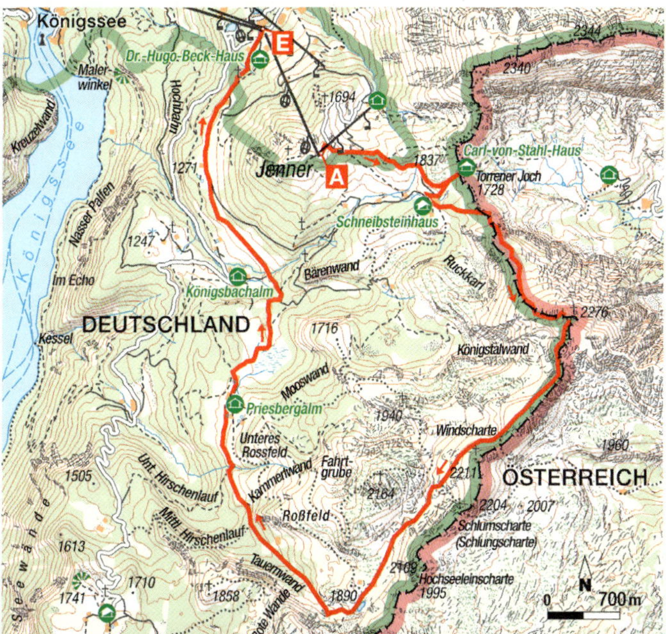

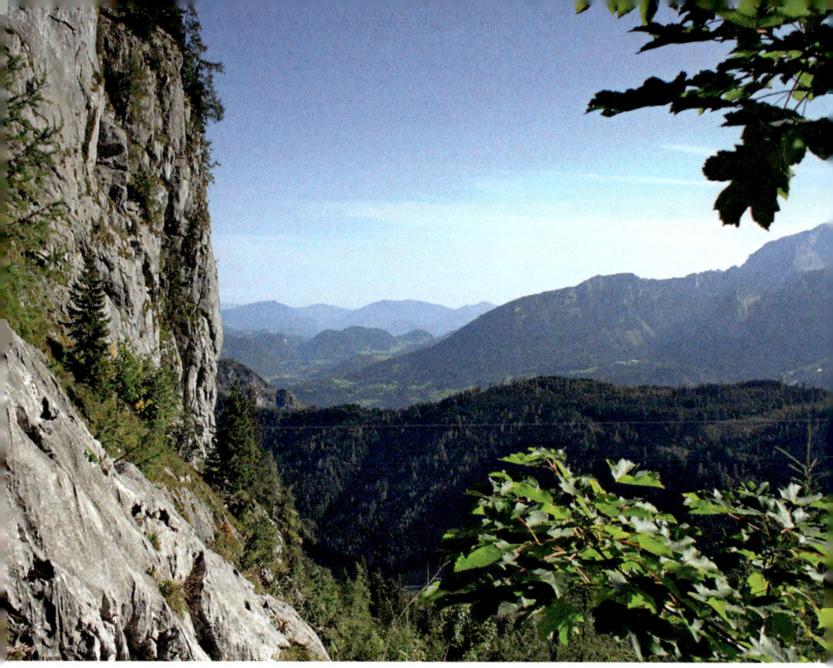

↑ Schroffe Felsstufe am Falzsteig ↓ Die letzte Passage führt über Stufen.

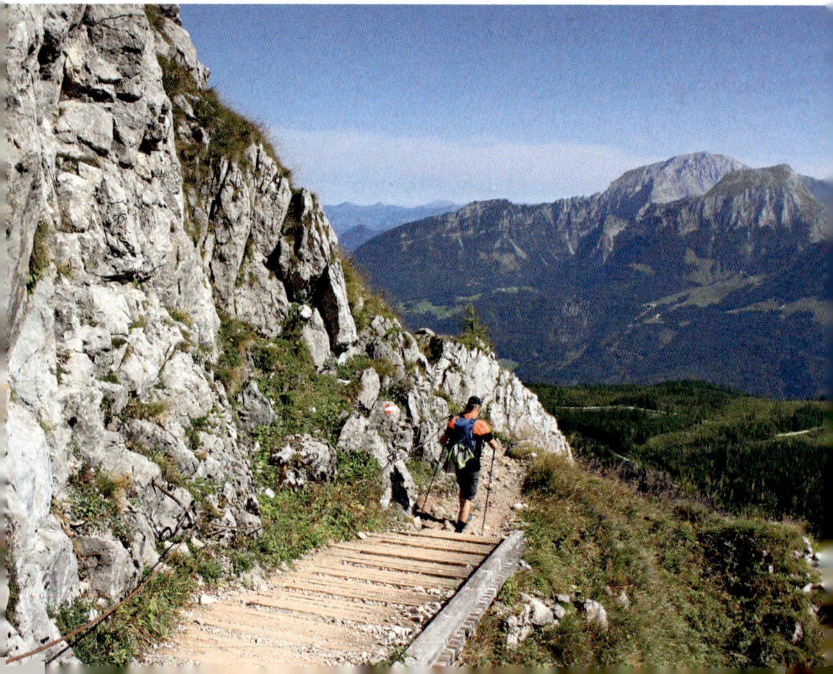

WATZMANNHAUS

Tour für TOUR 24 die Sinne

Runde Sache

Für alle glücklichen Wanderer, die dem Extremsport nichts abgewinnen wollen oder können, stellt die Tour zum Watzmannhaus die maximale Annäherung an Deutschlands schönsten Berg dar. Eine Wanderung, die in jeder Hinsicht begeistert.

Als Frühaufsteherin ist man es gewohnt, morgens als erste auf dem Wanderparkplatz zu stehen. Auf dem Parkplatz Schönau-Hammerstiel bietet sich deshalb Mitte September ein ungewohntes Bild um 7.30 Uhr: Auto reiht sich zügig an Auto, und lauter hochmotivierte Wanderer jeden Alters gehen auf den hinteren Teil des Parkplatzes zu, um bald vom dichten Waldgrün verschluckt zu werden. »Watzmannhaus 5 h« steht auf dem Schild, und wenn es jetzt schon mit dem Rechnen klappen würde, müsste man einkalkulieren, erst am späten Nachmittag wieder zurück zu sein. Aber das macht offenkundig niemand …

Über 2,7 Kilometer führt der erste Abschnitt durch schattigen Mischwald, dann kommt eine tagesentscheidende Gabelung. Geradeaus zum Ziel über die Mitterkaseralm oder nach links Richtung Kührointalm – die auf den Schildern angegebene Gehzeit hat sich hier schon reduziert. Die allermeisten Wanderer zieht es auf den kürzeren Weg geradeaus, dabei empfiehlt sich für eine schöne Rundtour der linke Abzweig. Er geht zunächst unter hohen Fichten dahin, dann weiter auf dem Fahrweg an einem Kaser vorbei und noch taunassen Almen. Nach einer Stunde Gehzeit zweigt links ein Pfad Richtung Kühroint ab. Er trifft nach einer Viertelstunde erneut auf den Fahrweg, um dann noch einmal, diesmal nach rechts, durch den Wald abzukürzen. Auf den letzten Metern fällt die Sonne durchs Blätterdach, bevor nach anderthalb Stunden Gehzeit die Kührointalm erreicht ist. Der Name »Roint« bezeichnet eine Fläche ohne Wald – ein Hinweis darauf, wie lange hier schon Almwirtschaft mit Kühen betrieben wird.

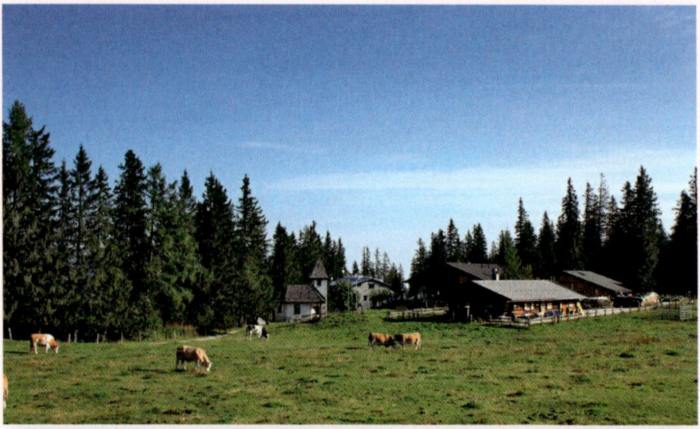

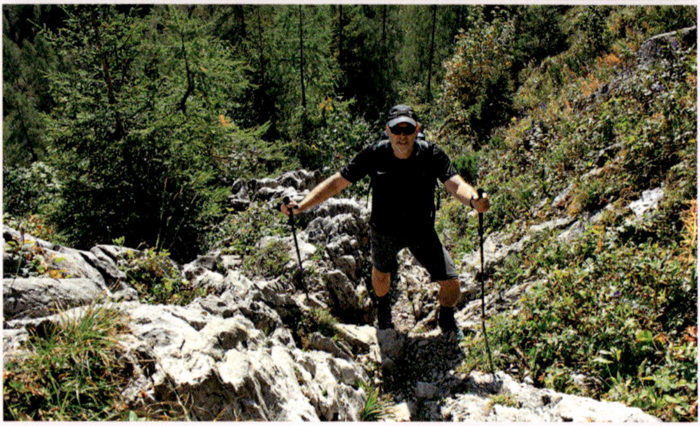

»Die Gebirge sind stumme Meister
und machen schweigsame Schüler.«

Johann Wolfgang von Goethe

Von hier aus veranschlagt das Schild über den Falzsteig auf der Markierung 442 zwei Stunden bis zum Watzmannhaus. Der Weg schlängelt sich rechts am Waldrand entlang und taucht bald ganz in den Bergwald ein. Schöneres Wandern ist kaum vorstellbar: Der Pfad windet sich dahin, führt über Steine und Wurzeln unter schattigen Bergahornen und Fichten dahin, der Höhengewinn ist mäßig, der Lustgewinn maximal. Kaum eine Menschenseele kommt einem hier entgegen – vielleicht liegt es am Falzsteig, der nach ein paar ersten kleineren, unwegsamen Steinstellen der Tour eine gewisse Würze verleiht.

Niemand braucht sich hier zu fürchten, an den heiklen Stellen gibt es Drahtseile, ein wenig Kraxelei ist dennoch erforderlich. Kaum ist diese Passage überwunden, gibt sich der Weg wieder ganz harmlos und frisch gekiest, als würde er durch einen Garten führen. Der Blick geht vom oberen Ende des Falzsteigs noch einmal auf den kleinen Watzmann und die fünf Watzmannkinder, bevor sich die Perspektive komplett ändert.

Von der Falzalm aus liegen der Untersberg, das Massiv des Hohen Gölls, Jenner und Reiteralm ringsum, im Tal lassen sich die Ortschaften ausmachen. Das Ziel hat nun jeder im Blick, vielleicht läuft manchem schon beim Gedanken an den legendären Kaiserschmarrn das Wasser im Mund zusammen. Die Strecke von der Kührointalm hat eine Stunde gedauert, jetzt wird eine weitere bis zum Watzmannhaus angegeben. Der kürzere Weg von der Mitterkaseralm kommt hier hoch und bringt den Großteil der Wanderer mit. In bunter Gesellschaft geht es also ab jetzt über einen schönen Almweg mit gutem Höhengewinn bergauf. Etwa 40 Minuten

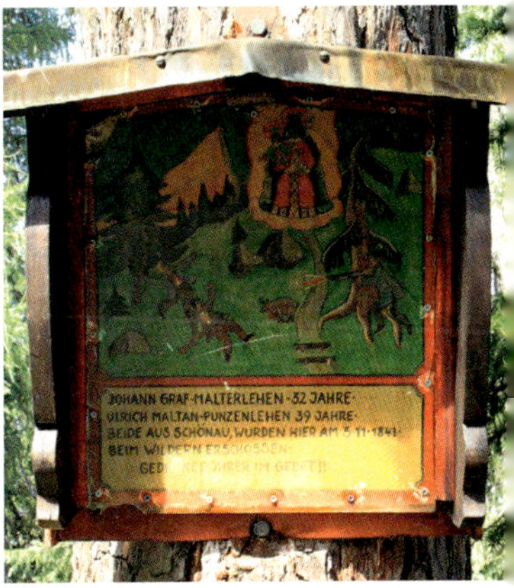

↑ Die Kührointalm schlummert in der Sonne.
↓ Der Falzsteig fordert den Wanderer.
→ Marterl oberhalb der Mitterkaseralm

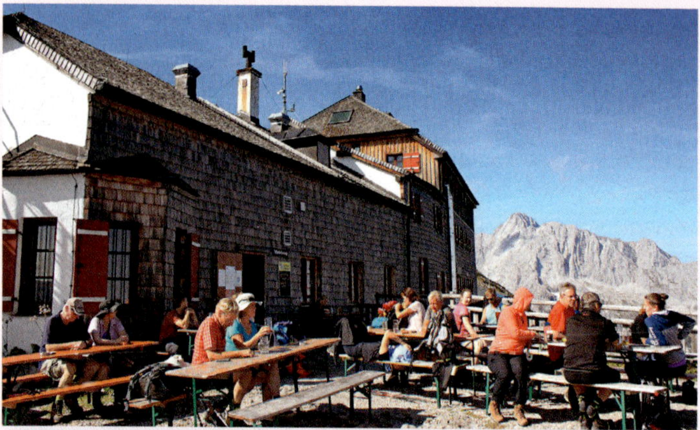

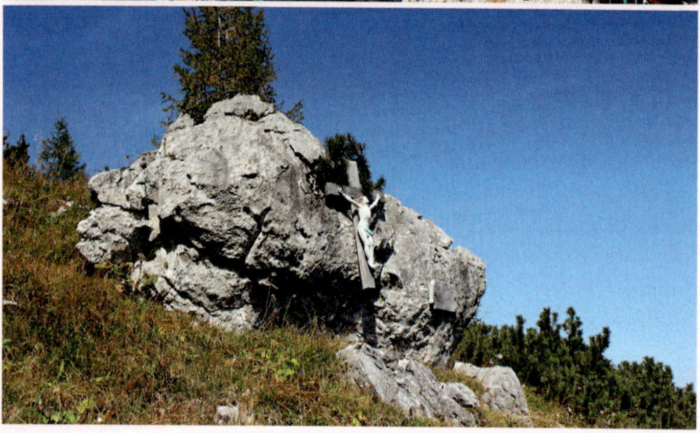

»Am Ziele deiner Wünsche
wirst du jedenfalls eines vermissen:
dein Wandern zum Ziel.«

Marie von Ebner-Eschenbach

später verläuft er über einige breite Holzstege, links baut sich felsig der Kleine Watzmann auf, geradeaus das Hocheck, dann endet der Pfad auf einem kleiner Sattel, und das Watzmannhaus liegt gleich rechts.

Auf der Schulter des Großen Watzmanns, so beschreibt die DAV-Sektion München die Lage ihres Hauses auf 1930 Metern Höhe. Die kleine Terrasse mit fantastischem Berg- und Talblick ist dem Felsen abgerungen. Unterhalb der Südseite des Hauses wächst hohes Gras, in der manche flachgelegene Stelle von einer ausgedehnten Siesta kündet.

Bis zum Hocheck sind es vom Sattel aus drei Stunden, vier Stunden bis zur Mittelspitze, bis zur Südspitze sechseinhalb Stunden. Nur zu, wer noch so viel Puste hat, absolut trittsicher und schwindelfrei ist! Alle anderen gelangen in 30 Minuten über die gleiche Strecke wieder zurück zur Falzalm. Unter einer kleinen Hütte biegt der Wanderweg in den Schatten und führt durch den sich erneuernden Bergwald in langgezogenen Serpentinen abwärts. Dann noch zehn Minuten über einen etwas steileren, breiteren Kiesweg und auf einer zirbenumstandenen Alm kommt die Mitterkaserhütte auf 1408 Metern in den Blick. Hier setzt sich der Wirt mit an den Tisch, schneidet vom frischen Kuchen ab und bringt die Johannisbeerschorle in der Flasche.

Nach der Alm und vorbei an einem großen Marterl taucht der Weg wieder in den Wald ein und führt stetig bergab. Nur die Stubenalm sorgt nach einer Viertelstunde nochmals für Abwechslung – hier sind viele Fichten gefällt worden, und der Hang wirkt ganz licht. Schon

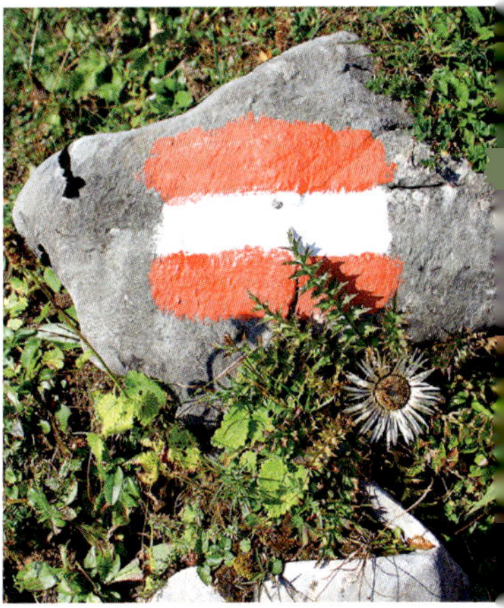

↑ Die Terrasse am Watzmannhaus ist auf den Fels gesetzt.
↓ Holzkreuz oberhalb der Falzalm
→ Wegmarkierung mit Silberdistelschmuck

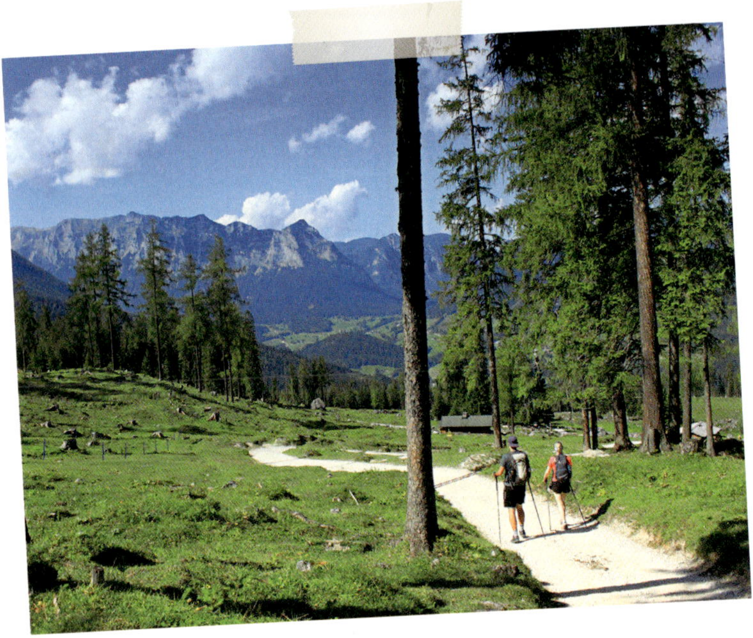

↑ Die Mitterkaseralm kommt in den Blick.

weiter oben und an anderer Stelle ließ sich das Werk des Buchdruckers erkennen, der auch vor den Nationalparkfichten nicht Halt macht. Längst sieht man den Borkenkäfer nicht mehr nur kritisch, trägt er doch wesentlich zur Verjüngung des Bergwalds bei. Bis der Parkplatz erreicht ist, vergeht etwa eine weitere Stunde, genug Zeit, um all die Schönheiten des Wandertages Revue passieren zu lassen.

Tipp

Die Natur hat vier Gesichter im »Haus der Berge«, dem zentralen Ausstellungsgebäude des Nationalparks: Unten dreht es sich um die Wasserwildnis, dann geht es um Leben und Vielfalt im Wald, auf den Almen und schließlich um die Welt der Höhlen und Felsen. Die »Vertikale Wildnis« weitet den Horizont für die natürliche Bandbreite im Nationalpark. haus-der-berge.bayern.de

AUF EINEN BLICK

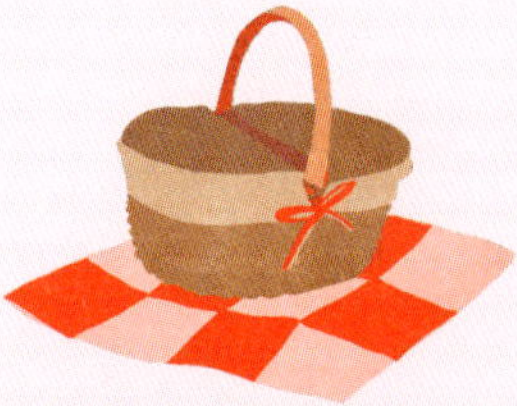

Tour 24: Tour für die Sinne

Dauer: 5.30 Std.

Höhenmeter: 1090 Hm

Länge: 17 km

Schwierigkeit: Schwer

Tourencharakter: Herrliche Tagestour, die einiges an Kondition erfordert, viele schöne Panoramen eröffnet und vielleicht in einem Kaiserschmarrn gipfelt.

Ausgangs-/Endpunkt: Parkplatz Schönau-Hammerstiel (765 m)

Anfahrt: **Pkw:** Auf der A8 bis zur Ausfahrt Piding/Bad Reichenhall, dann auf die B20 und die B21 bis Engedey. Im Kreisverkehr auf die B305 nach Ramsau, dann links ab nach Schönau und dort bald rechts hoch zum ausgeschilderten Parkplatz Hammerstiel (Kleingeld mitnehmen, keine Kartenzahlung möglich)
Bahn/Bus: Mit der Bahn bis Berchtesgaden Hauptbahnhof. Vom ZOB fahren die Buslinien 842, 843 und 846 bis zur Haltestelle Kramerlehen. Von dort sind es 25 min bis zum Parkplatz.

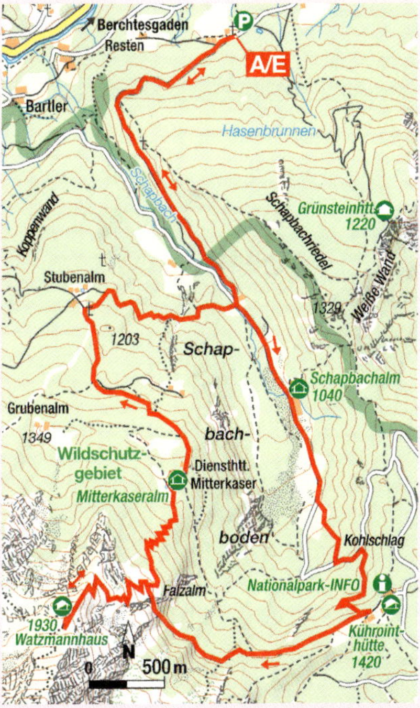

Einkehr: Watzmannhaus, alpenverein-muenchen-oberland.de

Karte: Kompass-Wanderkarte Nr. 14, Berchtesgadener Land & Chiemgauer Alpen, 1:50 000

Information: berchtesgaden.de

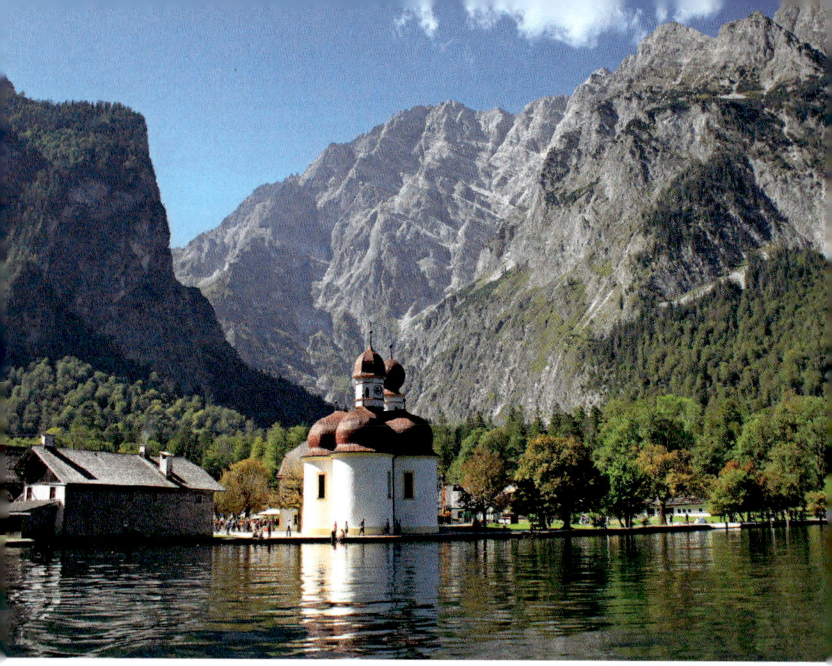

↑ Postkartenklassiker St. Bartholomä ↓ Salet-Alm am Südufer des Königssees

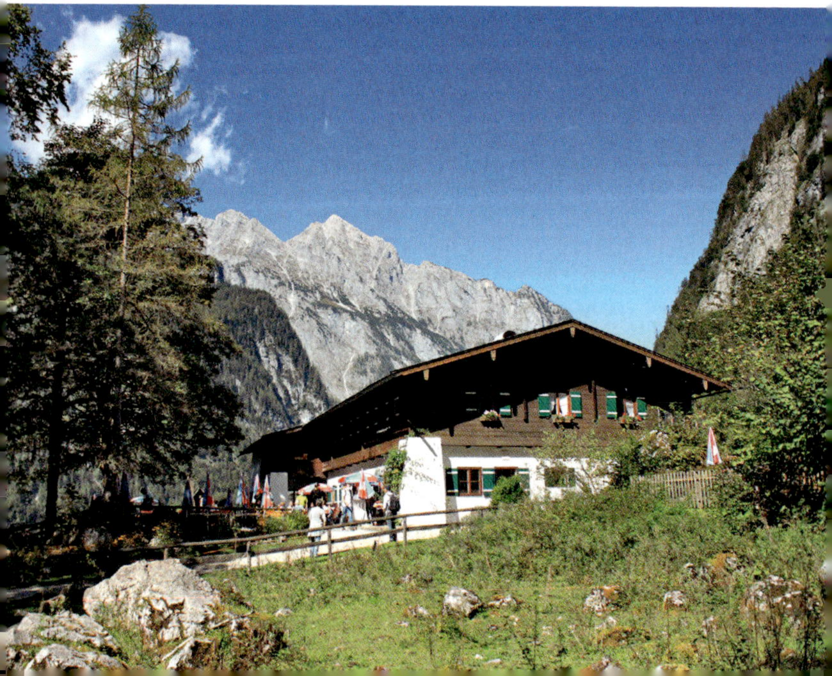

RÖTHBACHFALL

Tour für
TOUR 25
die Sinne

Finale Grande

Am Obersee südlich des Königssees ist die Welt zu Ende – diesen Eindruck erweckt zumindest die Fischunkelalm mit der Röth dahinter. Von ihren Felswänden stürzt der Röthbachfall 470 Meter hinunter, Deutschlands höchster Wasserfall. Möglich aber, dass das Paradies hier erst beginnt.

Viel besungen, viel fotografiert, viel gepostet – kein Wunder, dass alle Welt zum Königssee möchte und ein guter Teil davon sich nicht mit der Zwischenstation in St. Bartholomä zufriedengibt, sondern durchfährt zur Haltestelle Salet. Deshalb gilt für diese traumschöne Wanderung mehr als für jede andere: früh dran sein! Zumal man die erste Stunde entspannen kann. In elektrisch betriebenen Schiffen werden die Besucher über den Königssee gebracht, das ist schon seit Prinzregent Luitpolds Zeiten so, genauer: seit 1909. Motorboote benutzen nur der Fischer, die Wasserwacht und die Kühe, die im Frühjahr auf sogenannten Landauern auf die Almwiesen am Obersee gebracht werden und im Herbst wieder zurückkehren.

Die Watzmann-Ostwand hält viele Rekorde. Sie ist mit 1800 Metern blankem Fels mächtiger als die Eiger-Nordwand und tödlicher auch. 116 Bergsteiger sind seit ihrer Erstbesteigung 1881 dort bereits tödlich verunglückt. Ihre mächtige Unbezwingbarkeit wird mit jedem Meter Fahrt nur offenkundiger. Deshalb also die ganz gemütliche Version: An der Station Salet aussteigen, wenige hundert Meter noch am Königssee entlanglaufen und dann an der Salet-Alm links abbiegen. Durch ein Waldstückchen und über eine kleine Alm führt der breite Weg in einen Wald hinein, der auch leicht die Vorsilbe »Zauber-« verdient hätte. Dicke, bemooste Felsbrocken liegen unter den Bäumen, die Überreste des gewaltigen Felssturzes, der den Obersee vor 900 Jahren vom Königssee abtrennte. Am rechten Ufer des türkisblauen Obersees verläuft der Weg, zunächst sogar

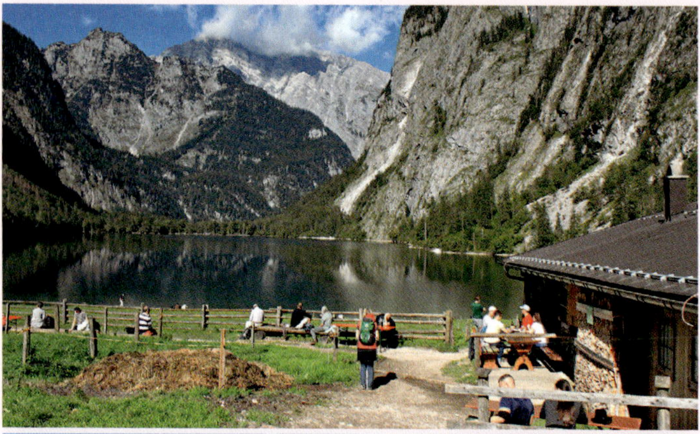

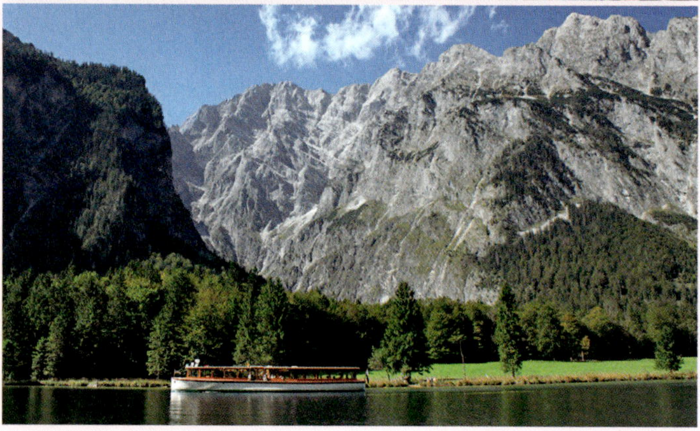

»Einmal im Jahr solltest du
einen Ort besuchen,
an dem du noch nie warst.«

Dalai Lama

noch mit Kinderwagen befahrbar, nach einem Drehkreuz dann etwas anspruchsvoller über bergschuhpolierte Steine. Eine knappe Stunde braucht man mit vielen Fotopausen bis zur Fischunkelalm, weitere 30 Minuten bis zum Röthbachfall.

Im Talschluss unter der Röth ist es so, als hätte jemand das Licht ausgeknipst und die Heizung abgestellt. Gerade noch hat die Sonne mächtig gewärmt, kaum fällt Schatten in den Talkessel, wird es kalt und merklich dunkler. Alle Kühe stehen auf der Sonnenseite, gegenüber steigen hinter einem schmalen Waldstreifen die Felsen an. Der Röthbachfall stürzt als schlanke, lange Spur die Röthwand hinab, 470 Meter tief, das ist Deutschlandrekord.

Vom Ende der Welt aus starten die Wege über die Wasseralm zum Kärlingerhaus und über die Gotzenalm zum Gotzenhaus, jeweils Wanderungen von mehr als vier Stunden. Der Pfad über die Röth-Kante heißt auch »Steig des Leidens«, so fordernd geht es hier bergauf. Dann doch lieber dem Vorbild der Kühe folgen, ab in die Sonne und zurück auf die Fischunkelalm (die Einheimischen sprechen es Fischun-kel aus und nicht etwa Fisch-unkel). Ein kleines Bootshaus träumt im Wasser, am Ende des Panoramas türmt sich die Watzmann-Ostwand auf, unbewegt ruht der See und spiegelt die gegenüberliegenden Felswände. Zurück geht es wie gekommen entlang des Westufers, diesmal mit viel Gegenverkehr und über 511 Millionen Kubikmeter reinsten Königssee-Wassers unter dem Elektroboot.

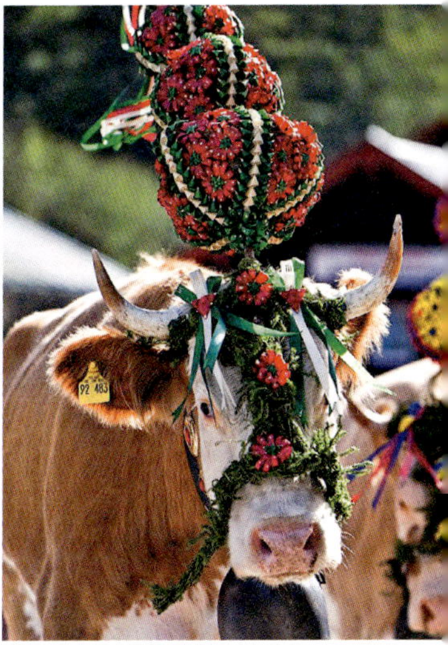

↑ Von der Fischunkelalm bietet sich ein schöner Blick auf den Obersee.
↓ Spielzeugklein mutet das Elektroboot vor der Ostwand des Watzmanns an.
→ Kuh mit Fuiklschmuck

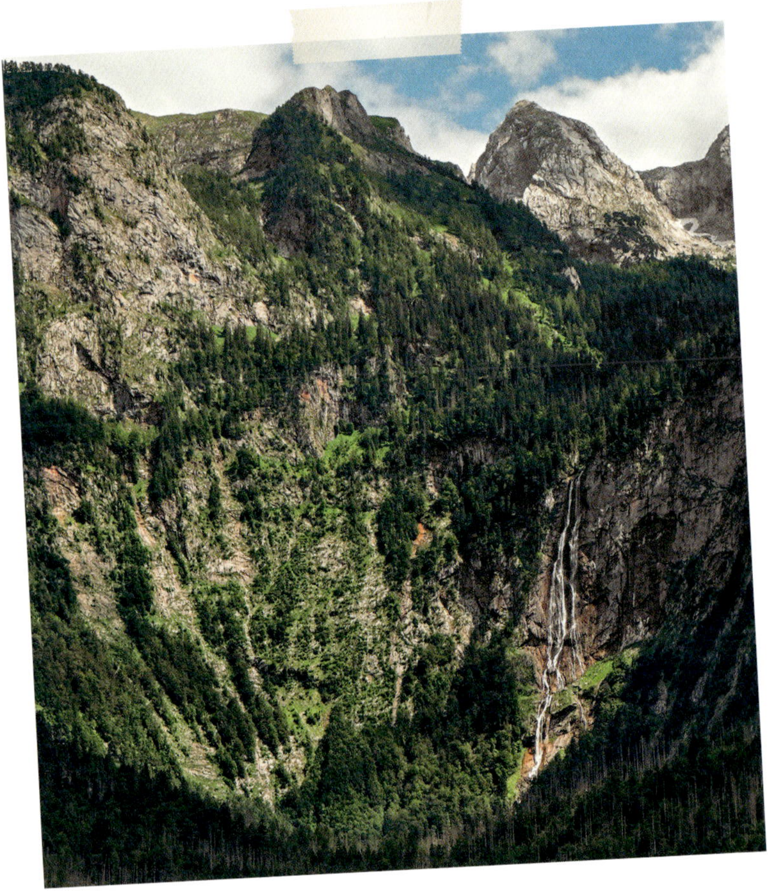

↑ Der schlanke Röthbachfall am Talende

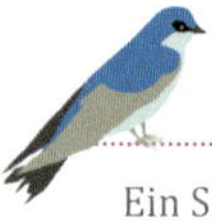

Tipp

Ein Schmetterling, der sehr spezialisiert ist bei der Wahl seiner Heimat: Der Apollofalter, äußerst selten und streng geschützt, liebt die Weiße Fetthenne, die in der Röthwand ihren kargen Boden findet. Genaues Hinsehen lohnt also – vielleicht war es ein weißer Falter mit schwarzen und zwei roten Punkten, der gerade vorbeitanzte!

AUF EINEN BLICK

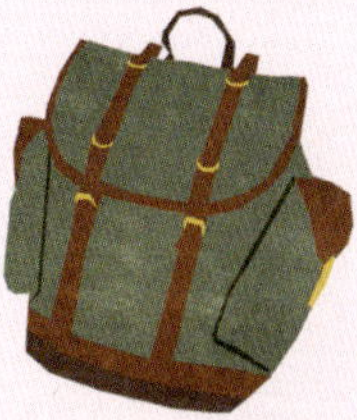

Tour 25: Tour für die Sinne

Dauer: 3 Std.

Höhenmeter: 150 Hm

Länge: 8,2 km

Schwierigkeit: Leicht bis mittel

Tourencharakter: Die Natursensationen sind hier permanent – wo die Augen so viel zu tun haben, trifft es sich gut, dass die Wanderung so entspannt verläuft!

Ausgangs-/Endpunkt: Schiffslände Schönau am Königssee bzw. Haltestelle Salet

Anfahrt: Pkw: Auf der A8 bis zur Ausfahrt Piding/Bad Reichenhall, dann auf die B20 und die B21 bis Berchtesgaden. Im Kreisverkehr am Bahnhof die dritte Abfahrt zum Königssee nehmen. Am Ende der Straße befindet sich ein riesiger Parkplatz für Königssee-Ausflügler.

Bahn/Bus: Mit der Bahn bis Berchtesgaden Hauptbahnhof. Vom ZOB fährt die Buslinie 841 bis zur Haltestelle Königssee.

Einkehr: Salet-Alm, saletalm.de, Fischunkelalm

Karte: Kompass-Wanderkarte Nr. 14, Berchtesgadener Land & Chiemgauer Alpen, 1:50 000

Information: berchtesgaden.de

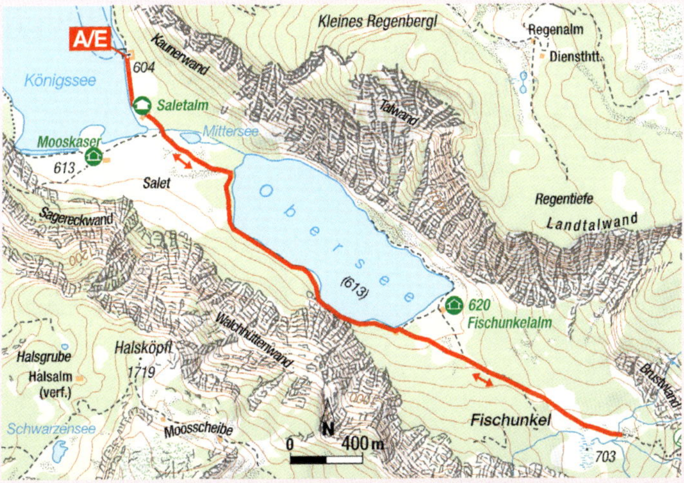

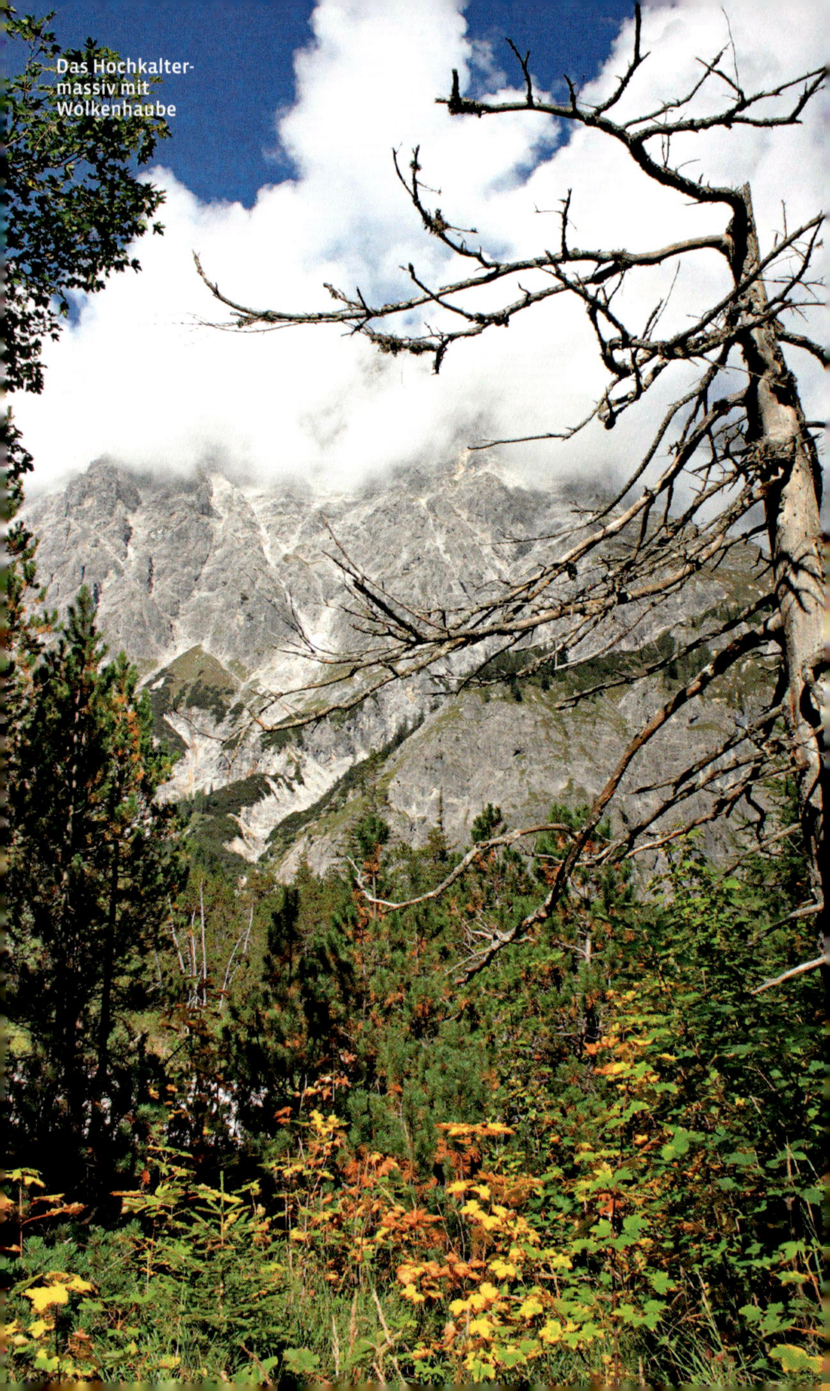

Das Hochkalter-
massiv mit
Wolkenhaube

Tour für

TOUR 26

den Genuss

WIMBACHTAL

Ganz großes Theater

Mit einem Paukenschlag geht es los: In der Wimbachklamm bleibt niemand unbewegt von der Kraft und der Schönheit des wilden Wassers. Dahinter öffnet sich ein breites Tal, durch das ein schöner Weg hinaufführt – und in dem der Wimbach auf einmal verschwindet.

Das Wimbachtal ist so etwas wie das Herzstück des 1978 gegründeten Alpen-Nationalparks, wild, schön und zumindest am Morgen unfassbar still. Der Anfang nach einem kurzen Fußmarsch vorbei an den Weiden des Alpinen Steinschafs und dem Wollstadl des Wimbachlehens (hier steht ein Automat für die Eintrittstoken) aber ist alles andere als leise. Links führt der Weg zum Drehgitter hinab, hinter dem die große Wassermusik beginnt – laut tosend bahnt sich der Wimbach seinen Weg durch die Klamm. Über Holztreppen und Steinstufen geht der Mensch am rechten Ufer entlang, auf der Gegenseite fließen unzählige Bäche die Felsen hinab in die fantastische Gischt.

Wie ein Traum – und ähnlich schnell vorbei: Nur gut 200 Meter misst die Wimbachklamm und schließt auf dieser kurzen Strecke Millionen Jahre der Erdzeit auf. Durch eine weitere Drehtür verlässt man sie und hält sich links am türkisgrün leuchtenden Bach, der in einem breiten Bett aus Schutt und »Gries« der Klamm zuströmt. Gries heißen die verwitternden Dolomitbruchstücke aus dem Watzmann- und dem Hochkaltermassiv, neben dem Kalk das Hauptgestein der mächtigen Bergblöcke. Über zehn Kilometer schiebt sich der Schuttstrom durch das Tal. Der Weg führt derweil durch den Bergmischwald und vormittags im Watzmannschatten Richtung Wimbachschloss – auch die Westflanke des Watzmanns macht sich ordentlich breit. Den Buchenwald, der sich bald rechts des Wegs zwischen moosbewachsenen Findlingen erstreckt, hat Ludwig I. im 19. Jahrhundert gepflanzt, und man wundert sich nur, woher der wuselige Wittelsbacher die

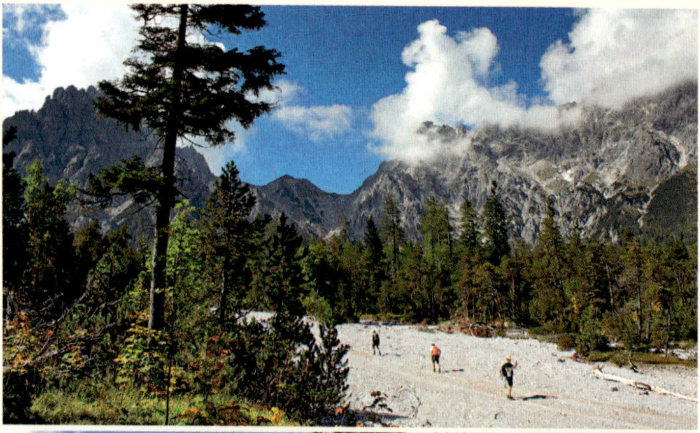

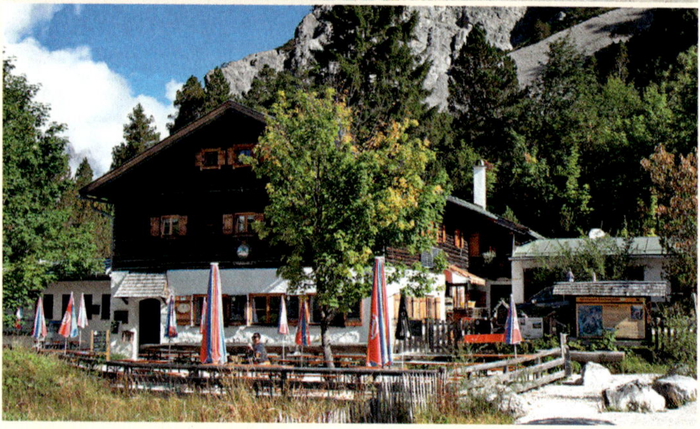

»Wandern ist eine Tätigkeit der Beine
und ein Zustand der Seele.«

Josef Hofmiller

Zeit genommen hat. Doch vielleicht hat er sich beim Buchensetzen im Bergwald von der Umgestaltung Münchens zum »Isar-Athen« erholt.

Während sich anderswo Revolutionen anbahnten, erbaute man in Bayern fürstpröbstliche Jagdschlösser: 1784 ließ Joseph Konrad Freiherr von Schroffenberg auf 941 Metern Höhe das Wimbachschloss errichten. Heute isst man dort nach eineinhalb Stunden Wanderung sehr gut, aber vielleicht doch besser erst auf dem Rückweg von der Wimbachgrieshütte. Dorthin geht es eine weitere Stunde auf dem schönen Kiesweg, der stetig, aber gemächlich ansteigt. Über den Bäumen, von denen manche fantastische Formen bilden, weitet sich das Panorama mit jedem Schritt. Nach einer Passage über einen schmalen Schuttarm quert der Weg bald den großen Gesteinsstrom und führt an dessen linkem Ufer entlang weiter unter Bergahornen hindurch, zwischen die sich weiter oben Latschen und die seltenen Spirken mischen. Nach wenigen Minuten auf dem kahlen Gries ist die Wimbachgrieshütte auf 1327 Metern Höhe erreicht, heute ein ökologisch vorbildlich wirtschaftendes Haus der Naturfreunde München.

Hirschwieskopf, Hundstod, Palfelhörner stehen ringsum, schauen auf den breiten Schuttstrom hinab und speisen ihn. Als würden sie den festlichen Rahmen bilden – dabei spielt sich das meiste hinter oder besser: unter den Kulissen ab. Denn das Wasser, das hier oben durch das bis zu 300 Meter mächtige Steinchen-Chaos sickert, braucht bis zu sieben Jahre, bevor es kurz oberhalb der Wimbachklamm wieder zutage tritt. Das entspricht einer Geschwindigkeit von 0,00000023 Kilometern pro Stunde. Was für ein Kontrast zur tosenden Eile des Wassers in der Klamm!

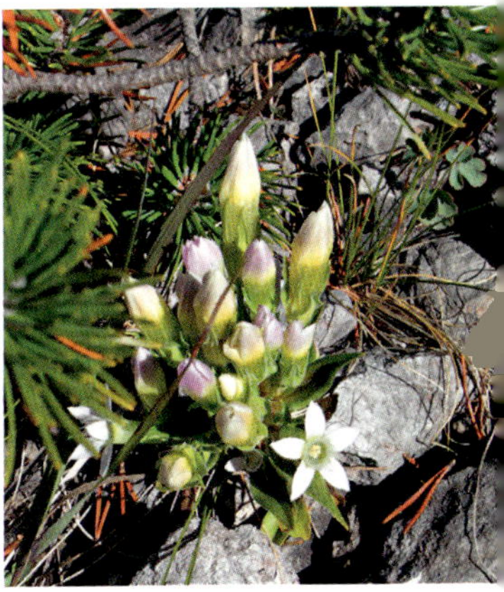

↑ **Auf dem Wiembachgries gehen Wanderer über Jahrmillionen.**
↓ **Die Wiembachgrieshütte hat ein modernes Energiekonzept.**
→ **Weißer Enzian**

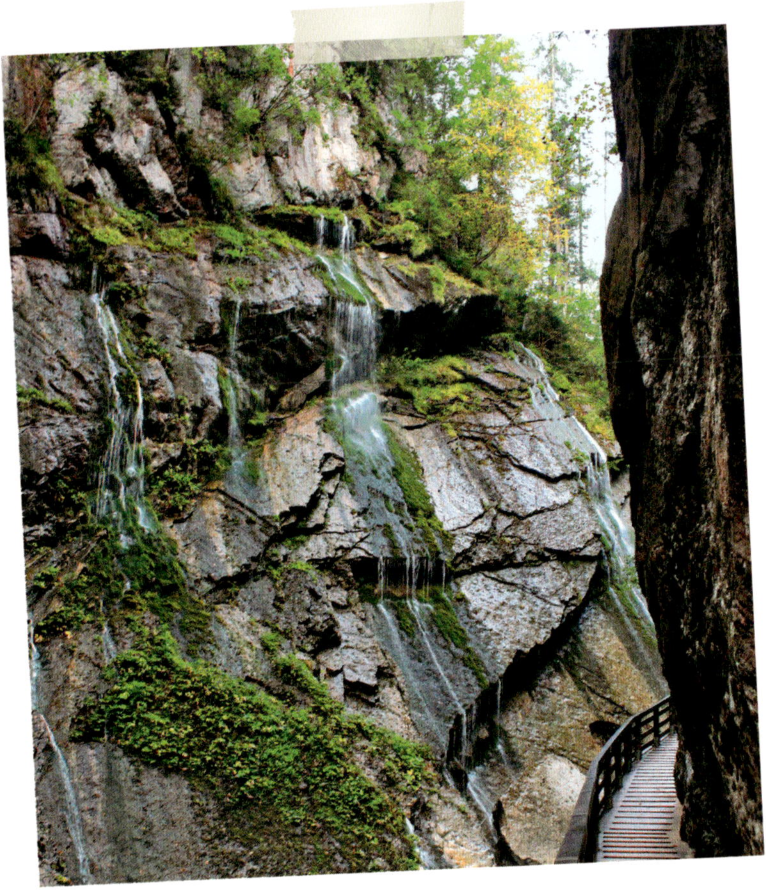

↑ In der dramatisch schönen Wimbachklamm

Tipp

An guten Übernachtungsmöglichkeiten herrscht weder in Berchtesgaden noch in Ramsau Mangel, doch ein spontan gefasster Übernachtungswunsch hat in großen Häusern wohl am meisten Aussicht auf Erfolg. Im Hotel Rehlegg gibt es 87 Zimmer und Suiten, modern-alpenländisch eingerichtet und mit Halbpension buchbar. rehlegg.de

AUF EINEN BLICK

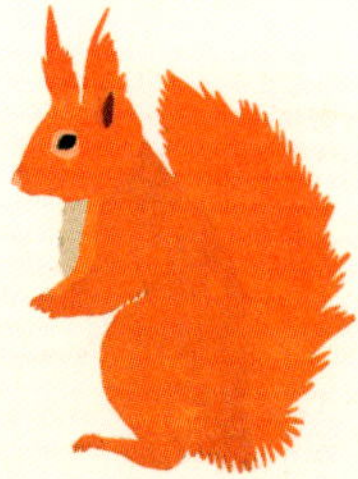

Tour 26: Tour für den Genuss

Dauer: 4.45 Std.

Höhenmeter: 680 Hm

Länge: 17,6 km

Schwierigkeit: Mittel

Tourencharakter: Angenehm ansteigender Weg durch ein geologisch spannendes Kerntal des Nationalparks und auf der gleichen Route zurück. Allein die Länge ist für die Kategorie »mittel« verantwortlich.

Ausgangs-/Endpunkt: Parkplatz An der Wimbachbrücke (637 m)

Anfahrt: **Pkw:** Auf der A8 bis zur Ausfahrt Piding/Bad Reichenhall, dann auf die B20 und die B21 bis Unterjettenberg. Dort über die B305 nach Ramsau bis zum Parkplatz Wimbachbrücke
Bahn/Bus: Mit der Bahn bis zum Berchtesgadener Bahnhof. Von dort fährt die Buslinie 846 Richtung Ramsau.

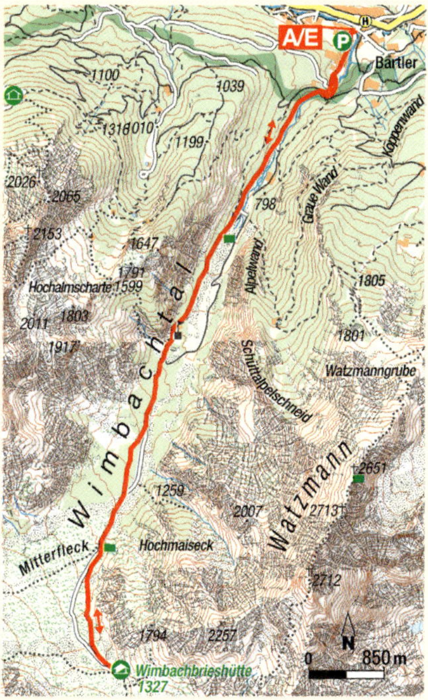

Einkehr: Wimbachschloss, wimbachschloss-ramsau.de, Wimbachgrieshütte, wimbachgrieshuette.de

Karte: Kompass-Wanderkarte Nr. 14, Berchtesgadener Land & Chiemgauer Alpen, 1:50 000

Information: berchtesgaden.de, ramsau.de

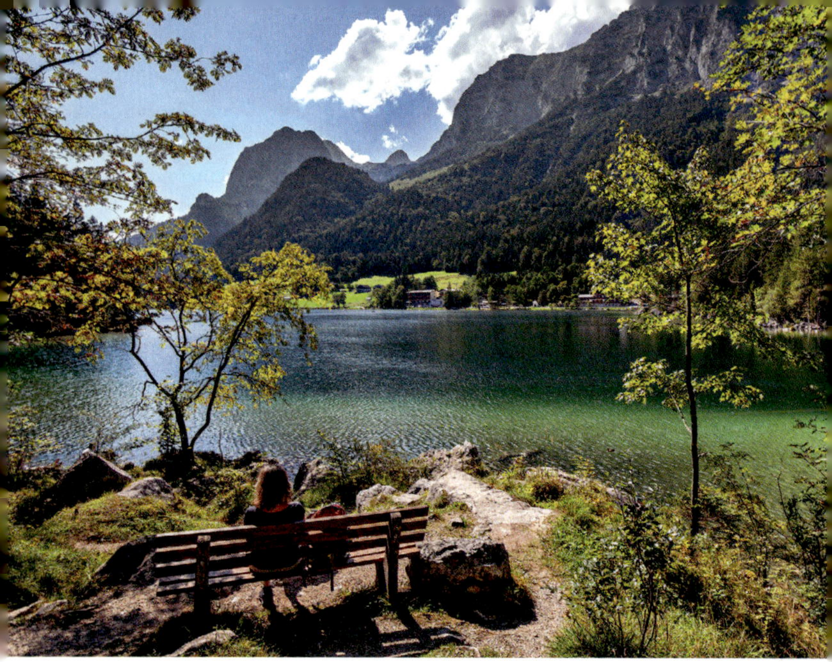

↑ Himmlischer Hintersee mit Teufelskopf ↓ Muntere Ache im Zauberwald

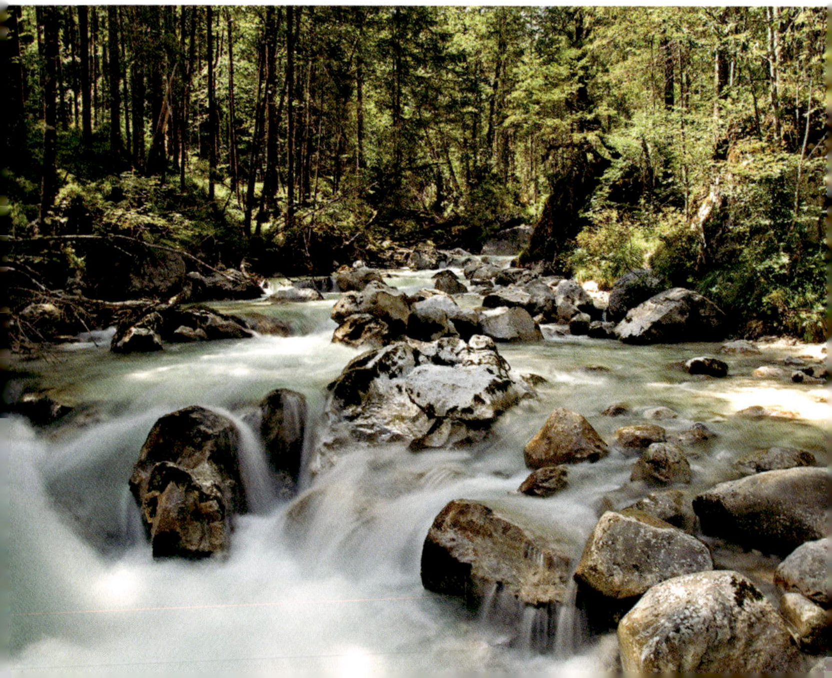

ZAUBERWALD AM HINTERSEE

Tour für die Sinne
TOUR 27

Romantische Runde

Seit 100 Jahren trägt der Zauberwald am Hintersee bei Ramsau seinen Namen – er inspirierte einst die Landschaftsmaler und erfreut heute Wanderer aus aller Welt. Nur eines darf man nicht erwarten: die fünf Kilometer lange Wald- und Seerunde allein zurückzulegen.

Das Wasser rauscht, tost und springt über die Felsen, als wäre es ihm eine Freude – so klar und so frisch, dass einem das Herz aufgeht. Das muntere Treiben der Ramsauer Ache, die sich aus dem Sillersbach und dem Klausbach speist, zaubert ein Lächeln in fast jedes Gesicht. Am östlichen Ende des Parkplatzes an der Hinterseer Straße führt ein steiniger Weg zur Ache und über eine Holzbrücke ans andere Ufer. Mit stetem Rauschen begleitet das Flüsschen ab dann den gekiesten Uferweg, der leicht bergan führt, unter dicken Felsen hindurch, an bemoosten Steinbrocken vorbei, um Baumstämme herum, mal treppauf, mal als hölzerner Steg. Ein Bergsturz zwischen Schärtenspitze und Steinberg warf die Felsen vor rund 3500 Jahren ins Tal. Ende des 19. Jahrhunderts erkannte Ramsaus Ortsverschönerungsverein das Potenzial und legte den Weg an, der am Hintersee endet. Am besten wählt man zuerst die Passage links an der Straße entlang, dann kommt das schönere Ufer am Schluss, bevor es erneut am Bach entlang zur Brücke und hinauf zum Parkplatz geht.

Etliche Wanderer um den Hintersee erliegen dem Irrtum, sie würden den Watzmann am anderen Seeufer sehen. Leider falsch! Von der Nordseite des Sees aus sind Rotpalfen, Wasserwandkopf, Klein- und Hochkalter zu sehen, wirklich alle gewaltig und erhaben und Teil des Nationalparks Berchtesgaden, aber eben nicht Deutschlands schönster Berg. Heute nimmt der Hintersee nur noch ein Drittel seiner ursprünglichen Fläche ein,

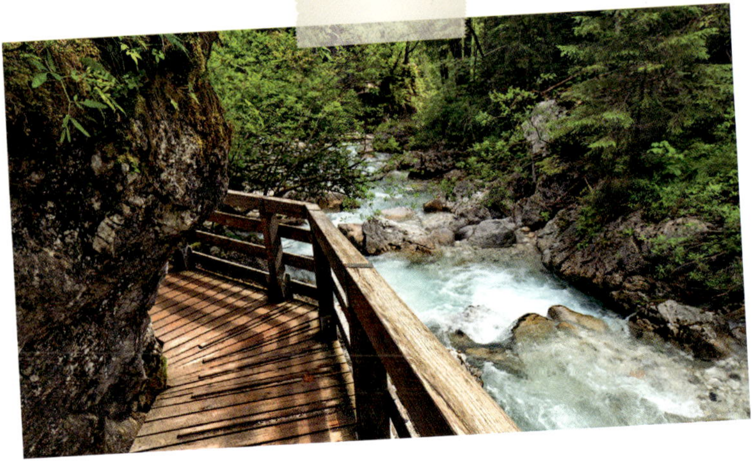

↑ **Der Weg am Bach entlang ist perfekt ausgebaut.**

der Gerölleintrag trägt zu seiner Verlandung bei. Ein schöner Anblick bleibt sein grünblauer Wasserspiegel von den vielen Bänken aus dennoch.

Als die ersten Landschaftsmaler in den 1830er-Jahren kamen, fanden sie hier die passende Landschaft für ihre Sehnsucht vor: Carl Rottmann, Ludwig Richter und Ferdinand Waldmüller heißen die bekanntesten Vertreter, wenige Frauen waren auch dabei. Am Hintergrund der schwärmerischen Bilder hat sich kaum etwas geändert, am Vordergrund schon, damals steckte der Tourismus noch in den Kinderschuhen. Wer heute den Zauber im Wald ganz exklusiv spüren möchte, muss antizyklisch kommen – in den frühen Morgenstunden und vielleicht im April und November.

Tipp

Ramsau ist Bayerns erstes Bergsteigerdorf. Die Anforderungen an den vom Deutschen Alpenverein verliehenen Titel sind streng: Orientierung an den Zielen der Alpenkonvention, der Akzent liegt auf sanftem Tourismus, nachhaltiger Bergwald- und Berglandwirtschaft und auf umweltfreundlicher Mobilität. Mehr Infos unter bergsteigerdoerfer.de

AUF EINEN BLICK

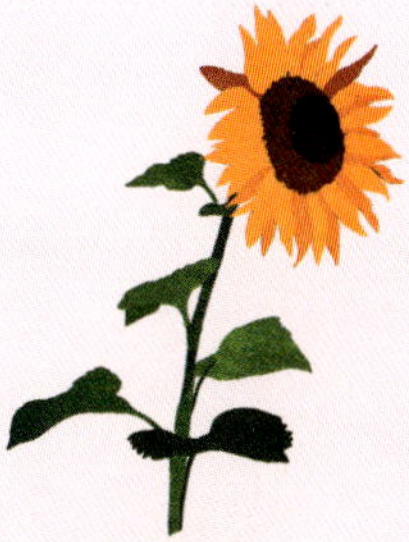

Tour 27: Tour für die Sinne

Dauer: 1.30 Std.

Höhenmeter: 50 Hm

Länge: 5 km

Schwierigkeit: Leicht

Tourencharakter: Verwunschener Waldweg mit Seeumrundung, aber viel besucht

Ausgangs-/Endpunkt: Parkplatz Hinterseer Straße (790 m)

Anfahrt: Pkw: Auf der A8 bis zur Ausfahrt Piding/Bad Reichenhall, dann auf die B20 und die B21 bis Unterjettenberg. Dort über die B305 nach Ramsau bis zum Parkplatz Hinterseer Straße
Bahn/Bus: Mit der Bahn bis Berchtesgaden Hauptbahnhof. Von dort fährt die Buslinie 846 nach Ramsau und Hintersee.

Einkehr: Gasthof Auzinger

Karte: Kompass-Wanderkarte Nr. 14, Berchtesgadener Land & Chiemgauer Alpen, 1:50 000

Information: berchtesgaden.de, ramsau.de

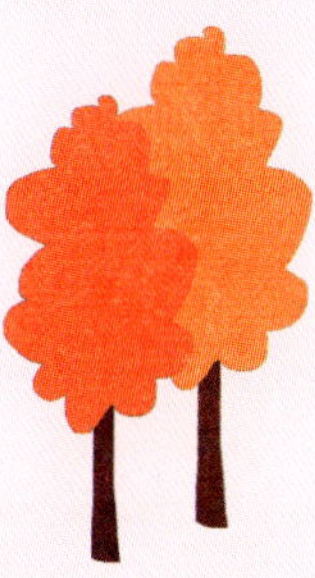

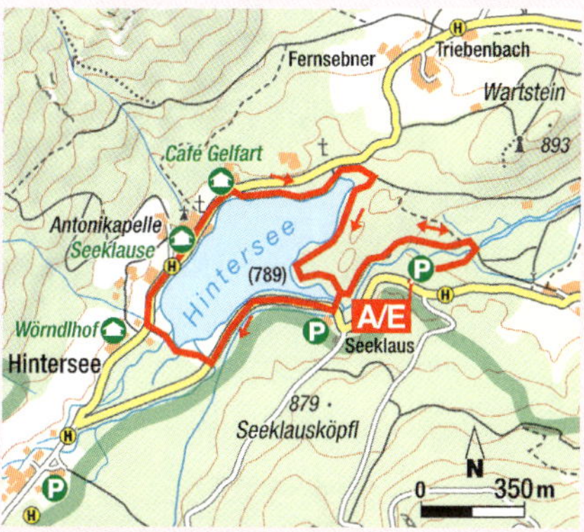

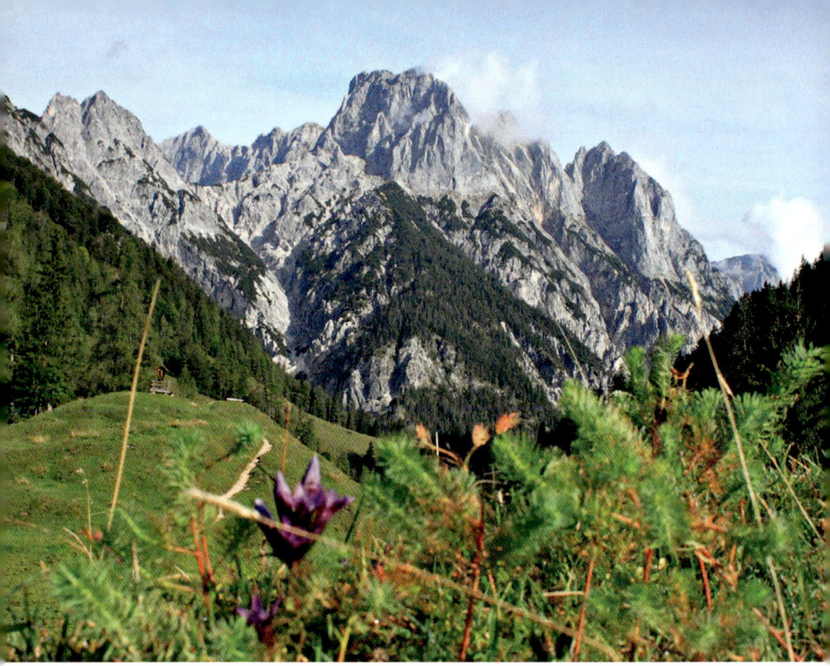

↑ Mühlsturzhörner von der Bindalm aus ↓ Klausbachhaus am Taleingang

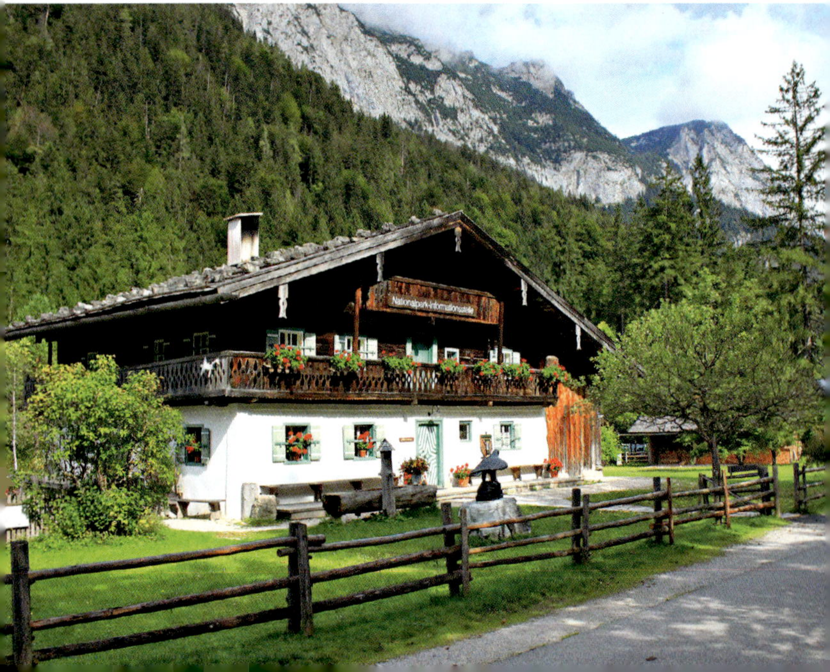

KLAUSBACHTAL

Tour TOUR 28 ohne Uhr

Wo die Idylle wohnt

Ein Nationalparktal für Radfahrer und Spaziergänger – auch für solche, die nicht so gut zu Fuß sind! Sie transportiert der Almerlebnisbus bis zum Hirschbichlpass, wo ein bezaubernder Wanderweg ins Tal zurückführt. Unbestrittener Höhepunkt: die 55 Meter lange Hängebrücke.

Während der Hintersee noch unterm Frühnebel schlummert, sammeln sich ein paar hundert Meter weiter die ersten Wanderer an der Haltestelle Hirschbichlstraße und warten auf den Almerlebnisbus. Während für Autos die Fahrt auf dem Parkplatz endet, pendelt der Bus zwischen Ramsau und Weißbach bei Lofer durch die Kernzone des Nationalparks, vorbei an Hals-, Ragert-, Litzl- und Bindalm. Wer nicht von vornherein entschlossen ist, beide Strecken aus eigener Kraft zu bewältigen, sollte in den Bus steigen und vom Ausstieg Hirschbichl die knapp sieben Kilometer mit schönster Sicht auf die Ramsauer Dolomiten bergab zurücklegen. Ganz wichtig dabei: die Rast an einer oder mehreren Kasern, auch wenn sie der Kalorienverbrauch bei dieser Genusstour nicht wirklich rechtfertigt.

Für die größere Wanderlust auf Hin- und Rückweg geht es vorbei am Klausbachhaus nach einer kurzen Strecke über den Asphalt links auf den breiten Weg, der Fußgängern vorbehalten ist – so sieht es das Wegegebot des Nationalparks vor. Biker, die meisten mit E-Antrieb (immerhin gilt es, bis zu 17 Prozent Steigung zu überwinden), bleiben von einem kurzen Stück abgesehen auf der Straße. Die Wanderroute 481 führt zunächst eben dahin über grüne Wiesen, auf denen einzelne Bäume den dichter werdenden Mischwald ankündigen. Meist geht es dicht am Klausbach entlang, der mit vollem Namen Hirschbichlklausgraben heißt, und ehedem kurz unterhalb des Passes durch ein Triftwehr aufgestaut wurde. Randvoll gefüllt, wurde die Klause geöffnet, um das an den Ufern geschlagene Holz ins Tal zu schwemmen.

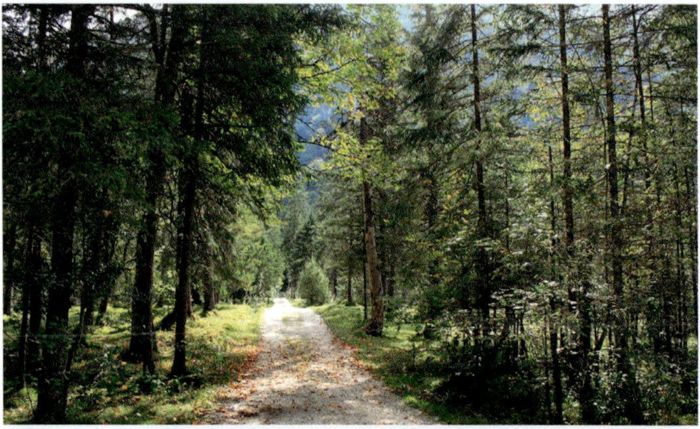

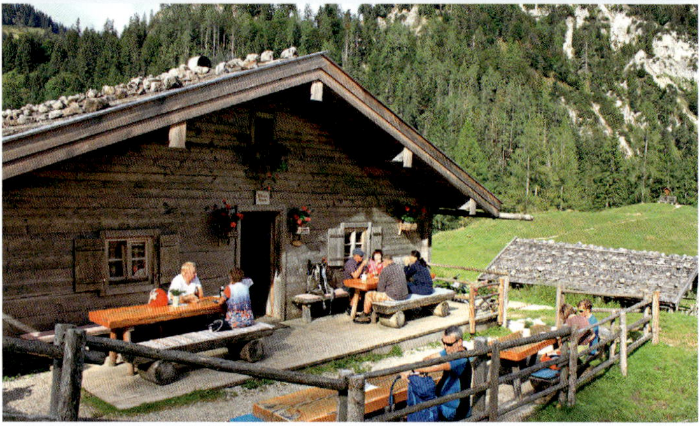

»Ich sitze immer noch
in der verdammt schönen Ramsau.«

Carl Rottmann, 1822 an seine Braut Friederike

Nach etwa einer Stunde ist die Hängebrücke erreicht, die eigentlich nur einer ständigen Malaise abhelfen sollte, sich aber schnell zum Publikumsliebling entwickelte. Vor ihrem Bau 2010 musste fast jährlich eine neue Brücke über den Fluss gelegt werden, so wild gebärdete er sich nach starken Regenfällen oder üppiger Schneeschmelze. Eine Hängebrücke sollte das Problem ein für alle Mal lösen – sichere elf Meter über dem Bachbett und 55 Meter lang von Ufer zu Ufer. Es gibt wohl wenige Hängebrücken auf der Welt, über die auch Schwindelgeplagte so leichten Herzens gehen! Am anderen Ufer angelangt, kommt man über ein holzbeplanktes Stück Weg am Fels entlang zu einigen Bänken mit schöner Sicht auf die Brücke und die beiden Mühlsturzhörner. Vom kleineren Horn brach in der Nacht auf den 8. September 1999 ein enormes Stück Felsen ab, insgesamt 250 000 Kubikmeter Gestein, und donnerte herab. Wochenlang lag der Gesteinsstaub wie Mehl über dem Tal, bevor es das erste Mal regnete.

So erzählt es die Kaserin auf der Bindalm. Dorthin geht es über mehrere, teils kräftigere Anstiege, zuerst durch den Wald, dann – nach einer flacheren Passage – die Alm hoch. Dieses Stück Weg dürfen auch Radfahrer nutzen. Der Mösler Kaser auf der Bindalm gilt als eine der schönen bewirtschafteten Hütten auf den Almen des Klausbachtals. Die Speisekarte ist ganz einfach gehalten, vom Butterbrot für 1,50 Euro bis zum Kasbrot, das mit selbstgemachtem Grau- und Knoblauchkäse als kleine Spezialität durchgeht. Manche Gäste kommen eigens für die Buttermilch aus Eigenproduktion, die allermeisten aber für die Aussicht und das reizende Wirtspaar in Tracht und Jogginghose. Wenn hier nicht die Idylle wohnt, wo dann?

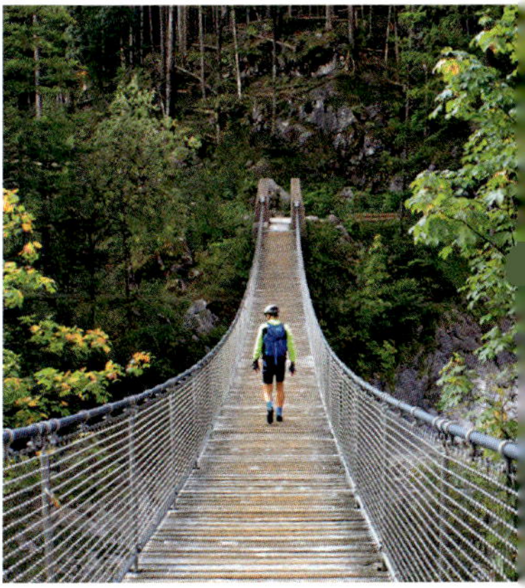

↑ **Sanfter Anfang**
↓ **Rast auf der Bindalm**
→ **Die Hängebrücke ist der dramaturgische Höhepunkt der Tour.**

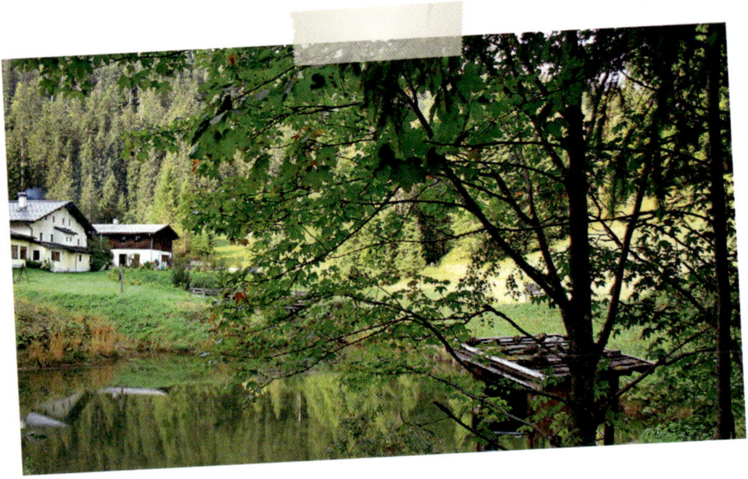

↑ **Die Triftklause unterhalb des Hirschbichlpasses**

Hinter der Bindalm führt der Weg bald in ein Waldstück und mündet schließlich in die Straße, auf der man nach wenigen Minuten die Haltestelle Hirschbichl erreicht. Die Infotafeln zur Geschichte, zum Salzhandel, einigen Morden, den Frauen und dem regen Schmuggel liegen noch vor der Grenze, der Gasthof und die Kapelle schon dahinter. 1895 baute der damalige Mooswacht-Wirt eine Lourdesgrotte – bis heute ein Ziel für Wallfahrer. Der Rückweg über die gleiche Strecke ist die reine Belohnung mit völlig neuen Perspektiven auf die Mühlsturzhörner links und das Hochkaltermassiv rechts, auf den Wechsel von Wald und Wiese, die mal größere, mal direktere Nähe zum Klausbach und auf die gluckernden Bäche entlang der Strecke. Und wer weiß: Vielleicht lässt sich sogar ein Steinadler blicken!

Tipp

Ein Zwiehof vereint alles unter einem Dach: Kochen, Schlafen, Leben, Viehhaltung. Diesem Prinzip diente auch das Klausbachhaus, das auf das Jahr 1757 zurückgeht. Allerdings stand es damals andernorts und wurde erst in den 1990er-Jahren versetzt. Heute ist dort eine Infostelle des Nationalparks untergebracht. berchtesgaden.de

AUF EINEN BLICK

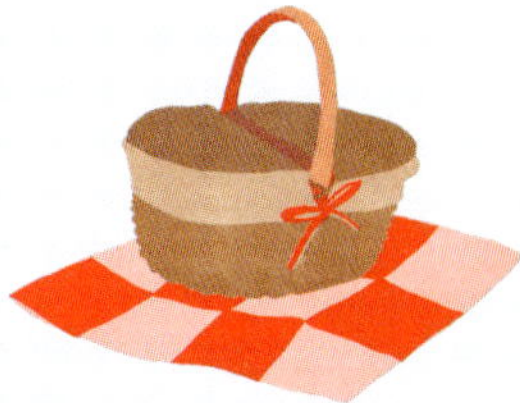

Tour 28: Tour ohne Uhr

Dauer: 3.45 Std.

Höhenmeter: 310 Hm

Länge: 13 km

Schwierigkeit: Leicht

Tourencharakter: Hier ist alles möglich – reines Fahren, halbes Wandern, ganzes Wandern. Die Natur bleibt herrlich.

Ausgangs-/Endpunkt: Parkplatz Hirschbichlstraße (780 m)

Anfahrt: **Pkw:** Vor Ramsau Richtung Hintersee und am Seeufer entlang bis zum Parkplatz **Bahn/Bus:** Vom Berchtesgadener ZOB fährt die Buslinie 846 Richtung Hintersee, dort Umstieg in den Almerlebnisbus möglich.

Einkehr: Bindalm

Karte: Kompass-Wanderkarte Nr. 14, Berchtesgadener Land & Chiemgauer Alpen, 1:50 000

Information: berchtesgaden.de

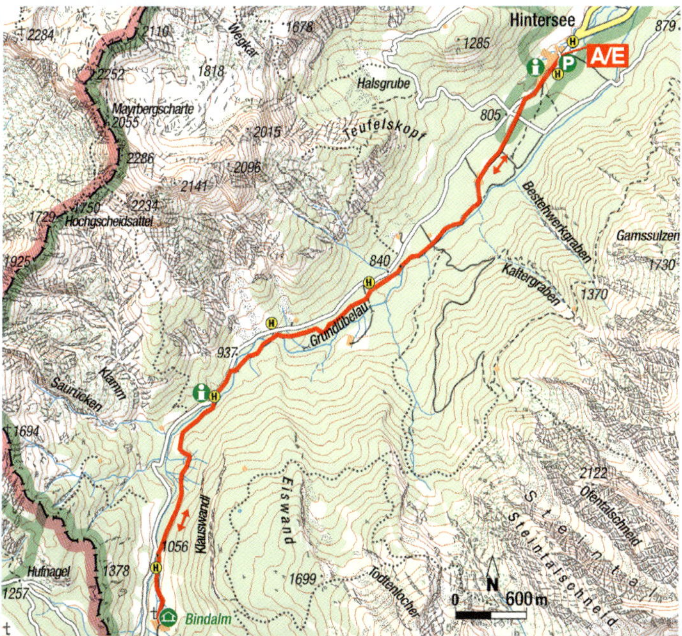

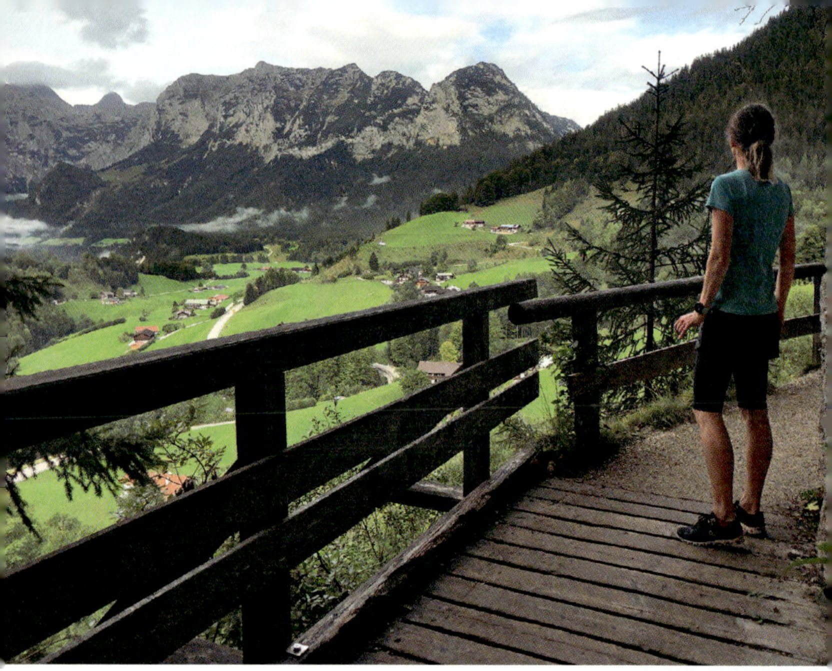

↑ Blick auf die Reiter Alm ↓ Wissen sie, wie schön die Aussicht ist?

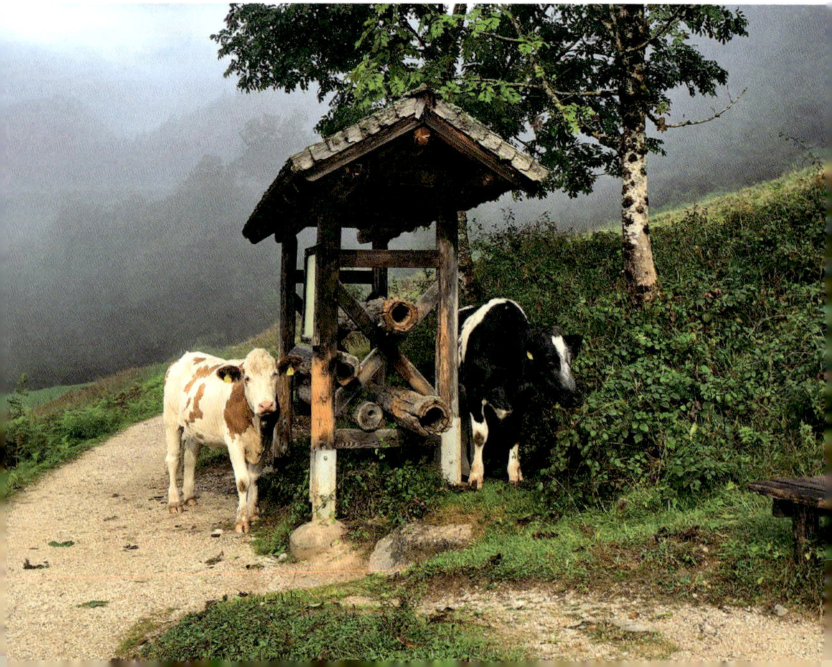

SOLELEITUNGSWEG

Tour für die Sinne

TOUR 29

Dem Salz sei Dank

Bis vor 100 Jahren plätscherte hier salzhaltiges Wasser durch die Soleleitung vom Brunnenkopf Söldenköpfl bis Bad Reichenhall. Heute nutzt ein Höhenwanderweg die kinderwagenbreite Trasse am Sonnenhang über Ramsau – sie ist aber auch bei wolkigem Wetter ein Gewinn.

»Jeder baierische Patriot ist schuldig, ein so großes Werk der Nachwelt anzupreisen«, schrieb der Münchner Topograf Adrian von Riedl. Nun denn: Die Soleleitung war wirklich fantastisch. Sie transportierte ab 1817 über eine Strecke von 29 Kilometern das salzhaltige Wasser vom Salzbergwerk in Berchtesgaden bis zur Saline nach Reichenhall. Die 356 Meter Höhenunterschied aus dem Tal bis zum Brunnenkopf Söldenköpfl überwand eine Wassersäulenmaschine, konstruiert vom Soleleitungsingenieur Georg Friedrich von Reichenbach, der auch optische Instrumente herstellte, eine Metallhobelmaschine und astronomische Fernrohre. Bis 1927 war die Leitung, die vom Söldenköpfl bis Reichenhall das leichte Gefälle nutzte, in Betrieb.

Heute sind nur noch Reste der Rohre zu erkennen, und Wandernde machen die leichte Neigung unterm Schuh kaum aus, wenn sie vom Zipfhäusl bis zum Söldenköpfl mal über satte Weiden, mal durch den kühlen Wald gehen. Eine Beschreibung erübrigt sich, weil sich das Ziel nicht verfehlen lässt – nur den Kilometer- beziehungsweise Zeitangaben auf der Strecke ist nicht recht zu trauen. Alles andere aber könnte schöner nicht sein, sei es die Hanglage, sei es die stolperfreie Wegbeschaffenheit oder die Aussicht. Sie reicht von der Reiteralm über das Hochkaltermassiv und den Watzmann bis über Ramsau und Berchtesgaden mit dem Hohen Göll, dem Hohen Brett und den Gipfeln des Hagengebirges. Auf etwa halber Strecke öffnet sich der Blick ins Wimbachtal, und sein gewaltiger Schuttstrom lässt sich nahezu komplett überschauen. Schon die Reisemaler des frühen

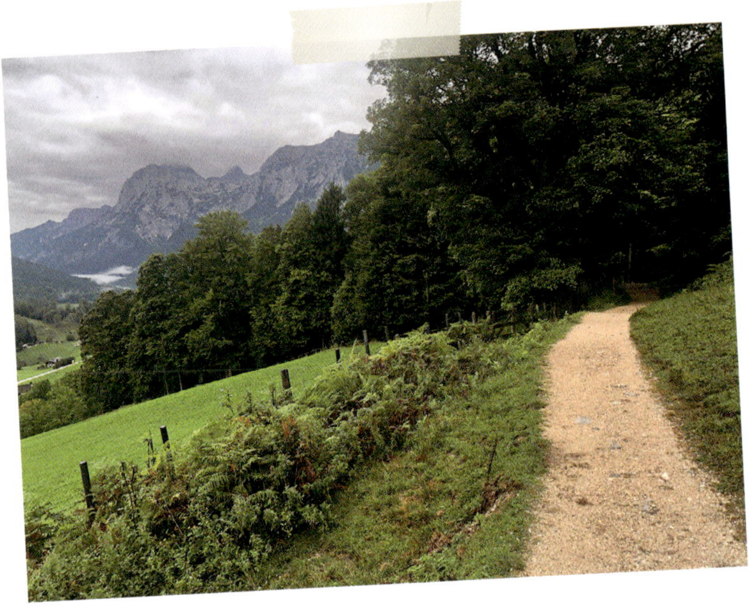

↑ **Ein fast ebener Weg, auch geeignet für Kinderwagen**

19. Jahrhunderts fingen die Erhabenheit des Panoramas ein und liefern Historikern ganz nebenbei Informationen über die Besiedlung im Tal. Hatten einst auch die einheimischen Arbeiter einen Blick für die Schönheiten ihrer Umgebung? Denn ob alles in Ordnung war, die Rohre hielten und kein Tropfen der wertvollen Fracht verlorenging, dafür musste regelmäßig auf der Strecke patrouilliert werden. Was für ein herrlicher Job!

Tipp

Aus dem Bergwerk Berchtesgaden kam es her, das Salz, das in Wasser gelöst durch die Leitungen floss und später in der Saline zu Kochsalz verwandelt wurde: Seit 500 Jahren wird im ältesten aktiven Salzbergwerk Deutschlands Salz gewonnen. Heute besuchen rund 400 000 Besucher pro Jahr das Schaubergwerk. Seine Höhepunkte: der 100 Meter lange Salzsee und die langen Holzrutschen. salzbergwerk.de

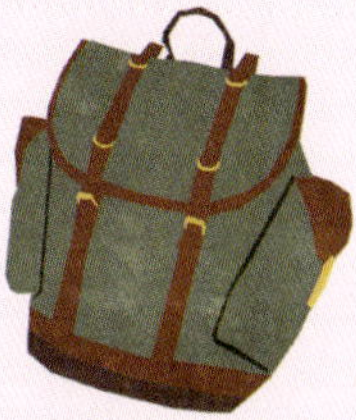

AUF EINEN BLICK

Tour 29: Tour für die Sinne

Dauer: 2.30 Std.

Höhenmeter: 40 Hm

Länge: 10,3 km

Schwierigkeit: Leicht

Tourencharakter: Ein Panoramaweg der Extraklasse, gangbar bei jedem Wetter und sogar im Winter

Ausgangs-/Endpunkt: Parkplatz Zipfhäusl (916 m)

Anfahrt: Pkw: Auf der A8 bis zur Ausfahrt Piding/Bad Reichenhall, dann auf die B20 und die B21 bis Unterjettenberg. Dort auf die B305 und im Kreisverkehr hinter Ramsau bergauf über die Schwarzecker Straße Richtung Hochwarzeck-Bergbahn/ Loipl. Auto am Parkplatz Zipfhäusl abstellen
Bahn/Bus: Mit der Bahn bis Berchtesgaden-Bahnhof. Von dort verkehrt die Buslinie 846 Richtung Ramsau und Hintersee, dort oder an der Neuhausenbrücke Umstieg in den Panoramabus 845. Leider sind die Abfahrtszeiten nicht optimal aufeinander abgestimmt.

Einkehr: Berggasthof Zipfhäusl, zipfhausl.de, Berggasthof Gerstreit, berggasthof-gerstreit.de, Berggaststätte Söldenköpfl, berggaststaette-soeldenkoepfl.de

Karte: Kompass-Wanderkarte Nr. 14, Berchtesgadener Land & Chiemgauer Alpen, 1:50 000

Information: berchtesgaden.de

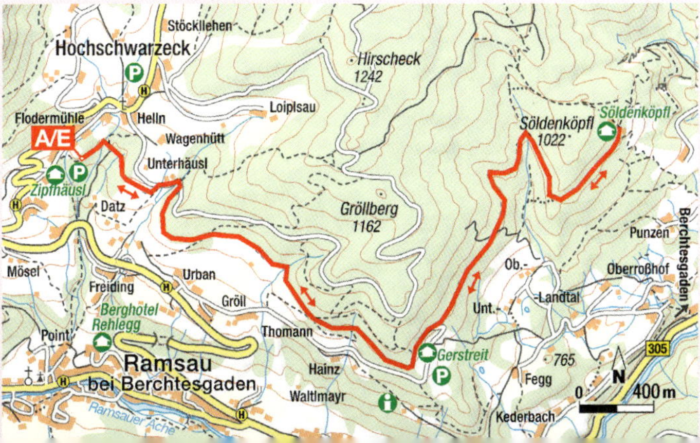

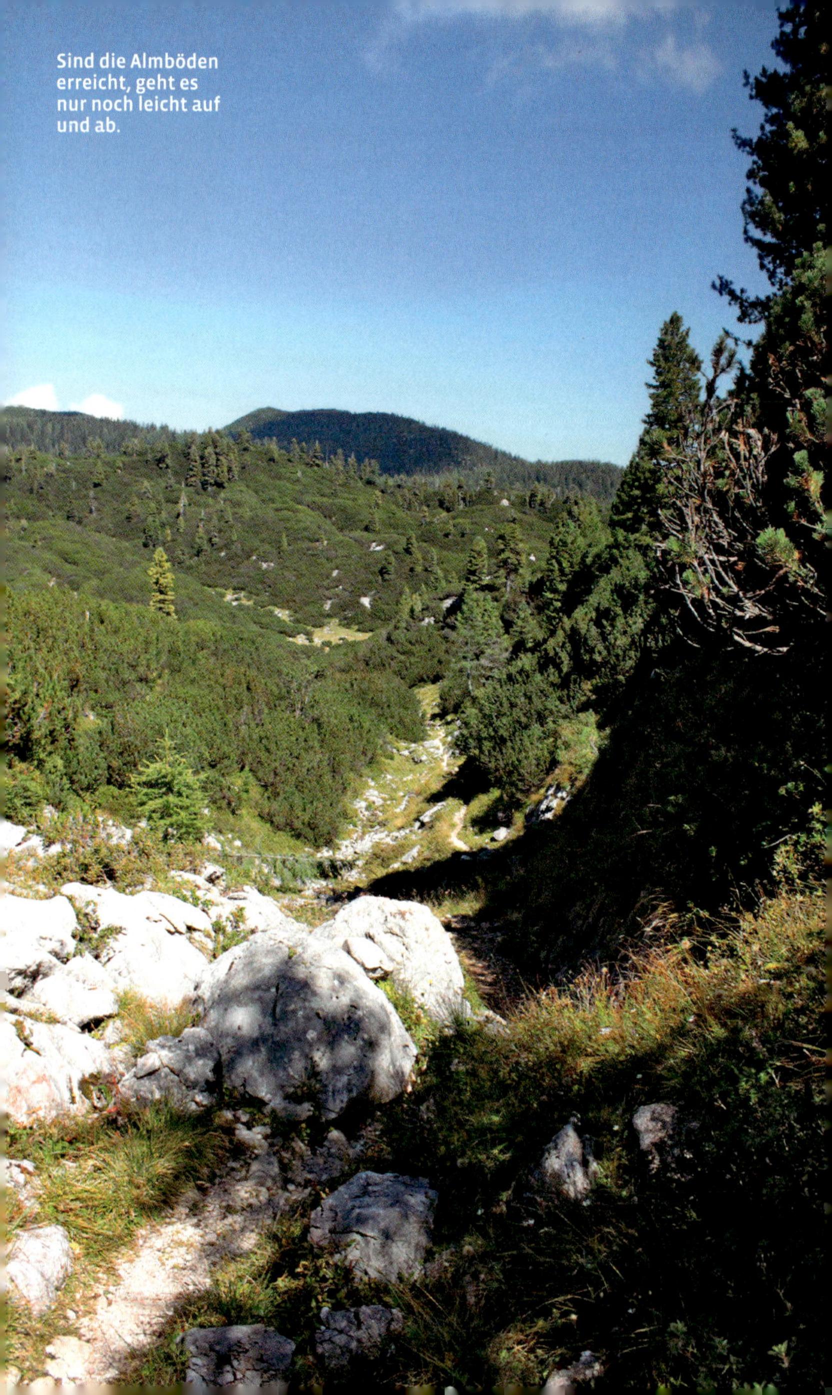

Sind die Almböden erreicht, geht es nur noch leicht auf und ab.

WACHTERLSTEIG

Tour TOUR 30 der Stille

Für Hobbits und andere Genießer

Aufstieg und Abstieg dauern für den glücklich Wandernden ohne jede Eile etwa gleich lang. Dabei ist eindeutig der Weg das Ziel, denn die Reiteralm mit ihren Panoramen beginnt hier erst. Die schöne, lange und wohldosiert abwechslungsreiche Route begeistert auf jeden Fall.

Dass eine Tour ordentlich lang ist, bedeutet nicht zwingend, dass sie auch viel Platz bei der Beschreibung benötigt. Die sechsstündige Wanderung über den Wachterlsteig zur Neuen Traunsteiner Hütte lässt sich in zwei Teile gliedern und recht einfach zusammenfassen: Im ersten Abschnitt geht es ordentlich und streckenweise auch recht anspruchsvoll bergan, im zweiten wechseln sich mehrere Almböden ab, einer hübscher als der andere.

Kleingeld ist nötig für den Wanderparkplatz Schwarzbachwacht, an dem die Tour startet – und am besten auch eine Gästekarte, die den Tarif um die Hälfte reduziert. Wer mit dem Bus kommt, beginnt dieser Sorge ledig den Weg von der rechten Parkplatzseite. Die Neue Traunsteiner Hütte ist hier mit einer Gehzeit von vier Stunden angegeben. Zunächst geht es über einen erst glatten, dann sich links haltenden und zunehmend grobschlächtigen Forstweg, der nach einem knappen Kilometer in den eigentlichen Wanderweg 470 mündet. Nach einer kurzen Strecke teilt er sich – nur der rechte Abzweig ist beschildert.

Durch üppig wachsende, teils hüfthohe Pflanzen und Stauden wie Christophskraut und Alpendost führt er zunächst gemächlich bergan. Bald schon steigt der Pfad im Bergmischwald mit schönen Buchen spürbarer an, dickere Steine und rutschige Wurzeln legen sich in den Weg, der in mal weiteren, mal engen Serpentinen nach oben führt. An manchen Passagen helfen Holztritte aus. Eine gute Stunde bleibt das so, und gerade als man denkt, dass ein wenig Abwechslung jetzt nicht schlecht wäre, lichtet sich

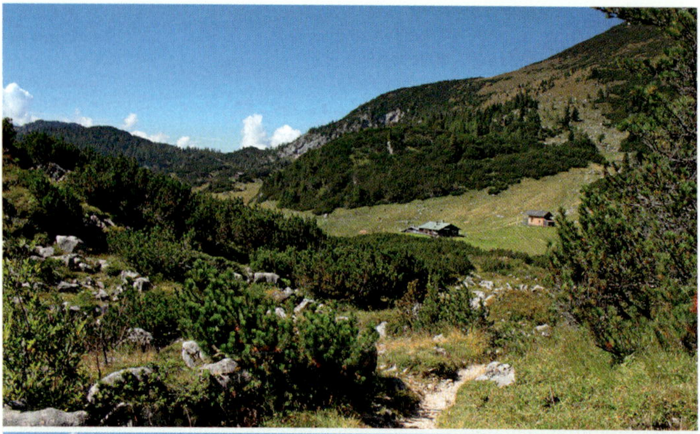

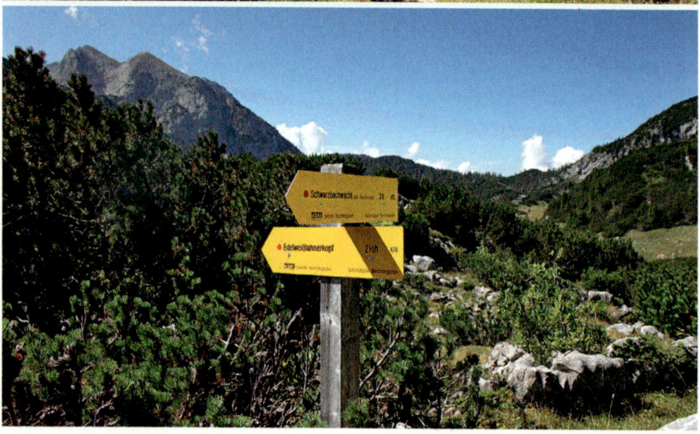

»Mach nur die Augen auf;
alles ist schön!«

Ludwig Thoma

der Wald. Ein bisschen Geduld ist noch nötig, bevor man nach knapp 600 Höhenmetern und rund eineinhalb Stunden Gehzeit die Wanderhöhe für den Abschnitt zwei erreicht – genau unter einer mächtigen, querliegenden Bergfichte.

Was jetzt folgt, ist an Harmonie kaum zu überbieten. Hätte sich J. R. R. Tolkien auch Berg-Hobbits ausgedacht – auf den Almböden Richtung Reiteralm müssten sie leben! Sieht man mal davon ab, dass in dem Gebiet auch die Gebirgsjäger für den Ernstfall proben und dass hier eine Staatsgrenze verläuft. Beides stört beim Wandern gar nicht, und so geht es von einem Boden auf den nächsten, mal sind die Übergänge weiter und weniger dicht bewachsen, mal sind sie enger und schattig, die Latschenkiefern und Zirben duften in der Sonne, Schwalbenschwanz-Enzian nicken auf zarten Stängeln, gelbes Kreuzkraut blüht. An manchen Stellen führt der Weg eng an Felsen entlang, durch schluchtartige Passagen, dann weitet sich die Szenerie, und die Sonne dringt bis auf den leicht zu gehenden Weg. Selbst an einem wolkenlosen Spätsommertag bleibt die Zahl der entgegenkommenden Wanderer überschaubar.

Gerade als man darüber nachdenkt, ob jetzt nach dem nächsten kleinen Kamm schon wieder ein Almboden wartet, taucht die Neue Traunsteiner Hütte am rechten Rand der Reiteralm auf. Die ersten grünen Matten der Reiteralm und Richtung Süden die Häuselhörner bilden das Panorama. Der Rückweg erfolgt über die gleiche Route, ohne auch nur eine Spur zu langweilen – so anders sehen die Almböden nun aus, und so viel Aufmerksamkeit fordert nach der querliegenden Fichte der Abstieg. Wer jetzt Stöcke dabei hat, ist gut beraten.

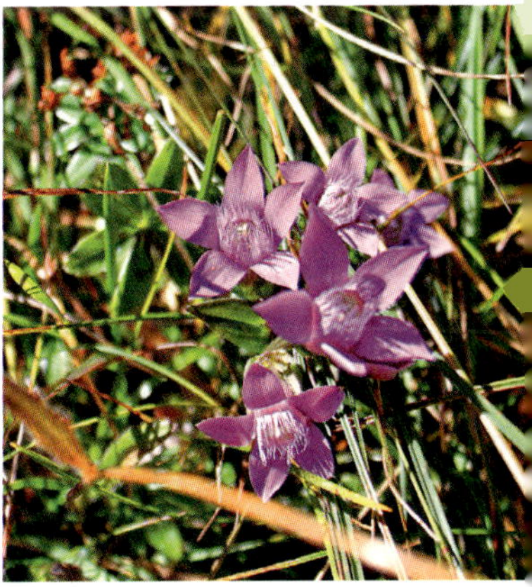

↑ **Hinter der nächsten Biegung wartet die Neue Traunsteiner Hütte.**
↓ **Abzweige zu anspruchsvollen Touren**
→ **Zwergenzian in voller Blüte**

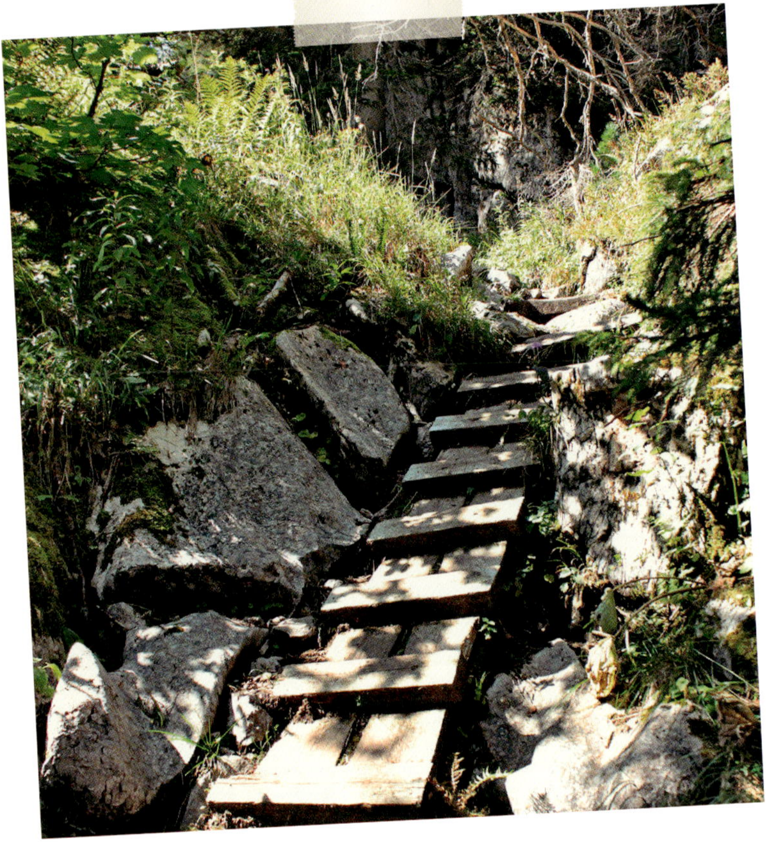

↑ Steile Wegstrecke

Tipp

Deutsch-österreichische Grenznickeligkeiten waren der Grund für den Bau der Neuen Traunsteiner Hütte 1937/38 in 1560 Metern Höhe auf bayerischem Gebiet – denn eine inzwischen nicht mehr zugängliche österreichische Traunsteiner Hütte gab es bereits. Den Standort legte übrigens damals ein fränkischer Baurat von NS-Gnaden fest, ungeachtet der eher durchschnittlichen Aussicht. traunsteinerhuette.de

AUF EINEN BLICK

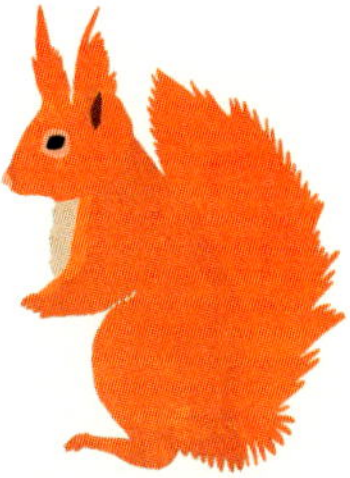

Tour 30: Tour der Stille

Dauer: 6 Std.

Höhenmeter: 740 Hm

Länge: ca. 14 km

Schwierigkeit: Mittel bis schwer

Tourencharakter: Ordentlich bergan und dann ziemlich auf der gleichen Höhe bleibend – diese Tour fordert eher durch ihre Länge als aufgrund der Höhenmeter. Im Abstieg stellenweise recht steil und mitunter bis in die Nachmittagsstunden rutschig auf feuchten Steinen und Wurzeln

Ausgangs-/Endpunkt: Wanderparkplatz Wachterl (868 m)

Anfahrt: **Pkw:** Auf der A8 bis zur Ausfahrt Siegsdorf, auf der B306 bis Inzell und von dort über die B305 über Schneizlreuth bis zum Parkplatz
Bahn/Bus: Von München bis Berchtesgaden und von dort aus mit dem Bus nach Ramsau. Ab dort fährt der Wanderbus 845 zum Wachterl/Schwarzbachwacht.

Einkehr: Neue Traunsteiner Hütte, traunsteinerhuette.de

Karte: Kompass-Wanderkarte Nr. 794, Berchtesgadener Land, 1:25 000

Information: schneizlreuth.de, ramsau.de

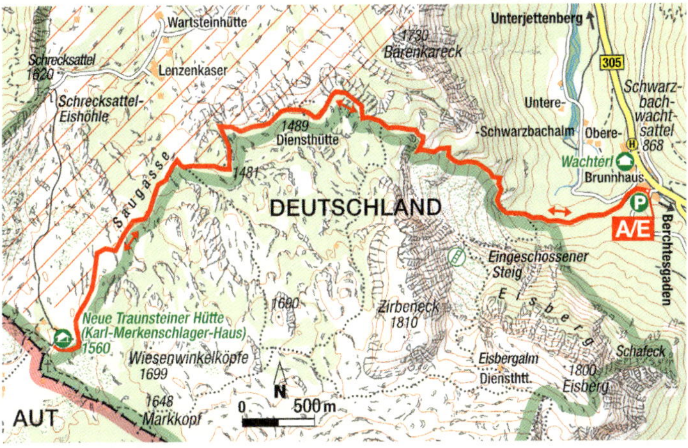

REGISTER

IMPRESSUM

Verantwortlich: Stefanie Krüger
Redaktion und Lektorat: Marion Landwehr
Korrektorat: Gaby Blum
Layout: Elke Mader
Umschlaggestaltung und Illustrationen: Eva Wünsch
Repro: P.R.O.MEDIEN Produktion GmbH
Kartografie: Bruckmann Verlag GmbH, Heidi Schmalfuß
Herstellung: Alexander Knoll
Printed in Slovenia by Florjancic

★★★★★

Sind Sie mit diesem Titel zufrieden? Dann würden wir uns über Ihre Weiterempfehlung freuen. Erzählen Sie es im Freundeskreis, berichten Sie Ihrem Buchhändler oder bewerten Sie bei Onlinekauf. Und wenn Sie Kritik, Korrekturen oder Aktualisierungen haben, freuen wir uns über Ihre Nachricht an Bruckmann Verlag, Postfach 40 02 09, D-80702 München oder per E-Mail an lektorat@verlagshaus.de.

Unser komplettes Programm finden Sie unter www.bruckmann.de

In diesem Buch wird aus Gründen der besseren Lesbarkeit das generische Maskulinum verwendet. Weibliche und anderweitige Geschlechteridentitäten werden dabei ausdrücklich mitgemeint, soweit es für die Aussage erforderlich ist.

Empfehlung der Redaktion
Sie sind auf der Suche nach weiterführender Literatur? Dann empfehlen wir Ihnen den Titel »Wandergenuss Chiemgau und Berchtesgadener Land« von Lisa und Wilfried Bahnmüller. Oder Sie werfen einen Blick in die Zeitschrift BERGSTEIGER. Hier werden Sie bestimmt fündig.

Bildnachweis
Alle Fotos im Innenteil stammen von Britta und Christoph Mentzel, außer:
Ronald Clauss: S. 26, 28, 29, 30;
Shutterstock: S. 44 (Danita Delimont), 50 (Jochen Netzker), 56 (Horst Bingemer), 64 o. (Jana Hake), 66 (travelpeter), 74 o. (René Walter), 74 u. (Sebastian Steude), 76 (Peter Baier), 78 (Martin Erdniss), 122 o. (Andreas Vogel), 124 (MONGrrr), 160 (PhotoPhilipp);
lookphotos: S. 7 (Daniel Schoenen Fotografie), 12/13 (Werner, Florian), 62 und 64 u. (beide Norbert Eisele-Hein), 159 (Felbert, Peter)

Die Deutsche Nationalbibliothek verzeichnet diese Publikation in der Deutschen Nationalbibliografie; detaillierte bibliografische Daten sind im Internet über http://dnb.d-nb.de abrufbar.

Infanteriestraße 11a
80797 München

ISBN 978-3-7343-2064-4